표준 전도역사
(標準 傳道歷史)

존 마크 테리 지음
조대영 옮김

복음전도를 시작하신 예수 그리스도

도서출판 메이킹북스

EVANGELISM
A CONCISE HISTORY

John Mark Terry

Copyright © 1994 Broadman & Holman Publishers
One LifeWay Plaza, Nashville, USA
All Rights Reserved
ISBN: 0-8054-6044-6
Dewy Decimal Classification: 269.2

Korean Edition

한글판 : 표준 전도역사

Copyright © 2022, 조대영
서울 마포구 마포대로4라길 30, 103-2002 (04178)
E-mail : dycho1104@daum.net
전화 : +8210-6274-1699

초판발행 : 2022. 8. 31
펴 낸 곳 : 도서출판 메이킹북스
펴 낸 이 : 장현수

ISBN 979-11-6791-228-2(13230)

저작권자의 허락 없이 이 책의 일부 또는 전체를
무단 복제, 전재, 발췌하면 저작권 법애 의해 처벌을 받습니다.

추천사

전도는 예수 그리스도의 지상 명령이요 사명입니다. 전도역사는 바로 성령의 역사입니다. 존 마크 테리(John Mark Terry)의 『전도역사(傳道歷史)』를 번역하신 존경하는 조대영 장로님을 통하여 본서를 접하고 추천할 수 있게 되어 감사하게 생각합니다.

그리스도의 제자 된 성도들은 전도역사를 바르게 이해하여 전도 사명을 고취시키고 하나님 나라에 비전을 가지고 활력 있는 신앙생활과 전도를 할 수 있는 동기를 불어넣고 성령의 역사를 주의 깊게 관찰할 때 전도 사명을 잘 감당할 수 있게 됩니다. 사역자는 성도들의 제자훈련과 전도훈련을 위한 기초학습으로 "전도역사"를 바르게 이해하고 가르치는 것이 매우 중요합니다. **전도역사는** 성경과 교회 역사를 통하여 하나님의 구원역사를 이루시는 교훈이며 성경 말씀에 따라 효율적인 전도자로 살아야 한다는 것을 확실히 보여주는 **반면교사(反面教師)**입니다.

예수 그리스도의 지상 명령인 마태복음 28장 18-20절 말씀과 사도행전 1장 8절 말씀은 성도들이 예수 그리스도의 대사명을 수행하기 위해서는 먼저 성도가 하나님과 바른 관계를 위하여 굳건한 믿음으로 죄를 회개하고 성령 임재와 성령 충만하게 될 때에 예수 그리스도의 제자와 증인으로 전도 사명을 충성되게 잘 감당할 수 있게 되는 것입니다.

이 책은 여러 신학교에서 전도학과 선교학을 오랫동안 가르쳐온 존 테리 교수가 목회자가 되고자 하는 신학생들에게 꼭 필요한 신학교 교재로 사용할 목적으로 집필한 책으로서 특히 중요한 성령의 역사를 자세하게 수록한 신학교 교과서입니다. 이 책은 전도학에 특히 약한 한국적 상황에서 전도학의 기초를 튼튼하게 다지며 무엇보다도 성도들의 사명감을 고취하기 위한 적절한 傳道歷史書라고 생각합니다.

 이에 저는 이 "標準 傳道歷史"를 통해 한국 교회가 전도역사를 바르게 이해하여 성도들에게 전도의 열정을 불러일으킬 뿐만 아니라 신학생들의 마음에 그리스도의 지상명령이 기본적으로 뿌리 내리게 하여 지역 교회가 전도의 영성을 가지고 활력 있는 신앙생활과 능력 있는 전도를 통해 전도의 사명, 특히 世界福音化인 예수 그리스도의 지상명령(The Great Commission)을 잘 감당할 수 있게 되기를 소망하면서 이 책의 一讀을 강력히 추천하는 바입니다.

주후 2022년 6월 20일

교수 정수균 박사
대한예수교장로회(웨신) 總會 派送 中國宣敎師
北京大學 中國戰略硏究中心 多元技能敎育硏究課題組 招聘敎授
中國 上海 Westminster 黃浦神學大學院 理事長, 敎授
世界敎育宣敎財團 理事長

저자 서문

이 책을 쓰게 된 동기는 델로스 마일스(Delos Miles)의 책 "전도의 입문"이라는 책을 읽다가 "전도역사"가 매우 중요하다는 영감을 받았습니다. 그런데 아쉽게도 그 책에서는 "전도역사" 부분이 너무 간단해서 이 부분을 따로 보강할 필요가 있다고 생각해 왔습니다. 더군다나 시중에는 "선교역사"에 대한 책은 넘쳐나는데, 그것보다 더 중요한 "전도역사"에 대한 책은 별로 찾아볼 수가 없었으므로 기독교 교육을 담당한 저로서는 어떤 사명감을 느꼈고 마침내 이 책을 쓰게 되었습니다.

이 책은 첫째, 일반 대학생으로서 선교에 관심이 있는 학생들과 신학을 공부하는 학생들을 마음에 두고 썼습니다. 신학자가 되든지 목회자가 되든지 마음속에 먼저 예수 그리스도의 지상명령이 기본적으로 뿌리를 내리고 있어야 할 필요가 있기 때문입니다. 그래서 저는 이 책을 너무 전문적으로 쓰지 않고 조직신학이나 교회역사를 공부하고자 하는 신학생들이 기초를 쌓기 위해 필요한 지식을 습득하고, 전도학을 공부하는 학생들의 입문 코스에 필요한 수준으로 맞추었습니다. 또 현재 "전도역사"라는 새 학과가 있는 학교에서 전도역사의 교재로 사용할 수 있도록 하였습니다.

일반 성도들을 위해서는 그리스도인의 사명을 고취시키고, 비전을 가지고 활력 있는 신앙생활을 할 수 있는 동기를 불어넣기 위해서 성령의 역사를 주의 깊게 다루었습니다. 일반 목회자는 성도들의 제자훈련이나 전도훈련을 위한 기초과목으로 "전도역사"를 택하는 것이 매우 효과적일 것입니다. 왜냐하면, 전도현장에서는 역사적으로 사용되었던 모든 방법들이 요긴하게 사용되기 때문입니다.

　이 책이 나오기까지 여러모로 도움을 주신 여러분들께 감사를 드립니다. 첫째로 저의 교수이며 멘토이신 Cal Guy 박사님, 저의 제안서를 받아들여 책을 쓰도록 독려해 주신 Broadman & Holman Publishers의 Vicki Crumpton씨와 Forrest Jackson씨, 또 편지로 저에게 역사의식을 심어주시고 중요성을 깨닫게 해 주신 저의 어머니, 마지막으로 이 책을 쓰는 동안 많은 불편을 끼쳤지만 기쁘게 감수해준 저의 아내 Barbara와 아이들인 Joanna와 Micah에게 고마움을 전합니다.

Dr. John Mark Terry
Professor of Evangelism & Missions
Clear Creek Baptist Bible College, USA

역자의 들어가는 글

*"진리의 길을 걸어보지 않은 사람은 진리를 깨달을 수 없다.
여기서 진리의 길이란 복음전도의 길을 말한다."*

복음전도의 길은 진리의 길, 생명의 길이요 예수님께서 걷기 시작하신 길입니다. 그 길은 2,000여 년 동안 험한 산을 넘고 박해의 터널을 지나서 오늘날 우리에게까지 연결되었습니다. 복음은 하나님의 계획대로 온 천하에 전해질 것인데(마 24:14), 그 길이 지금 바로 우리 앞에 놓여 있는 것입니다. 이 길은 이스라엘 백성을 애굽에서 인도하여 내실 때처럼 하나님께서 역사하시면서 직접 인도하시려고 우리 앞에 열어놓으신 길입니다. 예수 그리스도께서 부활·승천하시면서 제자들에게 예루살렘을 떠나지 말고 성령의 오심을 기다리라고 명령하셨는데(눅 24:49), 이것은 부활의 감격만으로 세계복음화를 이루는 데는 한계가 있기 때문이었습니다. 제자들은 예수님께서 명하신 대로 예루살렘으로 돌아와 오순절까지 기다리며 기도했고, 성령충만을 받은 후에 전도를 시작했습니다. (행 2:14-41)

테리 박사는 저자 서문에서 "<u>시중에는 '선교역사'에 대한 책은 넘쳐나는데, 그것보다 더 중요한 '전도역사'에 대한 책은 별로 찾아볼 수가 없었으므로</u>"를 강조하면서 기독교 교육을 담당한 자기로서는 어떤 사명감을 느꼈고 마침내 이 책을 쓰게 되었다고 본서를 집필한 동기를 말합니다. 이것은 한국의 사정도 마찬가지라고 생각합니다. 전도라고 하면 전도학이라는 이름을 붙이기가 어색할 정도로 전문성도 없어 보이고, 또한 전도는 보편적으로 누구나 해야 하는 것이라는 생각과 많은 사람들이 본인은 전도의 은사를 받지 않았으므로 전도하지 않아도 되는 것처럼 생각하는 경향이 있습니다. 그러나 기독교의 근본은 복음전도에 있으며 교회는 이것을 위해 세워졌고 모든 그리스도인에게는 전도할 의무가 주어진 것이라는 것을 기억할 필요가 있습니다. (마 28:18-20, 행 1:8). 한 가지 강조하고 싶은 것은 전도의 의무는 은사로 주어지는 선택적 의무가 아니라 모든 그리스도인에게 내리신 명령이라는 것입니다.

1996년에 나온 "문명의 충돌"이라는 책에서 새뮤얼 헌팅턴은 말하기를 냉전의 시대는 지나가지만 이 세계는 앞으로 "문명과 문명의 충돌이 세계평화에 가장 큰 위협이 되며, 문명에 바탕을 둔 국제질서만이 세계대전을 막는 확실한 방어 수단이 될 것"이라고 말했습니다. 여기서 문명권을 구분하는 1차 기준은 종교로서 기독교권, 정교권, 이슬람권, 유교권, 불교권, 힌두권 등을 예로 들었습니다. 기독교 선교는 이 문명권의 영향을 크게 받지만 복음전도는 문명 또는 문화를 초월하여 선포되어야 하는 것이기 때문에 분명히 전도는 선교보다 근본적인 것이라는 것을 알 수가 있습니다. 예수님 당시에는 선교는 존재하지 않았으며 오직 복음 전파의 의무만이 있었을 뿐입니다. 선교의 무용론을 말하려는 것이 아니라, 선교도 중요하지만 복음전도의 기초 위에 선교활동이 이루어져야 한다는 말을 하고 싶은 것입니다. 미국에서는 전도역사를 가르치는 신학교들이 있다는 것은 그만큼 전도역사의 중요성을 인식하고 있다는 것이 아니겠습니까? <u>마크 테리 교수는 신학생이라면 무슨 사역을 하게 되든지 간에 전도역사는 신학생 누구에게나 기초적으로 필요하다고 역설하고 있습니다.</u> 복음전도, 또는 예수 그리스도의 지상명령으로 무장되지 않은 목회자나 신학자는 사상누각이라는 말을 하고 싶어 했던 것입니다. 선교사가 현지인에게 전도훈련을 시키지 못해 전도훈련을 요청하는 경우가 허다한 것이 이를 입증하는 것입니다.[1]

주님께서 가장 중요하게 생각하시는 전도를 오늘날 교회에서는 별로

---

[1] Cho, Dae-young, "An Effective Small Group Evangelism and House Church Planting for World Evangelization", M.S. Thesis of Chongshin Theological University, Seoul, Korea. 2000.

중요시하지 않는 것 같으며 많은 교회에서 전도관련 부서는 점점 교회의 중심에서 밀려나서 그저 사그라져가는 한 부서로 남아 있는 느낌을 받을 때가 많습니다. 2,000년의 전도역사는 정말 묻혀 있는 보고(寶庫)임에도 이 보물을 채굴하려는 전문가가 없다는 것이 매우 아쉬움을 느끼게 합니다. 이 책을 읽고 나면 당신은 다가오는 시대에 어떤 일이 벌어질지 가늠하게 될 것이며, 복음을 전하고자 했던 선진들의 열정을 당신도 모르게 닮아가게 될 것입니다. 저 역시 이 책을 읽고 감명을 받아 생긴 열정 때문에 사명감을 가지고 이 책을 번역해야겠다고 생각한 것입니다.

역사가 미래를 보여줄 수 있는 것처럼 우리가 앞으로 어떤 길을 걸어가야 할 것인가 하는 것은 성령의 역사인 "전도역사"만이 가르쳐줄 수 있습니다. 이 길을 찾는 것은 수수께끼와 같고 보물찾기와 같을 것입니다. 평신도든 신학생 또는 목회자든지 간에, 누구나 예수 그리스도의 참 제자라면, 열정을 가지고 그 보물을 찾아내야만 할 것입니다. 언제부터인가 성령충만과 내적 충동으로 일어나는 일들을 잊어버린 교회는 그리스도의 교회가 아니었습니다. 그러므로 역사적으로 이 성령충만과 내적 충동이 어떻게 오늘날까지 전수되어 내려왔는지를 아는 것과, 그것을 어떻게 우리 시대에 재현할 수 있는 방법을 찾아내는 것이 교회의 본질을 되찾는 가장 중요한 일이며 이 책에서 목적하는 바 입니다. 그런 의미에서 이 책은 다른 어떤 책에서 볼 수 없는 교회의 본질을 다시 찾는 길을 성령의 인도하심을 통해서 보여주고 있습니다.

전도의 문을 통하지 않고서는 기독교의 참 진리에 도달할 수가 없습니다. 예수님께서 이 땅에 오신 가장 큰 목적은 하나님의 계획에 따라 세상 사람들의 죄를 대속하시기 위해 십자가에서 죽으시고 3일 만에 다시 부활하시는 것이었지만, 전도도 그 중요한 목적 중의 하나였습니다. 예수님은 "우리가 다른 가까운 마을들로 가자. 거기서도 전도하리니 내가 이를 위하여 왔노라"(막 1:38)라고 말씀하셨습니다. 예수님은 자신이 전도하셨을 뿐만 아니라 제자들에게 전도훈련을 시켜 하나님 나라의 일을 맡기셨습니다. 하나님께서 교회를 세우신 목적도 세계복음화를 통해서 많은 사람들을 구원하기 위한 것인데, 그 뒷받침을 하는 것이 바로 전도 아닙니까? <u>기독교의 전도는 타 종교의 단순한 교리 전파의 포교(布敎)와는 전혀 다른 의미와 방법을 가지고 있습니다.</u> 그것은 전도를 위한 하나님의 전략은 성령을 이용하시는 특수한 방법이기 때문입니다. 그래서 복음 자체이신 예수 그리스도께서 승천하시면서 제자들에게 전도(선교)를 부탁하실 때, 예루살렘을 떠나지 말고 하나님께서 약속하신 성령을 기다리라고 명령하셨던 것입니다.

전도역사를 공부해야 하는 또 하나의 이유는 전도를 이끄신 성령님의 역사가 예수님의 전도로부터 시작하여 현재에 이르기까지 많은 역경을 어떻게 이기며 이어져왔는지를 보기 위한 것입니다. 그런 의미에서 이 책은 끊어질 듯 이어져온 성령의 역사를 잘 보여주고 있습니다. 우리가 2,000년 전도역사를 예수님의 가르침과 비교해서 어떤 것은 잘 했고 어떤 것은 잘 못했는지를 보는 것은 우리에게 무엇보다 값진 보배라고 할 수 있습니다. 성령님께서 기독교적으로 암흑시대인 중세 카톨릭의 1,500년을 어떻게 전도의 역사를 이어오셨는가를 보는 것은 우리를 흥분의 도가니로 밀어 넣고 있습니다. 거기에는 진정으로 목숨을 다해 하나님을 사랑하고(마 22:37-40) 하나님의 뜻(말씀)을 끝까지 지키려던(마 26:42) 작은 예수들의 행진이 놀랍게 이어져왔음을 볼 수 있습니다. 이 사실은 그리스도의 제자 된 우리들은, 특히 주님의 양을 치기 위한 목회자가 되기 위해서 신학교를 택한 신학생들이라면 이 길을 따르도록 다짐해야 할 것이라고 생각합니다. 오늘날 전도가 안 된다는 어려운 시대를 살면서 예수님의 지상명령인 땅끝까지 복음을 전파해야 하는 우리는 이 "전도역사"에서 성령의 능력과 하늘의 지혜를 얻을 수 있을 것입니다.

말세를 당한 우리들의 시대적인 요구에 있어서도 가장 시급하게 다시 찾아야할 것은 전도의 영성이라는 것을 잊어서는 아니 될 것입니다. 왜냐하면 예수님께서 제자들에게 성령을 주시는 가장 큰 목적이 증인을 삼기 위해 주시기 때문입니다. 이스라엘이 하나님을 배반하고 배교와 우상과 사회적으로 지도자들이 부패하여 악을 도모하고 있을 때, 하나님께서는 "남은 백성" 칠천 인을 남겨두시고(왕상 19:18), 이들을 하나님의 나라를 이루는데 사용하셨습니다. 우리들이 바로 이 시대에 예수님의 명령을 받은 하나님의 남은 백성이라고 할 수 있습니다. 우리가 제일 먼저 해야 할 일은 예수님처럼 세계복음화를 위해 기도하며 복음을 전파하는 것이라고 생각합니다.

　　이 책의 판권을 획득하여 번역서를 낼 수 있도록 격려해 주신 B & H Publishing Group의 Madison Trammel 경영이사와 Adam Goodwin 법무이사에게 감사를 드립니다. 또한 수고를 아끼지 않고 재치 있는 중재 역할을 통해 불리한 조건들을 잘 극복하게 해준 Riggins Rights Management 社의 Jade Doyel 씨에게도 깊은 감사를 드립니다. 끝으로 이 책의 추천사를 친히 써 주시고 번역하는 데 힘과 용기를 주신 분으로 주로 중국 내 신학교 교육선교를 많이 하시는 정수균 선교사님에게 깊은 감사를 드립니다.

　　많은 시간의 불편함을 견디며 응원해준 아내 성혜용 권사와 이제는 다 성숙해서 따로 살지만, 사랑하는 아들 성욱과 딸 유경의 열렬한 후원과 응원에 감사를 전합니다.

2022. 5. 20
마포 서재에서

목 차

추천사
저자 서문
역자의 들어가는 말 ---------------- 7

1. 전도자 예수 그리스도 ------------- 13
2. 초대교회 시대의 전도 -------------- 29
3. 고대교회 시대의 전도 -------------- 43
4. 중세 시대의 전도 ---------------- 63
5. 종교개혁의 선구자들 -------------- 77
6. 종교개혁 시기의 전도 -------------- 92
7. 경건주의와 전도 ---------------- 107
8. 영국 섬들에서 일어난 영적부흥 -------- 119
9. 대각성운동과 전도 --------------- 137
10. 미국의 개척지 전도 -------------- 153
11. 19세기의 부흥운동 -------------- 168
12. 20세기의 부흥운동 -------------- 188
13. 청년 전도운동 ----------------- 205
14. 개인전도 -------------------- 218
15. 대중매체 전도 ---------------- 233
16. 역자 후기 ------------------ 247

제1장 전도자 예수 그리스도

전도의 역사는 복음 자체로 오신 예수 그리스도의 탄생과 함께 시작되었다. 교회의 전도사역은 예수님의 전도방법으로부터 그 방향성과 정신을 물려받았다고 할 것이다. 초대교회에서 제자들의 복음전파는 주로 예수님의 전도방법과 삶을 모방한 간증이었다.

사도들은 예수님이 이스라엘을 위해서 오실 메시아라고 선포한 선지자들의 예언을 성취하기 위해 오신 분이었다는 사실을 구약성경을 사용해서 증거했다. 그들은 "모든 열방이 너를 통해 복을 받으리라"(창 12:3)고 아브라함에게 약속하신 하나님의 언약을 이루기 위해 오신 예수님이 아브라함의 자손이라는 것을 증거하기 위해서는 아브라함의 족보를 사용하였다. 예수님의 생애와 그의 사역은 단순히 역사가 가던 길을 벗어나서 임의적으로 전개된 것이 아니라 세상을 구원하기 위한 하나님의 계획의 성취와 하나님 자신과 인류와의 친밀한 관계 회복을 위한 사건이었다는 것이다. 실제로 사도 요한은 예수님에 대해 "이 세상의 창조로부터 죽임 당한 어린 양"(계 13:8)이라고 기록하고 있다. 따라서 예수님의 탄생은 세상을 구원하시는 하나님의 영원한 계획의 일환이었다. 진실로 예수님의 탄생은 세상의 복음화와 하나님의 계획을 완성하기 위한 것이었다.

복음을 위한 준비

성경은 말하기를 "때가 차매 하나님이 그 아들을 보내셨다"(갈 4:4)고 말한다. 즉, 예수님의 탄생은 우연의 일치가 아니라 하나님의 계획의 일환이며, 그때는 하나님에 의해 택한 시간에 탄생하셨다는 의미이다. 이 말씀은 하나님께서 예수님의 탄생을 미리 계획하셨던 시간에 보내셨다는 것이기도 하지만, 예수님의 탄생을 위해서 주위의 모든 환경을 준비하셨다는 의미이기도 하다.[2] 그리스도는 이 세상이 그를 받아들이기에 알맞도록 하나

---

2) Richard Gist, "The fullness of Time," Biblical Illustrator(1987), 31.

님께서 준비하신 시간에 오셨는데, 그 시간과 장소는 바로 하나님의 계획을 이룰 수 있도록 하나님께서 택하신 B.C. 4년의 베들레헴이었다. 예수님의 탄생을 위한 세상의 준비는 서로 다른 세 나라의 국민들이 역할분담을 한 것을 보면 확실히 알 수 있다.

첫째, 그리스 사람들은 지중해 지역을 그들의 문화와 언어로 통일함으로써 예수님의 탄생을 준비했다. B.C. 334-323년에 알렉산더 대왕이 중동 지역을 정복했을 때, 알렉산더 대왕의 정복 욕구만 충족된 것이 아니라, 그는 이 지역 사람들을 그리스 언어와 문화로 통일했다. 그는 서로 다른 민족의 사람들을 그리스 언어로 통일된 하나의 왕국을 건설하고자 했다. 대왕의 갑작스런 죽음은 그의 성공을 오랫동안 누리지는 못했지만, 지중해 연안은 그리스어로 통일되었고, 지중해 연안의 사람들은 그리스어를 상업과 교육을 위한 언어로 받아들였다. 따라서 초기 기독교 전도자들은 어디를 가도 그리스어로 설교하고 복음을 증거할 수 있었다.

둘째, 그리스인들은 지중해 연안 세계의 사람들에게 지혜와 진리탐구에 대한 열망을 갖게 하였다. 그리스 철학자, 예를 들면 소크라테스, 플라톤, 그리고 아리스토텔레스는 미신과 신화로 가득 찬 사람들에게 진리에 대한 열망과 또 그 진리를 탐구하는 열정을 갖게 하였다. 이것은 진리에 대한 가치를 소중히 생각하고 종교를 갖고 싶어 하는 마음을 갖게 하기에 충분했다. 무엇보다도 아리스토텔레스는 변덕스런 로마의 신화가 보여주는 신보다는 일관성 있는 성격을 가진 단일 신에 대해 강조했다. 로마 제국의 교육을 받은 사람들은 아리스토텔레스의 저서들을 많이 읽었고, 그것에 대해 토론하는 것을 좋아했다. 이와 같은 새로운 사상에 대한 열린 마음은 초대교회의 전도자들에게 매우 유리하게 작용했다.[3]

셋째, 로마인들은 지중해 연안 전체에 평화를 유지함으로써 예수님의 탄생을 준비하였다. 로마의 평화정책(Pax Romana)은 평화적인 환경만 아

---

3) 같은 책 pp 32.

니라 잘 정리된 로마의 법질서는 초대교회 전도자들과 사역자들이 여러 나라를 여행하는데 절대적인 안전을 제공하였다. 또한 로마 사람들은 제국 내에 넓은 도로망을 닦아놓았기 때문에 이 길을 통해 사도 바울과 다른 전도자들이 여행을 쉽고 빠르며 안전하게 할 수 있었다. 하나님께서 전도 역사에 가장 혁혁한 공을 세운 사도 바울이 로마 제국 전역을 세 차례의 전도여행을 할 때에도 로마 시민이라는 증표 하나 때문에 아무도 그를 해치지 못한 것을 보면 그 위력을 알 수 있다.

넷째, 유대인들도 예수님께서 이 세상에 오시는 것을 돕기 위해 몇 가지 방법으로 기여했는데, 유대인들이 지중해 연안에 흩어져 살게 되었을 때, 거의 모든 대도시에 유대인 회당을 건설했다. 이 회당들은 유대인들의 공동체를 위한 교육을 담당했을 뿐만 아니라, 이방인들의 호기심을 불러일으켜 구도자들이 모여들도록 하는 역할을 하기에 충분했다. 사도행전은 모든 회당에서 유대교로 개종하는 이방인들이나 하나님을 두려워하여 동조하는 이방인들이 많이 있었음을 보여주고 있다.

다섯째, 유대인들은 구약성경을 보급함으로써 그리스도의 탄생을 확실하고 결정적인 도움을 주었다. 구약성경이 그리스어로 번역되었을 때, 지역 내에서 글을 읽을 줄 아는 모든 사람들에게 성경을 읽을 수 있는 기회가 주어졌다. 구약성경의 보급과 성경을 설명하는 그들의 가르침을 통해 유대인들은 유일신에 대한 믿음을 전파했으며, 이 땅에 하나님의 나라를 세우기 위해 오실 구세주(메시야)에 대해서도 가르쳤다. 이러한 방법으로 유대인들은 복음의 침투를 위한 교두보를 로마 제국 전역에 구축했다. 사복음서는 예수님께서 이 중대한 전도사역을 어떻게 수행하셨는지 충분히 설명해 주고 있다.

예수님 전도의 특징

전도의 명확한 목적

예수님은 그분 안에서 세상을 구원하기 위한 확실한 목적을 가지고 사역하

시면서 그의 목적을 계속해서 강조하셨다. 예수님은 누가복음 19장 10절
에서, "인자가 온 것은 잃어버린 자를 찾아 구원하려 함이니라."고 말씀하
셨고, 마가복음 10장 45절에서는 "인자가 온 것은 섬김을 받으려 함이 아
니라 도리어 섬기려하고 자기 목숨을 많은 사람의 대속물로 주려 함이니
라."고 명확히 말씀하셨다. 예수님께서는 여러 가지 방법을 통해서 이 목적
을 이루셨으며, 그는 구원을 위한 목적을 결코 잊으시는 경우가 없었다.4)

개인전도

예수님의 전도는 개인적으로 접근하는 개인전도였다. 그의 사역은 대리인
을 보내지 않고 하나님 자신이 인간의 몸으로 성육신(incarnation)하신 하
나님의 사역이었다. 예수님의 사역은 진실로 하나님이 육신을 입으신 것
(요 1:14)이며, 그분은 그분 자신이 인간과 동일하심을 증명하셨고, 참 사
람으로 사셨다. 그는 걸으셨고, 말씀하셨고, 음식을 잡수셨고, 잠을 주무셨
고, 기쁠 때 웃으셨고, 무리들과 함께 우셨다. 그야말로 그는 한 완전한
인간이 되신 것이다. 예수님은 사람의 언어를 말하실 수 있었고 사람들을
이해하셨기 때문에 효과적인 전도도 하실 수 있었다. 예수님의 전도는 사
람들을 인격적으로 대하셨기 때문에 우리는 그분이 "인격적인 개인전도"
를 하셨다고 말할 수 있다. 그분의 전도방법은 한 가지 방법으로 모든 사람
을 똑같이 전도하신 것이 아니라, 사람들의 필요에 맞게 그리고 그들의
이해의 수준에 맞춰서 접근하는 다양한 방법을 사용하셨다. 그는 사람들이
서 있는 그 자리에서 시작하여 그들이 있어야 할 자리로 인도하셨다. 니고
데모에게 접근하시는 방법 (요 3장)은 우물가의 여인에게 접근하는 방법
(요 4장)과는 전혀 다른 방법을 사용하셨다. 그는 부자인 젊은 지도자에게
도전을 주셨으며 (마 19장), 간음한 여인에게는 매우 온유한 말을 사용하
셨다 (요 8장).5)

---

4) Herschel H. Hobbs, "New Testament Evangelism", Nashville: Convention Press, 1960), pp 67.
5) Delos Miles, "Master Principles of Evangelism" (Nashville: Broadman Press,

확실한 목적적 전도

예수님은 사람들을 구원에로 초대하신 반면에 그들이 헌신하고 예배하도록 부르셨다. 예수님은 제자가 치러야 할 비싼 값을 숨기지 않으셨으며, 동시에 그들이 져야 할 십자가를 제시하셨고, 그들이 마셔야 할 잔(盞)도 서슴없이 말씀하셨다(막 8:34-38; 10:38-39). 예수님은 자기의 추종자들에게 천국, 즉 구원의 길은 넓고 쉬운 길이 아니라 좁고 고난의 길이라는 것을 보여주셨다(마 7:13-14). 예수님께서 오병이어(五餠二魚)로 오천 명을 먹이셨을 때, 사람들은 그를 왕으로 추대하려고 했으나(요 6장), 제자도(弟子道)에 대한 말씀을 듣고 사람들은 그를 버리고 떠나가 버렸다. 이 사실은 오늘날 교인들에게도 시사(示唆)하는 바가 많다고 할 수 있다. 탑을 세우는 자와 서로 전쟁하는 왕을 나타내는 비유에서 예수님은 치러야 할 값에 대해 충분히 설명하셨다. 예수님은 그의 제자들이 그들의 생명까지도 바쳐야 한다는 것을 알고 잘 숙고하여 결단하는 굳은 각오의 헌신을 요구 하셨다.[6]

연중 쉬지 않는 전천후적 전도

예수님은 하루 중 언제 어디서나 전도하셨다. 그는 낮에는 우물가의 여인에게 전도하셨고, 밤중에는 니고데모에게 전도하셨다. 예수님은 길가에서 바디메오와 삭개오를 만나셨고, 바닷가에서 베드로와 요한을 만나셨다. 예수님은 자기가 십자가의 고난을 당하는 어려운 상황에서도 십자가 위에 달린 도둑에게도 전도하셨다. 그는 어디를 가시든지 언제든지 복음을 전하셨다.[7]

1982), 32.
6) David E. Garland, "Evangelism in the New Testament," Review and Expositor(Fall 1980), 462-63.
7) G. William Schweer, "Personal Evangelism for Today (Nashville: Broadman Press, 1984), 90.

널리 퍼지고 침투하는 전도

예수님은 모든 종족과 모든 사회적 신분의 사람들을 접촉하셨다. 첫째로는 유대인에게 복음을 전하셨지만, 복음은 모든 사람들을 위한 것임을 제자들에게 보여주셨다. 예수님께서 우물가의 여인과 그녀의 마을 사람들에게 전도하셨을 때, 그는 제자들에게 복음은 유대인을 위한 것임과 동시에 그들이 상종하지 않던 사마리아인들도 위함이라는 것을 보여주셨다. 예수님께서는 로마의 백부장에게 도움을 주셨을 때, 이방인들도 사역의 대상임을 보여주신 것이다. 제자들을 위한 마지막 말씀에서 예수님은 모든 민족, 즉 모든 족속을 제자 삼으라고 명령하셨다 (마 28:19). 이러한 방법으로 예수님은 그의 구원이 모든 사람을 위한 것임을 보여주셨다. 또한 예수님은 낮고 버림받은 사람들에게 큰 관심을 보이셨는데 특히 어린이들과 여인들을 위해 사역하셨으며 (막 10:14), 그들의 복지를 위해서도 관심이 많으셨다. 예수님은 나병환자를 만져서 고쳐주셨고 (막 1:41), 가다라 지방의 귀신들린 사람에게서 귀신을 쫓아내어 완전히 회복시켜주셨다 (눅 8:26-39). 예수님은 마태와 삭개오 같은 세리들과 함께 먹고 마셨으며 그들에게도 구원의 길을 열어주셨다 (막 2:14; 눅 19:1-9). 예수님은 모든 종류의 사람들을 동정하며 연민을 갖고 계셨다. 그는 사람들을 향해 마음을 활짝 여셨고 모든 사람들을 받아들이셨으며 사람들을 과거의 됨됨이로만 보지 않으시고 하나님의 은혜를 받은 후에 변화될 수 있는 됨됨이도 내다보셨다. 예수님은 니고데모가 밤중에 찾아왔을 때, 제자들이 모두 도망하는 상황에서도 앞으로 자기를 장사지낼 사람이라는 것을 아셨고 그와는 다시는 만날 기회가 없을 것을 아시고 그에게 심혈을 기울여 전도하셨다. 예수님의 사역을 통해서 하나님의 복음과 은혜는 모든 사회 계층에 침투되고 널리 퍼졌다.

모범적 본보기 전도

예수님은 제자들에게 그를 따라할 수 있도록 모범을 보여 주셨다. 예수님은 열두 제자에게 무엇을 해야 할지 말씀만 하신 것이 아니라, 그들에게 전도의 모범을 보여주셨고, 그들이 따라 할 수 있도록 일상생활 안에서 예를 보여주셨다. 예수님은 그가 보여주지 않은 것은 요구하지 않으셨으며, 그들 자신이 재현할 수 있는 방법도 가르쳐주셨다.

능력 있는 전도

그의 사역은 성령의 능력을 힘입은 능력 있는 사역이었다. 예수님의 어머니 마리아는 예수님을 신비스런 성령의 능력으로 잉태하였다 (눅 1:35). 예수님의 공적 (公的)인 사역은 그에게 성령의 임재를 의미하는 성령세례를 받으신 후에 시작하셨다 (마 3장). "그는 성령이 충만하셨고", "그는 성령의 인도하심을 받았다"(눅 4:1)고 기록하였다. 예수님은 광야에서 마귀에게 시험을 받으신 후에, 갈릴리로 돌아오셔서 "성령의 능력으로" 사역하셨다(눅 4:14). 예수님은 성령의 능력으로 귀신을 내쫓으셨고(마 12:28), 그 자신을 십자가 죽음에 내어주신 것도 성령을 통해서였다 (히 9:14). 최후에 무덤에서 다시 살아나신 것도 성령의 능력으로 다시 사신 것이며 (롬 8:11), 처음부터 마지막까지 예수님의 사역은 성령의 능력으로 충만한 사역이었고, 사역을 효과적으로 수행하시기 위해 철저히 성령의 능력에 의존하셨다. 이 점에 있어서도 그는 제자들에게 본을 보이셨다.[8]

기도가 뒷받침되는 전도

예수님은 기도를 통해서 하나님 아버지와의 강한 유대 관계를 항상 유지하셨는데, 그는 주위로부터 방해를 받지 않기 위해서 항상 아침 일찍 일어나 조용한 곳에서 기도하시는 것이 습관이었다. 예수님은 그가 세례를 받으실 때 기도하셨고(눅 3:21), 제자들을 택하기 전에도 기도하셨다(눅 6:12). 그는 5천명을 먹이시기 전에도 기도하셨고(눅 9:16), 죽은 나사로를 그

---

[8] Miles, "Master Principles" 60. See also Rene Pache's chapter on "The Work of the Holy Spirit in Jesus Christ" in "The Person and Work of the Holy Spirit (Chicago: Moody Press, 1954)

무덤에서 일으키기 전에도 기도하셨으며(요 11:41-42), 십자가를 지기 위해 예루살렘으로 가시기 전에도 감람산에서 기도하셨다 (눅 22:39-44). 그의 사역 내내 능력을 유지하기 위해서 기도에 의존하셨던 것을 우리는 간과해서는 안 될 것이다.

예수님의 전도 방법

예수님은 복음을 전하기 위해 한 가지 방법에 의존하기보다는 여러 가지 다양한 방법을 사용하셨다. 그의 접근방법과 전도 방법은 환경에 따라 다양했다. 많은 경우에 그는 개인전도 방식이었다. 실제로 레이튼 포드(Leighton Ford)는 복음서에서 35번의 개인적 만남을 찾아냈는데, 매 경우에 예수님은 개인과 깊이 있는 말씀을 나누셨다. 가끔 대중 사역을 하실 때에도 결코 개인을 향한 배려를 잊지 않으셨다. 예수님은 니고데모와 말씀을 나누셨고, 막달라 마리아와 말씀을 나누셨고, 십자가 위에 못 박힌 강도와도 말씀을 나누셨고, 우물가의 여인과도 개인적으로 말씀을 나누셨다.9)

예수님 전도의 실제

폴 리틀(Paul Little)은 그의 유명한 책 "당신의 믿음을 전하는 방법"에서 예수님께서 우물가 여인과의 대화에서 나누신 8가지 효과적인 전도의 실제를 표본으로 지적하였다 (요 4:1-26).

1. 예수님은 먼저 여인과 접촉점을 만드셨다. 예수님이 먼저 말씀을 하심으로 대화를 시작하셨다.

2. 예수님은 공통점을 찾으셨다. 여인은 물이 필요했기 때문에 우물로 나오지 않을 수가 없었고 예수님도 마실 물이 필요하셨으므로 여인에게

---

9) Leighton Ford, "The Christian Persuader"(New York: Harper & Row, 1966), 67.

물을 좀 달라고 요청하셨다.
3. 예수님은 여인의 흥미를 불러 일으키셨다. 예수님이 결코 다시 목마르지 않는 생수에 대해서 말씀하신 것은 여인의 호기심을 불러일으키기에 충분했다.
4. 예수님은 주도적 질문과 불가해한 이야기를 하심으로 대화를 주도적으로 이끄셨다.
5. 예수님은 대화의 속도를 너무 빠르거나 너무 멀리 나가지 않도록 주의를 기울이셨다. 그는 그 여인이 생각할 수 있는 속도로 진리에서 시작하여 진리에 이르도록 인도하셨다.
6. 예수님은 여인을 나무라지 않으셨다. 그는 그녀의 죄지은 삶의 모습을 용서도 질책도 하지 않으셨다.
7. 예수님은 대화의 주제를 계속 유지하셨다. 여인은 예수님을 예배드리는 장소에 대한 이야기에 끌어들이려고 했으나 예수님은 따라가지 않고 영생에 대한 이야기를 계속하셨다.
8. 예수님은 여인이 그가 메시아라는 고백에 직면하도록 하셨고, 또 그를 믿도록 도전을 주셨다. 물론 그 여인은 주님을 믿었고 그녀의 간증으로 그녀가 사는 마을 전체가 구원을 얻었다.[10]

예수님의 전도자적인 생활습관

예수님의 초기 사역은 주로 생활전도를 보여주셨다. 생활전도는 일상생활에서 삶의 모습을 통해 자연스럽게 전도하는 것을 말하며, 예수님은 팔레스타인 지역을 돌아다니시면서 만나는 사람들과 대화하셨는데, 약속된 사람이 찾아올 때까지 기다리지 않으셨다. 그는 장님인 바디메오를 길가에서 만나셨고(막 10:46-52), 가다라 지방의 귀신들린 사람을 바닷가에서 만나셨다. 그는 점심시간에 삭개오에게 전도하셨고, 마태의 친구들에게 저녁 잡수시면서 전도하셨다(막 2:15-17). 예수님은 복음 전하는 기회를 잘 포착하셨다.[11]

---

[10] Paul Little, "How to Give Away Your Faith", 2nd ed., (Downers Grove, Ill.: InterVarsity Press, 1988), 50-70.

예수님의 전도설교 (선포설교)

설교도 예수님 전도의 중요한 한 부분이었다. 예수님 이전에 와서 설교했던 선지자들처럼 예수님도 설교하셨기 때문에 실제로 많은 사람들이 예수님을 선지자라고 불렀다 (마 21:11; 눅 24:19). "예수님은 말하는 분이었지 글 쓰는 분은 아니었으며, 전달자이지 기록관은 아니셨으며, 시장거리와 성전에서 그의 부르심에 대한 파수꾼이셨지 세례 요한처럼 광야에서 외치는 분도 아니셨다."12) 세례 요한은 사람들에게 다가오는 하나님의 나라를 위해 준비하라고 설교했으나, 예수님은 하나님의 나라가 이미 도래했다고 선포하셨다. 예수님의 사역은 전도와 교육과 치유의 세 가지 사역의 형평성을 잘 유지하셨다 (마 4:23). 참으로 그의 사역에서 이들 세 가지가 모두 훌륭했지만, 예수님 자신은 무엇보다도 전도하러 오셨다고 말씀하셨다 (막 1:38). 예수님은 그의 전도에서 서로 다른 많은 주제들에 대해 말씀하셨지만, 그의 기본적인 메시지는 단순했다. "때가 찼고 하나님 나라가 가까왔으니 회개하고 복음을 믿으라."(막 1:15)는 것이었다. 예수님은 복음을 전하기만 하신 것이 아니라 그분은 복음 자체이셨기 때문에 사람들에게 자기를 받아들이든가 거절하든가 하라고 강력하게 자신을 제시하며 사람들에게 도전을 주셨다.13)

예수님의 복음적 가르침

예수님이 강조하면서 가르치신 것은 전도였다. 예수님에게 있어서 "그의 가르침은 단순히 사실들을 늘어놓는 과제의 인용이 아니라 사람을 가르치셨다"14) 그분의 첫째가는 관심은 사람들이 하나님의 품성을 이해하고 그들의 삶을 위한 하나님의 뜻을 알도록 하는 것이었다. 예수님은 사람들이

---

11) Hobbs, "New Testament Evangelism", 70.
12) Amos Wilder, "The Language of the Gospel"(New York: Harper &Row, 1964), 21.
13) Hobbs, "New Testament Evangelism", 65.
14) Ibid., 66.

이해하도록 많은 방법들을 사용하신 최고의 스승이셨다. 예수님의 가르침에 대한 많은 책들이 나왔지만, 다음의 아홉 가지 특징들이 그 접근법을 요약해 준다.

1. 예수님의 가르침에는 권위가 있었다. 청중들은 모호함이 없이 명쾌하게 보여주신 권위에 놀랐다 (마 7:29).

2. 예수님의 가르침은 단순했다. 그의 가르침은 단순해서 보통 사람들도 쉽게 이해할 수 있었다.

3. 예수님은 모범을 보이셨다. 그는 자신이 롤 모델(Role model)이셨다. 그는 제자들에게 자기가 한 것을 보고 따라서 하도록 용기를 주셨다.

4. 예수님께서는 제자들과 많은 시간을 함께 하셨다. 그는 제자들에게 자기의 생활하는 모습과 사역을 항상 관찰하고 이해할 수 있는 시간을 충분히 주셨다. 사람이 복음을 받아들이는 것은 누가 가르쳐서 되는 것이 아니라 더욱 자주 자신이 마음으로 믿어서 복음을 붙잡는 것이라는 원리를 보여주셨다. (Not teach but catch)

5. 예수님께서는 제자들이 자신의 일을 스스로 할 수 있도록 용기를 주셨다. 제자들이 관찰하는 기간이 충분하다고 생각되었을 때, 제자들을 마을로 둘씩 짝지어 보내서 복음을 전하고 증거하는 현장 실습을 통해 전도를 몸소 체험하게 하셨다.

6. 예수님께서는 제자들의 자존심을 존중하셨다. 예수께서는 자기를 따르는 사람들에게 결코 빈정대거나 경멸하는 태도를 보이신 적이 없이 자존심을 존중하셨고 정체성을 세워주셨다.

7. 예수님께서는 제자들에게 인내를 보여주셨다. 제자들의 이해 속도가 느리거나 이기적인 행동을 했을 때조차도 예수께서는 그들을 인내하며 부드럽게 고쳐주셨다.

8. 예수님께서는 실제적인 예화를 사용하셨다. 그는 주로 비유의 말씀으로 가르치셨다. 비유는 비교의 연장선상에 있는 것이다. 대개 모든 사람들은 새로운 일을 이해할 때, 이미 알고 있는 사실과 비교함으로써 깨닫게 된다. 예수께서는 이 배움의 원리를 이해하시고 그의 사역에 시종일관 그 원리를 적용하셨다.

9. 마지막으로 예수님께서는 "배가 전도"(곱셈 증가 방법)에 더 많은 시간을 사용하셨다. 그는 예수님의 사역을 수행하는 열두 제자들을 훈련시키는 데 많은 시간을 투자하셨다. 그는 제자들을 배가시킴으로써 그의 교회를 성장시킬 수 있다는 것을 아셨다. (3 → 12 → 70 → 500)

로버트 콜만(Robert Coleman)은 전도사역에 크게 도움 될 만한 "주님의 전도계획(The Master Plan of Evangelism)"이라는 책에서 예수님의 전도방법을 다음과 같이 소개하고 있다. 예수님의 관심은 대중에게 전도하는 프로그램에 있는 것이 아니고, 그 대중이 따를 사람들에게 관심이 있으셨다. 결국은 배가운동을 일으키는 사람들이야말로 세상을 하나님께로 돌아오게 하는 방법이라고 생각하셨다. 주님의 계획의 우선적인 목표는, 자기가 아버지께로 되돌아가신 후에도 예수님의 생애를 증거하고 예수님의 사역을 계속할 수 있는 사람들을 모집하는 일이었다.15)

예수님의 제자훈련 원리들

예수님의 사역을 담당할 제자들을 훈련시키는 데는 몇 가지 훈련의 원칙이 있었다.

1. 선택(Selection) : 주님은 하나님의 나라를 찾는 사람들을 선택하셨다. 그는 넓은 마음을 가지고 끝까지 헌신하며 가르칠 수 있는 사람들을 택하셨다.
2. 동거(Association) : 주님은 제자들과 대부분의 시간을 함께 하셨다. 그는 그의 제자들이 자기의 믿음, 열심, 방법들, 그리고 그의 정신을 배우기를 원하셨다.
3. 성별(Consecration) : 주님은 그의 제자들이 그에게 순종하고 전적으로 헌신하기를 원하셨다.
4. 분여(Impartation) : 주님은 주님 자신을 완전히 제자들에게 주셨다. 그는 그의 시간, 에너지, 지식 등을 내어주셨다. 그는 자기 자신을 제자들을 위해 완전히 희생하셨다.

---

15) Robert E. Coleman, "The Master Plan of Evangelism(Old Tappan, N.J. : Fleming H. Revell Co., 1963), 21.

5. 시범(Demonstration) : 주님은 제자들에게 기도하는 법, 성경을 사용해서 설교하는 법, 그리고 가르치는 것과 전도하는 방법들을 실제로 보여주며 배우게 하셨다.
6. 위임(Delegation) : 주님은 제자들을 보내서 그들 자신이 전도하도록 사역을 위임하셨다.
7. 감독(Supervision) : 주님은 그들의 사역 결과를 평가 하시고 격려하셨다. 그는 새로운 통찰력을 기르기 위해 재검토하고 적용하는 법을 가르치셨다.
8. 재생산(Reproduction) : 주님은 제자들이 자기의 성품과 그의 사역을 재생산하기를 원하셨다.16)

주님은 전도에 전념하셨지만, 또한 그는 10사람이 일하는 것보다 그 일을 담당할 10명의 사람을 훈련시키는 것이 더 효과적이라는 것을 아셨다. 주님은 자기가 세상에 머물 수 있는 시간이 제한되어 있는 것을 아셨기 때문에 대부분의 시간을 그의 나라를 건설할 제자들을 무장시키는 데 사용하셨다.

예수님이 보여주신 하나님 나라의 표적들

로잔 언약과 "전도와 사회적 책임간의 관계에 관한 협의"(CRESR, Grand Rapids, 1982) 보고서에 의하면, 예수님께서 사역을 시작하실 때, "회개하라 천국이 가까웠느니라"고 시작하셨지만, 예수님께서는 하나님 나라 선포 이상의 것들을 행하셨으며 하나님 나라의 표적들과 자신이 말하고 있는 나라가 이미 도래해 있다는 공적인 증거들로서 하나님 나라의 실재를 제시하셨다. 심의회에서는 예수님이 보여주신 표적들이 우리의 복음전파를 유용하게 해야 한다고 믿으며, 이 표적들을 다음과 같이 요약하였다.17)

---

16) Ibid., 8.
17) John Wimber, "Power Evangelism", 선교문화사 번역위원회 역, 도서출판 선교문화사, 1993, 33-44.

1. 첫째 표적은 사람들에게 기쁨과 평화, 그리고 축제의식을 가져다주며 자기 백성들 속에 계셨던 바로 예수님 자신이었다. (그리고 현재도 여전히 그러하다.)
2. 둘째 표적은 복음의 선포이다. 그리스도가 오시기 전에는 하나님 나라에 대한 복음 선포는 없었다. 그러나 지금은 그가 오셨고, 그 나라의 복된 소식이 모든 사람, 특히 가난한 자들에게 선포되어야 하는 것이다 (눅 4:18-19).
3. 셋째 표적은 귀신축출이었다. 우리는 사탄의 명령 하에 존재하는 악하고, 인격적이고, 지성적인 존재들이 있음을 믿는다. "귀신에 사로잡히는 것"은 하나의 실제적인 끔찍한 상황인 것이다. 그것으로부터의 구원은 오직 예수의 이름이 외쳐지고 선포되는 능력 대결의 현장에서만 가능한 것이다.
4. 넷째 표적은 장님이 보게 되고, 귀머거리가 듣고, 절름발이가 걸으며, 병자가 온전케 되고, 죽은 자가 살아나며(눅 7:22), 풍랑을 잠잠케 하며, 오병이어의 기적과 같은 치유와 자연을 통한 기적을 의미한다. 하나님께서는 여전히 오늘날에도 기적을 행하시며, 권세가 있으시며, 우리들도 기적을 기대해야만 한다고 믿는다.
5. 다섯째 표적은 회심과 중생의 기적이다. 사람들이 우상을 버리고 살아계신 하나님을 섬길(살전 1:9-10) 때마다 사탄의 세력이 있는 곳에서는 옛날이나 지금이나 능력 대결이 일어나며 사탄의 세력들은 파괴된다. 이것은 순전히 복음의 능력이다.
6. 여섯째 표적은 바울이 성령의 열매라고 불렀던 그리스도를 닮은 성품을 명백히 드러내는 하나님 나라의 백성들이다. 왜냐하면 성령의 은사는 하나님 나라의 가장 뛰어난 축복이기 때문이다. 그가 다스리는 곳에서는 사랑, 기쁨, 평화, 그리고 의가 그와 함께 영원히 왕노릇 하는 것이다(갈 5:22, 23. 롬 14:17).
7. 일곱째 표적은 하나님 나라의 왕께서 그의 영광에 들어가시기 위해 고난 받는 것은 필연적인 것이었다. 진실로 그분은 우리를 위해 고난 받으셨고 우리가 따라야 할 본을 남겨주셨다. 우리가 의를 위하여, 혹은 예수님에 대한 증거 때문에 고난을 받고, 또 용감하게 이런 고난을 견디는 것은 우리가 하나님의 구원과 그 나라를 이미 받았음을 보여주는 하나의 명백한 표적이다.(빌 1:28, 29; 살후 1:5).

해석과 적용

예수님의 탄생은 하나님께서 세상을 구원하시려는 계획의 일환이었다. 예수님의 탄생은 우연의 일치가 아니고 그때는 이 세상이 언어적으로는 그리스어로 통일되고, 정치적으로는 로마 제국이 안정되고 제도적으로 완성되었으며, 종교적으로는 유대인들이 그리스도를 받아들일 수 있도록 준비된 때에 탄생하신 것이다. 예수님의 전도는 현대 전도자들이 따를 수 있도록 그 모델을 보여주셨다.

예수님의 전도는 의도적이었다. 즉, 주님은 확실한 목적을 가지고 전도하셨으며, 잃어버린 영혼을 구원하러 오셨으며, 그의 마음을 이러한 목적에서 잠시도 다른 데로 돌리지 않으셨다. 주님은 모든 사람들을 수용하셨고 그들을 모두 한 사람 한 사람 개인적으로 귀하게 대하셨다. 주님은 사람들에게 제자로서 살아가게 될 때에 치르게 될 희생을 미리 셈하도록 도전을 주셨다. 그는 "쉽게 믿는 믿음(easy believism)"에 몰두하지 않으셨다. 가장 중요하게, 예수님께서는 전도에 있어서 기도와 성령의 능력의 필요성을 몸소 시범으로 보여주셨다.

예수님께서는 몇 가지의 서로 다른 전도방법을 사용하셨는데, 첫째 그는 언제 어디서든 상황이 허락하는 대로 개인전도를 하셨다. 그는 복음을 팔레스타인 전역에 전파하셨다. 그는 어떻게 구원을 얻는지 그 구원 얻는 방법을 가르치셨고 그를 따르도록 도전을 주셨다. 그는 그의 미래 사역을 위해서 제자들을 훈련시키는 데 특별한 관심을 기울이셨다. 그는 하나님 나라의 건설을 위해서 제자들을 배가시키셨다(3명 → 12명 → 70명 → 500여 명). 주님은 그의 제자들이 "사람을 낚는 어부"가 되도록 부르셨다(막 1:17). 주님은 지상에서 그의 제자들에게 땅끝까지 이르러 증인이 되라고 명령하심으로 그의 사역을 마치셨다(행 1:8). 예수님은 사역을 두 가지로 요약하셨는데, 첫째로 그는 모든 사람을 구원하기 위해 오셨고, 둘째는 그 구원을 위해서 복음을 온 세상에 전하도록 명령하기 위해 오셨다. 다음에 오는 장(Chapter)들에서는 제자들이 예수님의 명령을 어떻게 수행하였는지에 대해 다루게 될 것이다.

연구를 위한 질문들

1. 그리스인들과 로마 제국과 유대인들은 예수 그리스도의 탄생을 위해 어떻게 준비했는가?
2. 예수님의 전도의 특징을 나타내는 8가지 단어들은 무엇인가?
3. 예수님께서 모든 사람들을 위해 어떻게 사역하셨는지 3가지 예를 들어 설명할 수 있는가?
4. 예수님께서는 그의 가르침에서 왜 주로 비유를 들어 말씀하셨는가?
5. 왜 예수님께서는 제자들에게 성령충만을 받을 때까지 기다리라고 명령하셨는가?
6. 초대교회 그리스도인들의 방법 중에서 오늘날 우리가 사용할 수 있는 방법은 무엇인가?

제2장 초대교회 시대의 전도
(Evangelism in the New Testament Church)

주님은 그의 제자들에게 마지막으로 부탁하신 말씀이 바로 세상을 복음화하라고 명령하신 것이다. 사도행전은 초대교회가 어떻게 이 명령을 수행하였는지를 잘 보여주고 있다. 사도행전의 저자인 누가가 광범위하게 총망라한 것은 아니지만, 초대교회 교인들이 이 명령을 어떻게 수행했는지 적절하게 요약해 주고 있다. 오늘날의 기독교인들은 사도행전을 연구함으로써 각 시대에 알맞은 전도의 원리들을 찾아낼 수 있을 것이다. 구약시대에는 열방이 이스라엘 백성에게로 "와서" 이스라엘 백성이 하나님을 섬기는 것을 보고 모든 열방이 하나님을 섬기도록 계획하셨지만, 초대교회 시대에는 하나님이신 예수님께서 오셔서 직접 너희는 "가서" 온 천하에 다니며 복음을 전하라고 하심으로써 선교 전략을 내향적 지도력(求心的 宣敎)에서 외향적 지도력(遠心的 宣敎)으로 전환하신 것이다. 그럼에도 불구하고 제자들이 예루살렘을 떠나지 않음으로 예루살렘은 파괴되었고 흩어진 제자들이 안디옥 교회 등을 세웠으며 복음은 유럽 전역에 전파되게 되었으니 이는 하나님의 계획이었음이 확실하다.

초대교회의 메시지

예수님께서는 그가 하늘나라로 승천하시기 전에 사도들이 어떤 메시지를 전할 것인가에 대해 설명하고 가르치셨다. "그가 말씀하여 이르시되, '이같이 그리스도가 고난을 받고 제삼 일에 죽은 자 가운데서 살아날 것과, 또 그의 이름으로 죄 사함을 받게 하는 회개가 예루살렘에서 시작하여 모든 족속에게 전파될 것이 기록되었으니'"(눅 24:46-47). 이것이 사도들이 전할 기본적인 메시지였다. 그들은 예수의 죽음에 대하여, 장사지냄에 대하여, 그리고 그의 이름으로 구원받을 예수의 부활에 대하여 설교했다.

베드로가 오순절날 예루살렘에서 선포한 설교의 예를 사도행전 2장에서 볼 수 있고, 스데반의 설교를 사도행전 7장에서 찾아볼 수 있다. 사도 바울은 그가 고린도교회에 보낸 편지에서 복음제시의 핵심을 설명하고 있다(고전 15:3-6). 사도 바울의 네 가지 기본 교리는; ① 그리스도의 신성, ② 성경의 무류성(無謬性), ③ 유대인과 이방인 모두를 위한 복음의 보편 구원성, 그리고 ④ 복음을 널리 전파해야 할 교회의 책임 등이다. 그의 설교에서 바울은 다음의 네 가지를 강조한다. 즉, 그리스도의 신성, 십자가 상의 그리스도의 기름부음의 죽음(성경대로 그리스도께서 우리의 죄를 위해 십자가에 죽으셨다는 의미), 그리스도의 부활의 실재성, 예수께서 이 땅에 다시 오신다는 축복의 소망을 강조하고 있다.[18]

1936년 도드(C. H, Dodd)는 모든 사도들의 공통적인 설교가 되는 기본적인 복음 메시지를 지원하는 논문을 발표했다. 도드는 이 기본적인 복음의 메시지의 초안을 케리그마(kerygma, 헬라어로는 선포의 의미) 라고 불렀다.[19] 도드는 사도의 메시지는 다음과 같은 글을 포함한다고 믿었다.

역사적인 중요성은 예언의 성취로 표현하는 예수님의 죽음, 장사 지냄, 부활, 그리고 승천; 예수님의 신학적 표현으로서 주님과 그리스도 (메시아); 죄 사함을 받게 하는 회개이다.[20]

최근의 학자들은 도드의 논문은 복음을 너무 단순화한 것이라고 비판

---

18) Roland Q. Leavell, "Evangelism: Christ's Imperative Commission, rev. ed. (Nashville: Broadman Press, 1979), 59.
19) Sec C. H. Dodd, "The Apostolic Preaching and Its Development (London: Hodder and Stoughton, 1936).
20) Robert Mounce, "Gospel," Baker's Dictionary of Theology (Grand Rapids: Baker Book House, 1960), 254-57.

한다. 오늘날 받아들여지는 관점은 일찍이 사도들이 선포한 그리스도의 재림에 대해서만 받아들인다. 그들의 접근 방법은 청중의 성향에 따라 거기에 적응했다. 그들의 선포는 청중에 다가가는 방식으로 메시지의 지적, 영적 또는 하나로 포장된 메시지에서 시작하였다. 이것은 그들이 메시지를 변경했다는 것이 아니라 그들이 상황에 따라서 접근 방법을 달리 했다는 것이다. 이것의 좋은 예로는 바울이 아덴의 마르스 힐(Mars Hill)에 모인 그리스인들에게 설교한 것이라고 할 수 있다(행 17:22-34). 이 경우에 바울은 그리스의 철학자들과 지식인들에게 전도하면서 그는 그 지역의 신전에서 본 것을 인용하며 시작하였다. 그러나 바울이 비시디아 안디옥에서 유대인들을 상대로 하는 그들의 회당에서는 구약을 인용하여 설교했다. 확실히 바울은 곳에 따라, 그리고 상황에 따라 접근 방법을 달리 했다. 실제로 사도 바울 자신이, "내가 여러 사람에게 여러 모습이 된 것은 아무쪼록 몇 사람이라도 구원하고자 함이니"(고전 9:22) 라고 설명했다.[21]

사도들의 전도전략

사도행전 1:8절은 초대교회 확장의 청사진을 보여준다. 실제적으로 많은 성경주석들은 사도행전을 이 지리적으로 전진하는 확산에 따라 해설하였다. 즉, 예루살렘에서 온 유대와 사마리아로, 그리고 땅끝까지 이르러 복음이 전파되는 것이다. 그러나 문제는 이 교회에 의한 지리적으로 전진하는 확산이 교회의 의식적인 전략이었는지 아니면 단순히 성령의 인도하심이었는지가 문제인 것이다. 마이클 그린(Michael Green)은 초대교회가 형식을 갖춘 전도전략이 있었다는 데는 의문을 제기한다. 사도들이 가만히 앉아서 전도운동이나 계획하고 있었다고 생각하는 것은 큰 잘못이다. 우리가 아는 것처럼 기독교의 확산은 대개는 비정규적인 선교사들에 의한 우연적이고 자발적인 전도의 결과였다는 것이다.[22]

---

21) David E. Garland, "Evangelism in the New Testament." Review and Expositor (Fall 1980), 465.

사도행전의 절반 이상이 사도 바울의 선교사역에 관한 것이다. 바울은 참으로 교회의 선교적 확장에서 가장 큰 역할을 한 사람이었다. 그러므로 바울이 로마 제국을 전도하기 위한 선교전략이 있었는지를 아는 것이 중요하다. 롤런드 알렌(Roland Allen)은 이에 대한 생각을 일축해 버렸다. 그는 말하기를 "사도 바울이 선교여행 전에 자세한 계획을 세워서 그 계획을 유지하며 사역했다거나 그가 교회를 세울 곳을 전략적으로 선정했다고는 생각할 수 없다."23) 그러나 그가 선교전략을 가지고 있었는지 아닌지 하는 토론의 여지는 확실히 남아 있다. 사도 바울은 그의 선교사역을 시작할 때는 완전한 전체적 행동 계획을 가지고 있지 않았을 것이다. 그러나 신약 성경을 주의 깊게 연구해 보면, 바울은 그가 로마 제국을 전도하기 위해 지킨 어떤 기본적인 원리들을 발견할 수 있다. 물론, 바울의 모든 사역은 성령님의 인도하심이었다는 것은 부정할 수 없다. 허버트 케인(Herbert Kane)은 바울이 그의 사역에 적용한 9가지 전략을 아래와 같이 정리하였다.

1. 바울은 모교회와 밀접한 관계를 유지했다. 안디옥 교회가 선교의 임무를 부여했으며 안디옥 교회는 제일차 선교여행을 위해 바울과 바나바를 파송했다. 그들은 선교여행을 마친 후에 그들의 사역보고를 위해 안디옥 교회로 돌아왔다(행 14:26-28).
2. 바울은 그의 사역을 4개의 로마 행정구역(갈라디아, 아시아, 마케도니아, 그리고 아가야)에 제한했다. 바울은 그가 감독할 수 있고 새로운 교회들을 도울 수 있는 충분히 제한된 지역에 그의 노력을 집중했다.
3. 바울은 대도시들에 사역을 집중했다. 그는 주위에 있는 지역으로 복음을 전파할 수 있는 모판 또는 모교회를 세웠다.

---

22) Michael Green, "Evangelism in the Early Church"(Grand Rapids: Eerdmans Publishing Co., 1970), 256.
23) Roland Allen, "Missionary Methods: St. Paul's or Ours" (Grand Rapids: Eerdmans Publishing Co., 1962), 10.

4. 바울은 유대인의 회당이 있으면 전도사역을 회당에서 시작하였다. 회당에는 유대인들과 개종자들과 이미 메시아를 기다리며 하나님을 경외하는 자들이 있었다.(행 13:14-15)

5. 바울은 좋은 반응이 있는 사람들에게 전도하는 것을 선호하였다. 바울은 전도의 장소를 신실하고 열매가 있는 사람들이 있는 곳으로 결정했다. 그러므로 그는 좋은 결과를 가져올 수 있는 장소로 갔다. 그는 반응이 없는 곳에서 시간과 노력을 낭비하지 않았다.
(행 18:6)

6. 바울은 믿음을 고백하는 사람들에게 세례를 베풀었다. 초대교회 시대의 초기의 복음사역자들은 새로 개종한 사람들에게 세례 베풀 때까지 오래 기다리지 않은 것 같다.(행 8:12, 36-38, 9:18; 16:33)

7. 바울은 교회가 세워질 때까지 충분히 긴 시간을 한 장소에 머물렀다. 그가 돌볼 사람이 없는 데서는 복음의 씨를 뿌리거나 심지 않았다.

8. 바울은 팀 사역을 적용해서 동역자들을 잘 사용하였다. 바나바, 마가, 실라, 디모데, 그리고 누가 등이 여러 다른 선교여행에 동행했다. 이것은 사역에서 더 많은 결실을 맺게 했을 뿐만 아니라 바울로 하여금 젊은 사역자들을 훈련시킬 수 있는 기회가 되었다.

9. 바울은 모든 사람들을 위해서 무엇이든지 다 하는 사람이었다. 그는 그의 메시지나 교리를 타협하거나 바꾸지는 않았지만, 그러나 다른 면에는 매우 유연했다. 그는 그가 사역하는 그곳의 문화에 적응하려고 모든 노력을 기울였다(고전 9:19-23).[24]

요약하면, 초대교회가 그들에게 주어진 세계복음화 사명을 위해서 어떻게 전진했는지 일반적인 관찰을 기술하는 것이 가능하다. 이것이 비록 사전에 미리 계획된 의도는 아니었다고 할지라도 무서운 속도로 확산되고 안정되어가는 이것이 초대교회 활동의 본 모습이었다.

1. 사도들의 사역은 포괄적이었다. 사도들은 모든 나라 모든 종족에게 복음을 전했다. 비록 사도적 교회가 편견으로 어려움이 있었으나, 이런 것

---

[24] J. Herbert Kane, "Christian Missions in Biblical Perspective" (Grand Rapids: Baker Book House, 1976), 73-85.

들을 극복하고 세계적인 교회를 만들었다(행 15; 롬 1:14; 갈 3:23).
2. 사도들은 교회개척을 강조하였다. 그들은 그 주위에 복음을 전파하기를 원하면서 주요 도시에 교회들을 개척했다. 이러한 전략은 데살로니가의 경우에 대체로 성공적이었다.(살전 1:8). 그리고 다른 곳에서도 비슷한 효과를 거두었다.
3. 교회의 대체적인 움직임은 서진(西進)이었다. 교회의 전통은 몇몇 사도들이 복음을 동쪽을 향해 나아가고 있었으며 도마는 인도에까지 이르렀다. 그러나 여전히 처음의 나아가는 방향이 서쪽이었던 것처럼 바울은 서쪽 끝인 스페인에서 복음을 전파하기를 원했다(롬 15:24).
4. 사도적 교회는 로마 제국 안에서 우선적으로 헬라어를 사용하는 지역으로 국한되었다. 물론 여기에는 예외가 있었는데, 대개의 전도 사역은 전도자들과 의사소통이 잘되고 로마의 질서가 잘 유지되는 곳에서 이루어진 것은 분명한 것 같다.

사도들 안에서 역사하신 성령님

성령의 역사는 사도행전에서 너무나 현저했기 때문에 어떤 주석가들은 사도행전을 성령행전이라고 불렀다. 예수님께서는 그의 제자들이 성령의 능력 없이 구원의 감격만으로는 전도할 수 없다는 것을 아셨기에, "예루살렘을 떠나지 말고 내게 들은 바 아버지께서 약속하신 것을 기다리라. 요한은 물로 세례를 베풀었으나 너희는 몇 날이 못 되어 성령으로 세례를 받으리라."(행 1:4-5)고 말씀하신 것이다.

제자들은 스승의 명령에 따라 예루살렘으로 돌아왔고 그때부터 10일간 기도에 전념했다. 오순절날 성령충만을 받았으며 다른 언어들로(방언) 말하기 시작했다. 예루살렘은 그 당시 전(全) 로마 제국으로부터 몰려온 방문객들로 붐볐다. 그 무리가 놀란 것은, 제자들이 여러 나라 말로 설교를 함으로써 예수님에 대한 복음을 각 사람이 난 곳 방언으로 듣게 되었기 때문이다. 베드로의 주도적 설교가 사도행전 2장에 나와 있다. 그는 설교의 마지막 부분에서 사람들에게 회개하고 그리스도를 믿어 구원을 얻으라고 도전했으며, 3천 명이나 되는 사람들이 복음의 초대에 응했다. 이 경험은 제자들에게 전도사역을 위해서는 성령의 능력이 무엇보다 필요하다는 확실한 인상을 받았다. 성령의 능력은 사도시대의 교회 전도에 여러 가지 방법으로 영향을 주었다.

1. 성령충만은 사도들에게 담대함을 주었다. 사도행전 4장 31절에 따르면 "빌기를 다하매 모인 곳이 진동하더니 무리가 다 성령이 충만하여 담대히 하나님의 말씀을 전하니라"라고 하였다.

2. 성령충만은 사도들의 설교에 능력을 부어주었다.(골 1:28-29). 군중들은 사도들의 능력있는 설교에 감동을 받았다. 그들은 성령께서 능력을 부어 주셨을 때, 초자연적인 설교자들이 되었다.

3. 성령은 초기 기독교인들을 통해서 기사와 이적으로 역사했다. 이들 기사와 이적들은 사도들의 사역과 메시지를 권위 있게 만들어 주었다. 이 기적들은 사도들이 하나님으로부터 보냄 받은 메신저라는 것을 증거하는 것 이었다 (행 4:31; 행 11:44-47).

4. 성령께서 선교사들과 전도자들을 사역자로 불러내셨다. 바울은 에베소서 4:11절에서 어떤 사람은 사도로, 어떤 사람은 선지자로, 어떤 사람은 전도자로, 그리고 어떤 사람은 목사이면서 교사(pastor-teacher)로 부르셨다고 설명하고 있다. 이 사람들은 부름을 받았고 성령의 은사를 받아서 교회를 섬기게 되었다. 그들의 특별한 책임은 교회의 성도들을 온전케 하여 교회를 세우기 위한 것이다. 사도행전 13장 1-3절은 성령께서 어떻게 바울과 바나바를 선교사로 불렀는지 잘 말해주고 있다. 성령께서 교회의 사역을 잘 감당할 수 있도록 교회 지도자들에게 필요한 것을 은사로 주셨던 것이다.

5. 성령께서는 믿는 사람들에게 특별한 은사를 주셨다. 바울은 고린도전서 12장과 14장에서 그리스도의 몸인 교회를 세우기 위해 성령께서 교인들에게 필요한 특별한 은사들을 주신 것을 폭넓게 설명하고 있다. 이 성도들이 받은 은사는 초대교회의 성장을 이끈 중요한 요소들과 원동력이 되었다.

6. 성령께서 사역을 완수하도록 사도들을 이끄셨다. 사도행전 16장 6-10절에서 누가는 바울이 아시아의 로마가 통치하는 지방을 거쳐서 비두니아로 가기를 원했지만, 성령께서 막으셨다는 것을 아주 자세하게 설명하고 있다. 결국은 바울은 드로아로 내려가 거기서 하나님의 인도하심을 기다

렸다. 성령께서는 꿈을 통해 마케도니아에서 구원받기를 원하는 사람들이 그를 기다리고 있다는 것을 보여주셨다. 바울과 그의 일행이 하나님의 인도하심을 따랐을 때, 그들은 빌립보와 데살로니가와 베뢰아에 교회를 개척할 수 있었다.

요약하면, 성령은 우주 로켓에 연료를 공급하는 추진체 같았다. 성령의 능력으로 사도들은 전 지중해 연안에 복음을 편만하게 전파하였다. 성령께서 그들을 부르셨고, 설교에 영감을 넣어 주셨고, 그들의 여행을 인도하셨다. 데이비드 가랜드(David E. Garland)는 말하기를, "그들은 세상의 필요에 대한 부담감 또는 자신들을 위한 영속성 때문에 설교를 한 것이 아니라, 다만 거룩한 신적 충동에 의해 자극을 받은 설교였다."고 말했다.25)

반대에 부딪힌 사도들의 전도사역

초기의 기독교인들은 성령에 의해 강력한 능력과 동기부여를 받았으나, 그들은 아직도 몇 가지 면에서 반대에 부딪혔다. 교회의 가장 큰 반대는 유대인들로부터 왔다. 사울과 산헤드린 회원들이 스데반을 돌로 쳐 죽인 사건으로부터 시작된 예루살렘의 맹렬한 박해를 주도했다(행 7:54-8:3). 후에 교회 역사상 유명한 역설(Irony)의 하나가 된 바울(사울)은 유대인들에 의해 박해의 목표가 되었다. 바울은 새로운 도시에서 전도사역을 시작할 때, 주로 유대인 회당에서 설교를 시작했다. 바울은 회당에 가면 많은 소식을 들을 수 있었고, 회당에서 예배하는 사람들은 성경의 권위를 받아들였으며, 오실 메시아를 기다리고 있다는 것을 알았다. 그러나 유대인들은 바울이 개종자들을 얻기 시작했을 때, 그가 크게 성공하는 것을 질투하게 되었고 바울과 그의 동역자들을 박해하기 시작했다. 바울이 전도한 많은 도시에서 유대인들은 바울을 공격하도록 사람들을 충동질했다(행 13:50; 14:19-20; 17:5-9). 이것이 로마 당국이 기독교를 유대교

---

25) Garland, "Evangelism in the New Testament", 464.

제2장 초대교회 시대의 전도

의 한 분파로 보도록 한 역설적인(Ironic) 상황이었고 합법적인 인식이었다. 유대인들은 사람들을 유대교로 개종시키는 것을 매우 자랑스러워했기 때문에 바울의 성공을 부러워했고 나중에는 질투했고 급기야는 박해하기 시작했다. 그래서 그들은 바울을 자기네 종교에 대한 변절자 내지는 반역자로 보기 시작한 것이다.

우상숭배자들도 기독교 전도자들을 반대했다. 어떤 경우에는 기독교인들을 그들의 종교와 생계에 대해 위협적인 존재로 생각했다. 에베소에서의 경우가 바로 그런 경우였다. 은으로 에베소 사람들의 여신인 아데미(Artemis)의 우상을 만들어 팔아서 생계를 잇는 데메드리오라는 은장색(銀匠色)이 있었다. 바울의 전도자들이 성공적으로 전도하여 그의 판매량이 줄어들었을 때, 데메드리오는 바울과 그의 동역자들에 대하여 소란을 일으켰다. 이런 현상은 로마 제국 내에 있는 다른 지역에서도 기독교는 기존의 종교인들과 여기에 의존하여 사는 사람들의 생계를 위협했다.

긴 안목으로 볼 때, 가장 심각한 반대는 로마 당국자들에 의한 박해였다. 초기에는 기독교를 유대교의 한 분파로 보았기 때문에 기독교는 법적인 보호를 받을 수 있었다. 그러나 시간이 흐름에 따라 로마 당국은 기독교를 유대교와는 분리된 다른 종교로 보았고 따라서 기독교는 불법적인 종교가 되었다. 초기 기독교 운동에서 로마의 박해는 지역적이었다. 많은 경우에 로마 당국자들은 주민의 소동에 책임이 있다고 생각되는 사람들을 처형하는 것으로 박해를 끝냈었다. 빌립보의 경우가 바로 이런 경우인데(행 16:22-24), 거기서 바울과 실라는 소동을 일으켰다고 고발당했다. 로마 당국은 바울과 실라를 매로 때리고, 바울이 로마시민이라는 자기 신분을 밝힐 때까지 옥에 가두었다. 또 다른 지역적인 박해로서, 로마 당국은 사도 요한을 밧모 섬에 유배시켰는데, 거기서 그는 요한계시록에 기록한 대로 하나님의 비전을 보았다. 교회 역사에 의하면 베드로와 바울은 네로 황제가 로마에 있는 교회만을 박해할 때 순교 당했다고 한다. 네로는 로마에 무서운 화재가 났을 때, 그것을 기독교인들이 낸 불이라고 핑계를 달아 기독교인이라고 고백하는 많은 사람들을 처형했다. 이것 역시 박해는 로마시에 국한되어 있었다.

가끔은 로마인들이 사도들을 보호한 경우도 있었다. 이것은 고린도의 경우인데, 갈리오(Gallio)가 로마 행정장관이었을 때, 바울을 유대인들로부터 보호하였다(행 18장). 바울이 예루살렘 성전에서 공격 받았을 때에도 로마 군인들이 그를 구해냈다(행 21:27-35). 로마인들은 추상적인 종교적 사건들보다는 그들의 영토의 질서를 지키는 데 더 관심을 가졌던 것이다.

전도의 방법들

초대교회 시대에는 복음을 전파하기 위해 상황에 따라 여러 가지 다른 방법들을 사용하였다. 다음에 열거하는 것들은 사도행전에서 사용된 전도 방법들이다.

1. 대중전도. 사도들은 기회가 생기는 대로 군중에게 복음을 선포했다. 베드로는 예루살렘에 모인 큰 군중에게 설교했고(행 2장), 바울은 많은 사람이 모인 루스드라에서 설교했다(행 14:8).
2. 공중설교. 베드로와 요한, 그리고 다른 사도들은 성전에서 공중에게 설교하였고, 바울은 아그립바 왕 앞에서와 가이사랴와 로마에 있는 고관들에게 설교했다(행 26, 28장).
3. 호구방문전도. 예루살렘에 있는 성도들은 가가호호 방문하면서 전도했다(행 5:42). 이것은 의심할 것도 없이 매일 구원받는 사람들이 생겼기 때문이다(행 2:47). 기독교 성장에 중요한 인자(因子)의 하나는 가족 단위의 전도였다. 가장(家長)이 믿었을 때, 나머지 가족들이 믿는 것은 지극히 자연스러운 것이었다. 고넬료 가족의 개종(행 10:23-48)과 빌립보 감옥의 교도관 가족의 전도(행 16장)는 좋은 예이다.[26]

---

26) Ibid., 469.

4. 전도운동. 설교하는 집사 빌립은 사마리아에서 전도운동을 이끌었다(행 8:5). 실제적으로 이 전도운동은 매우 효과적이어서 베드로와 요한이 친교를 돕기 위해 사마리아를 방문했다(행 8:14).
5. 개인전도. 사도행전에는 개인전도의 예가 많이 있다. 아마도 빌립이 에디오피아 내시에게 전도한 것이 개인전도의 가장 좋은 예일 것이다(행 8:26-38). 다른 예는 바울이 구브로에서 서기오 바울에게 전도한 것이다(행 13:4-12). 오트리(C. E. Autrey)는 개인전도야말로 1세기의 모든 기독교인들에게 있어서는 정상적인 일상 활동이었다고 말했다. 사도행전 11장 19절에는 박해 때문에 예루살렘으로부터 흩어진 성도들이 안디옥으로 가서 예수에 관한 복음을 유대인들에게 전했다. 이 전도는 예루살렘에서 안디옥에 있는 유대인들에게 복음을 대화적으로 제시한 것이었다. 이 전도는 열매를 맺었고, 그 결과 안디옥에 유대인과 그리스인을 위한 강력한 교회가 설립되었다.27)
6. 공개 토론. 이 전도방법이 초대교회에서 얼마나 자주 사용되었는지는 알 수 없으나 적어도 한 번은 진지하게 사용되었다. 사도행전 17장 16-17절에서 바울이 아덴에 있는 철학자들과 토론하였다.
7. 평신도들의 전도(Lay evangelism). 많은 그리고 아마도 대부분의 전도는 일반성도들이 일상생활에서 전도한 평신도들의 전도였을 것이다. 의심할 것도 없이 그들은 회당에 들어가는 것을 꺼리는 많은 이방인들에게 전도했다. 사도행전 8장 1-4절에 보면 박해로 인해 예루살렘으로부터 흩어진 사람들의 전도활동에 대하여 기록하고 있다. 유대교 지도자들은 교회를 쉽게 파괴할 수 있을 것이라고 생각했다. 그러나 그것은 큰 오산이었다. 오히려 그들의 노력은 복음이 그 지역 안에 두루 퍼지게 하는 결과를 초래 했다.28) 사도행전은 초대교회에서 평신도들의 전도가 예외적인 것이 아니라 하나의 규칙(불문율)이었다는 것을 명확하게 말해준다. 스티븐 닐(Stephen Neill)은 기록하기를, "<u>분명한 것은 모든 그리스도인들은 전도자였다는 것이다. 그리스도인들이 있는 곳에는 살아있고 불타는 믿음이 있었고, 오래지 않아서 그리스도인 공동체가 생겨났다.</u>"29)

---

27) C. E. Autrey, "Evangelism in the Acts"(Grand Rapids: Zondervan Publishing Co., 1964), 26.16
28) Garland, "Evangelism in the New Testament", 468.
29) Stephen Neill, "A History of Christian Missions"(Baltimore: Penguin Books, 1964), 24.

8. 문서전도. 어떤 사도들은 펜과 잉크로 전도했다. 사복음서는 확실히 많은 사람들을 그리스도께로 인도했다. 실제로 요한은 그가 복음서를 기록한 목적에 대해 말하기를, "오직 이것을 기록함은 너희로 하여금 예수께서 하나님의 아들 그리스도이심을 믿게 하려 함이요 또 너희로 믿고 그 이름을 힘입어 생명을 얻게 하려 함이니라"(요 20:31)고 말했다. 누가도 요한의 목적을 함께 나누었다(눅 1:1-4).

9. 교회개척. 사도들의 전도는 매우 교회 지향적이었다. 그들은 단지 사람들에게 고립적으로 전도한 것이 아니라 오히려 그들은 개종자들에게 세례를 베풀고 그들을 양육하고 서로 격려하기 위해 회중으로 모았다. 바울의 방법은 어디를 가나 교회를 개척하고 그 교회들이 잘 세워질 때까지 긴 시간을 그들과 함께 머물렀다. 후에 이 교회들은 주위에 자교회들을 세우는 모교회로 성장했다.30)

10. 가정성경공부. 초대교회는 교회 건물이 없었다. 그들은 가정뿐만 아니라 성전, 회당 등에서도 모였다. 바울은 에베소에서 전도용으로 성경공부 하던 집에서 효과적으로 교회를 시작했다(행 20:20).

---

30) Garland, "Evangelism in the New Testament", 468.

해석과 적용

초대교회의 메시지는 단순했다. 즉, "예수 그리스도는 그를 믿는 모든 사람들을 구원하기 위해 십자가에서 돌아가신 하나님의 아들이었고 우리의 구원을 위해 삼 일 만에 부활하셨다"라고 하는 정도였다. 예수님께서 승천하신 후에 사도들은 전도하기 시작했다. 초대교회는 단순히 선교를 실시한 것이 아니다. 허버트가 말한 것 같이, "<u>초기에 교회는 선교 그 자체였다</u>(The Church was Mission). <u>초대교회에서 선교 프로그램은 두 가지 명제에 근거하였다: (1) 교회의 가장 중요한 사명은 세계복음화였고, (2) 이 사명을 이루기 위한 책임은 교회공동체 전체에게 있었다.</u>"31)

초대교회는 아마도 세계복음화를 위한 정규화 된 전략은 없었을 것이지만, 그래도 그들의 목표만은 분명했다. 그들의 의도는 로마 제국의 영토 전체에 편만하게 복음을 전파하는 것이었다. 그들은 이 사역을 성령의 능력과 인도하심에 따라 수행했다. 그들이 사역을 시작했을 때, 그들은 유대인들, 이방인들, 그리고 로마 정부의 반대에 부딪혔다. 그럼에도 불구하고 사도시대의 마지막에는 지중해 연안 모든 곳에 교회들이 세워졌다. 이 성취는 초기 그리스도인들의 헌신과 성령의 능력 때문으로 특징지을 수 있다.

오늘날의 교회는 초대교회의 전도를 연구함으로써 많은 유익을 얻을 수 있을 것이다. 우리는 전도의 세 가지 점에서 그들의 사역과 오늘날 우리들의 노력과를 비교하고 또 시험해 볼 수 있다. 첫째, 그들의 메시지는 단순했다. 그들은 전도 내용을 간단하게 유지함으로써 그리스도인이라면 누구나 그들의 신앙에 대해 간증할 수 있었다. 오늘날에는 개인전도를 위해 16주 훈련을 받도록 하는 훈련도 있다. 이것도 좋지만, 전도는 그렇게 복잡

---

31) Kane, "Christian Missions", 65.

할 필요가 전혀 없다. 전도의 내용이 복잡할수록 인본적인 생각이 더해지는 것이다. 둘째, 초대교회 교인들은 성령충만했고 성령의 인도하심을 받았다. 예루살렘의 그리스도인들은 10일 동안 기도에 전념했고 하루 온 종일 전도집회를 열었다. 오늘날 같으면 3명만 복음을 받아들여도 반길 것이지만, 그들은 단번에 삼천 명이 돌아왔다. 마지막 셋째, 초대교회에서는 교회 전체(전교인)가 활발하게 전도했다. 오늘날의 교회는 평신도들의 전도가 회복되지 않는 한 눈에 띄는 교회 성장은 이뤄지지 않을 것이다.

연구를 위한 과제

1. 복음이란 무엇인가? 복음 메시지의 기본 진리는 무엇인가?
2. 사도행전 1장 8절의 예수님의 말씀은 사도들의 전도에 어떤 중요한 일을 했는가?
3. 사도 바울은 도시에서 어떤 사역에 집중했는가?
4. 초대교회 전도의 4가지 특징은 무엇인가?
5. 왜 예수님께서는 제자들에게 성령충만을 받을 때까지 기다리라고 명령하였는가?
6. 초대교회 그리스도인들의 방법 중에서 오늘날 우리가 사용할 수 있는 전도방법은 어떠한 것이 있는가?

제3장 고대교회 시대의 전도
(Evangelism in Ancient Church)

A.D. 325년에 콘스탄틴 대제는 318명의 주교들을 니케아 공의회(The Council of Nicea)에 초대했다. 이 주교들은 서쪽으로는 스페인으로부터 동쪽으로는 페르시아까지의 교회들을 대표하였다. 교회가 예루살렘의 다락방에서 만난 작은 그룹의 모임으로부터 이렇게 인상적인 큰 조직으로 성장한 것을 니케아에서 어떻게 반영하였는가? 사도시대 이후에 교회는 그 본질에서 많은 변화를 겪었고 로마 카톨릭이 정상화되기 이전에 과도기적인 시대를 겪었는데 이 책에서는 이 시기를 고대교회라고 부르며 대략 A.D. 100-500년 사이를 말한다.

A.D. 100년까지의 교회 성장

교회 역사에서 사도시대의 마지막을 대개 A.D. 95-100년으로 본다. 이 시기는 사도 요한의 서거 시기와 일치한다. 요한이 죽었을 때 사도시대도 끝난 것이다. 그 당시의 교회의 상황은 어떠하였는가? 사도행전과 사도들의 서신을 주의 깊게 연구해보면, 이때는 팔레스타인과 소아시아, 특히 서부 소아시아에는 이미 교회의 집단들이 형성되어 있었다. 사도 바울은 1차 선교여행과 2차 선교여행에서 이 지역에 많은 교회들을 개척하였을 뿐만 아니라 마케도니아, 아가야(Achaia), 그리고 구브로(Cyprus)에도 교회들을 개척하였다. 디도(Titus)는 그레데(Crete) 섬에서 전도하였으며, 알려지지 않은 기독교인들에 의해 로마교회가 세워졌다. 바울이 로마로 가는 도중에 나폴리(Naples) 가까이 있는 보디올(Puteoli)에서 그리스도인들과 함께 머물렀다는 것은 그곳에도 교회가 있었다는 것을 암시한다(행 28:13-14).

교회의 고대 전설에 따르면, 다데우스(Thaddaeus)가 에데사(Edessa)에서 전도했다고 하며; 마가(Mark)는 알렉산드리아에 교회를 세웠고; 베드로는 비두니아(Bithynia)에서 전도했으며; 도마(Thomas)는 인도에서 전도했고, 바울은 먼 스페인에도 복음을 전했다고 한다. 이 모든 전설들은 증명할 수는 없으나, 우리가 이 사실을 받아들인다고 해도, A.D. 100년경의 교회들은 100명 이하의 작은 교회들이었을 것이 분명하다. 또한 기존 교회들도 그 크기는 제한적이었을 것이다. 예루살렘, 안디옥, 에베소, 그리고 로마에 있는 교회들은 큰 회중을 가지고 있었던 것 같으나 그 이외는 모두 작은 교회였을 것으로 보인다.

교회들은 대개의 경우 도시 지역에 위치하고 있었다. 그 이유는 바울과 그의 동역자들은 주로 로마 제국내의 도시에서 사역했기 때문이다. 실제로 영어의 "Pagan(이교, 異敎)"이라는 단어는 라틴어의 "pagani"에서 유래되었는데 그 뜻은 "시골에 사는 사람들"이라는 뜻이다. 시골에 사는 사람들이 마지막으로 복음을 듣고 받아들였다.

도시 교회들 대부분은 그리스어로 예배드렸다. 물론 초기에는 유대인들의 영향이 강했지만 바울의 이방 전도의 성공과 A.D. 70년의 예루살렘 성전의 파괴는 교회를 점점 헬라화하게 하였다. 그래서 신약성경은 헬라어로 쓰여 졌으며, 2세기의 대부분의 기독교 문서들은 헬라어로 되어 있다. 사도시대의 마지막 시기는 교회의 크기는 제한적이었고, 대부분 도시 지역에 위치해 있었고, 주로 헬라어를 사용했다고 말할 수 있을 것이다.[32]

초대교회의 역사는 대개 두 시기로 나누어진다. 즉, "니케아 공의회 이전 시기(Ante-Nicene)"와 "니케아 공의회 이후 시기(Post-Nicene)"로 나눈 것이다. 이것은 A.D. 325년에 니케아에서 있었던 교회의 중요한 총회인 니케아 공의회와 관계되는 용어이다.

---

32) Timothy George, The Challenge of Evangelism in History of the Church in "Evangelism in the Twenty-First Century", ed. Thom Rainer(Wheaton Ill.: Harold Shaw, 1989), 10.

제3장 고대교회 시대의 전도

기독교 역사에서 2세기 교회들은 자연적으로 로마 제국 내의 큰 도로와 강을 따라 확산되었다. 선교사들이나 복음전도자들은 이 자연적 여행길을 따라 이동했기 때문에 그들은 동쪽으로는 아라비아와 페르시아로; 서쪽으로는 알렉산드리아를 통해서 북아프리카로; 그리고 북쪽으로는 아르메니아, 본도(Pontus), 그리고 종국에는 고올(Gaul, 프랑스)과 영국(Britain)까지 복음을 전파했다.33) 2세기에는 이집트와 북아프리카가 기독교의 본거지가 되었다. 북아프리카에 있는 교회들이 라틴어를 사용하는 첫 교회들이었다. 그들의 전도는 도시나 지방 중심지의 상류층 사람들에 주력하였다. 이 시기에는 작은 마을들은 아직 복음이 전파되지 않았다.34)

소아시아에 있는 교회들은 2세기 동안에 빠른 성장을 보였다. 실제로 로마의 총독인 플리니(Pliny)는 A.D. 112년에 로마의 트라얀(Trajan) 황제에게 비두니아(Bithynia)에 있는 그리스도인들에 대해 보고하는 편지를 썼다. 그는 불평조로 말하기를 "많은 사람들이 위험에 처했는데... 이 사교(邪敎)의 전염이 자유 도시 뿐만 아니라 작은 마을이나 시골 지역까지 확산되고 있다"고 보고했다. 플리니는 계속해서 보고하기를 "많은 사람들, 즉 남녀노소 할 것 없이 많은 사람들이 연루되어 있다"고 말했다. 확실히 에베소에서와 같이 비두니아에서는 기독교인들이 급속하게 증가되고 있었다.35) 로마에 있는 교회도 이 시기에 크게 성장하고 명성도 높아졌는데, 이 성장은 A.D. 251년까지 계속되었다. 이 교회에는 46명의 장로와, 7명의 집사와, 7명의 임시 집사와, 42명의 사무원과, 52명의 축사자(逐邪者)와, 그 외에 성경 읽는 사람들과 사찰들이 있었다.36)

---

33) Herbert Kane, "A Global View of Missions" (Grand Rapids: Baker Book House, 1975), 10.
34) Stephen Neill, "A History of Missions" (Baltimore: Penguin Books, 1964), 36.
35) Pliny to Trajan, in "Documents Illustrative of the History pf the Church," 3 vols., ed. B. J. Kidd (London: Society for Promoting Christian Knowledge, 1920), 1:39.
36) Eusebius Pamphilus, "Ecclesiastical History" 4:43, trans. C. F.

라토렛(Kenneth Scott Latourette)은 2세기 말까지 메소포타미아와 함께 로마 제국의 모든 지역에 그리스도인들이 있었다고 추정했다. 이것은 터툴리안(Tertullian)이 이교도에 대해 말한 것을 감안하면 정확한 추정이라고 할 수 있다. 터툴리안은 "그리스도인들이 모든 곳에 넘쳐나는데 황제에 속한 모든 장소들, 즉 도시들, 섬들, 성(城)들, 소도시들, 의회들, 황제의 진영, 족속들, 단체들, 왕궁, 원로원, 공회 등에 그리스도인들이 있으며, 오직 당신의 사원만이 제외입니다!" 터툴리안의 보고가 좀 과장되었을지 모르지만, A.D. 200년까지는 로마 사회의 모든 부분에 교회가 침투한 것만은 사실인 것 같다.37)

어떤 종류의 사람들이 2세기에 기독교인이 되었을까? 여기에 관해서는 매우 적은 정보가 있을 뿐이다. 그들 중에는 부자도 있고 가난한 자도 있었다. 터툴리안처럼 교육을 잘 받은 사람들도 있지만 대부분은 교육을 잘 받지 못했다. 이런 사실을 증명할 하나의 단서가 있는데, 이는 그리스도인에 대해 반감을 가진 셀수스(Celsus)라는 작가가 쓴 비난의 글에서 찾을 수 있다.

그들의 목적은 오직 무가치하고, 야비하고, 백치들, 노예들, 가난한 부인들, 그리고 어린이들에게 확신시키는 것이다. 그들은 협잡꾼들과 거지들처럼 행동하며; 지적인 사람들 앞에서는 감히 아무 말도 못하는 주제들... 그러나 그들은 젊은 사람들이나 노예들이나 거친 사람들을 만나면 그들 자신이 그들에게 들어가 군중으로부터 칭송을 받으려고 한다. 이런 일은 개인집에서도 일어난다. 우리는 양치기들, 구두수선공, 청소부, 교육도 받지 못해서 거의 무시당하는 사람들... 이런 사람들이 만일 아이들이나 자기들처럼 부인들을 만나면 그들의 이상한 이야기들을 강요하기 시작하는 것을 본다. 이런 것들이 오직 사람들을 믿는 사람들로 만드는 방법이다.38)

Cruse(Grand Rapids: Baker Book House, 1984), 265.)
37) Kenneth Scott Latourette, "A. History of the Expansion of Christianity, 7 vols.(New York: Harper & Brother, 1937), 1:85.
38) Origen, "Against Celsus" 3:49-55 in "The Ante-Nicene Fathers",

제3장 고대교회 시대의 전도

셀수스는 편견이 없는 증인이라고 할 수 없으나, 그의 말에 의하면 그리스도인들은 대부분이 낮은 계급이거나 노동계급이라는 것으로 추측할 수 있다. 이것은 사회적으로 정상적인 현상이다. 대부분의 새로운 종교 운동에서 처음으로 개종하는 사람들은 사회적으로 혜택 받지 못한 사람들로부터 오는 것을 알 수 있다. 또한 기독교가 로마 위정자들에 의해 불법적인 종교로 보였다는 것은 사회적 명망이 있는 사람들이 그리스도인이 되는 것을 단념하게 만들었을 것이다.

A.D. 200년에서 260년까지는 기독교의 극적인 성장은 없었으나 꾸준히 성장했다. A.D. 260년 이후에는 A.D. 303년의 디오클레시안 (Diocletian) 황제의 박해에 대한 칙령이 있기까지 교회는 빠르게 성장했다. 그 이유는 A.D. 260년까지 교회는 주로 도시에 세워졌으나, 3세기의 마지막 40년 동안은 많은 시골 사람들이 기독교인이 되었다. 시골 집단들의 이 운동은 로마 제국내의 시민전쟁과 경제 침체에 의해 가속화되었다. 이 시기는 "군인황제시대(Barracks emperors)"이었으며, 시민정부는 오랫동안 혼란 중에 있었다. 경제적인 문제는 시골 사람들의 생활을 매우 어렵게 만들었다. 그 결과로 시골 사람들은 어려운 시기가 계속될수록 전통적인 종교에 의문을 제기하기 시작했다. 그리스도인들은 단순한 복음을 전했지만, 복음은 사회 정의와 귀신을 축출하는 능력을 인정받았다. 수천 아마도 수백만 명의 사람들이 자기들의 옛 신들을 버리고 그리스도를 영접했을 것이다. 이것이 니케아 공의회 이전 시기에서 가장 큰 기독교 성장을 이룬 시기였다. 부분적으로는 이 사십 년 동안이 박해가 없었던 시기였다는 것이 성장의 한 이유도 되었을 것이다. 이 시기 동안에 다른 이유들과 함께 시민정부가 들어서 있었다.[39]

---

eds. Alexander Roberts and James Donaldson (Grand Rapids: Eerdmans Publishing Co., 1951), 4:484-86.
39) W. H. C. Frend, "The Early Church"(Philadelphia: Fortress Press, 1982), 110-11.

이 평화와 발전의 위대한 시대는 A.D. 303년 디오클레시안 (Diocletian) 황제의 박해에 대한 칙령이 발표될 때 끝났고, 이 잔인한 박해는 A.D. 311년 콘스탄틴 대제가 즉위할 때 끝났다. 이 시기에 많은 그리스도인들이 순교했고, 특히 많은 지도자들은 고문에 의해 죽었다. 긴 평화는 콘스탄틴 대제의 311년 관용의 칙령과 313년 그의 유명한 밀라노 칙령 (Edict of Milan)이 반포되었을 때 찾아왔다.

A.D. 300년까지 전도자들은 로마 제국의 모든 도시와 행정구역에서 복음을 전했다. 그러나 교회의 분포는 매우 불균등(不均等)했다. 교회는 시리아, 소아시아, 이집트, 그리고 북아프리카에서 더 빠르게 성장했다. 다른 지역, 즉 예를 들면 고올(Gaul)에서는 교회 성장이 매우 느렸다. 하르낙 (Adolf Harnack)은 소아시아의 하나 또는 두 행정구역(Province)에서는 적어도 반 이상의 주민이 그리스도인들이었다고 믿었다. 그는 콘스탄틴 대제가 즉위한 초기에 로마 제국 내의 그리스도인의 수를 3백만 내지 4백만으로 추산했다.40)

콘스탄틴 대제의 통치 하에서 그리스도인의 수는 급격히 증가하였다. 그가 기독교를 호의적으로 받아들였을 때, 교인 수는 급팽창했으나 교인들의 수준은 비례적으로 하락하였다. 그럼에도 불구하고 교회는 A.D. 100년과 325년 사이에 괄목할 만한 발전을 했다. 교회가 어떻게 해서 발전하게 되었는가 하는 것은 숙제로 남아 있다.

니케아 공의회 이전 시대의 전도방법들

순회 전도자들

기독교는 시작부터 선교적 종교였다. 2세기와 3세기의 전도자들은 사도들이 1세기에 세워놓은 전도의 모범을 따랐다. 유세비우스(Eusebius)는 초대

---

40) Adolf Harnack, "The Mission and Expansion of Christianity in the First Three Centuries", 2 vols., trans. James Moffatt(New york: G. P. Putnams Sons, 1908), 2:325.

교회의 역사를 기록하면서 2세기에는 순회전도자들이 바울의 전도방법과 유사한 방법으로 전도했다고 기록하고 있다.

> *이 시기에 대부분의 제자들은 하나님의 말씀에 대한 더욱 열렬한 사랑으로 활기찼으며, 그들이 가진 것을 필요로 하는 사람들에게 나눠줌으로써 예수의 교훈을 처음으로 완수했다. 그들의 조국을 떠난 후에도 전도자의 직무를 수행하였으며... (그리고) 또한 그들에게 거룩한 복음서들을 공급했다. 또한 성령께서 그들을 통해 많은 기적을 행하게 함으로써 복음을 듣자마자 사람들이 무리를 져서 자발적으로 열렬하게 진리를 받아들이게 되었다.[41]*

2세기의 기독교 문서인 디다케(The Didache)에서도 순회전도에 대해 "사도들과 선지자들"이 친절한 대접을 받아야 된다고 이야기한다. 3세기의 저술가인 오리겐(Origen)도 그 시대의 전도자에 대해 글을 남겼다. "어떤 사람들은 순회전도를 했는데 도시뿐만 아니라 마을들과 시골의 집집마다 다니며 복음을 전했다."고 말한다. 따라서 2, 3세기에 많은 순회전도자들이 매우 활동적이었음을 알 수 있다.[42]

전도하는 주교들

초대교회 시대의 주교들은 교회를 돌보는 사명과 사도들의 전도사명도 그들 자신의 책임이라고 생각했다. 큰 도시의 주교들은 주위의 시골 지역에 가서 복음을 전하기도 했다. 어떤 교회들은 미전도 지역 사람들을 전도하여 교회를 세우도록 주교로 안수하여 파송했다. 이레니우스(Irenaeus)와 그레고리 타우마투르구스(Thaumaturgos)는 주교 선교사의 좋은 예이다. 이레니우스(약 A.D. 130-200년)는 지금의 프랑스 리용(Lyons)에서 주교

---

41) Eusebius, (3:37), 123.
42) "The Didache" in "The Early Christian Fathers, ed. Henry Bettenson(New york: Oxford University Press, 1956), 71.

로 사역했는데, 리용 근처의 이교도 종족에게 활발하게 전도했다. 그레고리는 A.D. 240년경 본도(Pontus)의 주교가 되었을 때, 교회에는 17명의 성도밖에 없었다. 그러나 그가 죽을 때, 그 도시에는 단지 17명의 이교도가 남아 있을 뿐이었다고 한다. 숫자에 대해서는 좀 과장된 면이 있을 수 있으나 그의 전도 노력은 확실히 성공적이었다. 그레고리는 이교의 기적들이 거짓임을 드러냈으며 그 자신이 많은 이적을 행함으로써 타우마투르구스(이적 수행자)로 알려졌다.43)

평신도 전도자들 (Lay Evangelists)

선교사들과 주교들이 좋은 전도의 모범을 보여주었음에도 불구하고 초대 교회에서는 평신도들이 전도의 대부분을 담당했다. 그들은 그들의 일상 생계활동을 하는 동안에도 복음을 전했다. 평신도들이 자기들의 집, 시장, 그리고 길가에서 복음 전하는 것을 볼 수 있었다고 한다.44)

또한 그리스도인들은 로마 제국 내를 여행하면서 복음을 전했다. 그리스도인 상인들은 예루살렘에서 흩어진 그리스도인들이 한 것과 마찬가지로 행상을 하면서도 복음을 전했다(행 8:4). 군복무를 하는 사람들은 그들의 주둔지에서 전도했는데, 영국에 처음으로 복음을 전한 사람들이 군인들이었다고 믿는 학자들도 있다. 로마 정부는 퇴역 장병들에게 연금으로 새 영토의 땅을 나눠주는 일이 있었는데, 이러한 퇴역 군인들 중에는 가끔 고향에서 먼 곳에서도 교회를 세웠다고 한다. 이것은 유럽 동남부의 로마 영토에서 있었던 경우이다.45)

---

43) Neill, "History of Missions, 34, and Latourette, "History of Expansion", 1:89-90.
44) Michael Green, "Evangelisn in the Early Church"(Grand Rapids: Eerdmans Publishing Co., 1970), 173.
45) W. O. Carver, "The Course of Christian Missions"(New York: Fleming H. Revell Co., 1932), 51.

초대교회의 교회 성장에서 특히 여자들이 중요한 역할을 했다. 하르낙(Harnack)은 "하나님 앞에서 남자와 여자가 동등하다는 것(갈 3:28)은 여자들의 종교적 독립을 가져왔고, 그것은 기독교 사역을 크게 증진시켰다"고 기록하고 있다. 초대교회는 보통 가정에서 모였기 때문에 많은 여자들이 자기들의 집을 가정교회로 제공할 수 있었으며 많은 여자들이 용감하게 전도하다가 순교하기도 했다고 한다.46)

대중 설교

베드로와 바울은 자주 대중 앞에서 설교했고 이러한 관행은 2세기와 3세기에도 조건이 허락하는 한 계속되었다. 유대 역사가 유세비우스는 기록하기를 다데우스(Thaddaeus)는 에데사에서 "나는 말씀을 전하기 위해 파송되었기 때문에 내가 내일 모든 시민이 모인 가운데서 전도할 것인데, 나는 그들에게 생명의 말씀으로 씨를 뿌리기 위해 전도할 것이다"라고 말했다고 기록하고 있다. 이들 초기의 전도자들은 청중이 회개하고 그리스도를 영접하도록 전도했고, 결신의 문제에 직면하도록 도전했다.47)

가르침(Teaching)

초대교회에서 기독교의 가르침도 전도의 한 방법으로 사용되었다. 초기의 교리문답학교(교회의 교사를 위한 학교)는 안디옥과 알렉산드리아 및 다른 지역들에서 목회자들을 훈련시키기 위한 학교였다. 이들 모든 학교에서 전도자와 선교사들을 파송했다. 학교에서 가르치는 교사들도 그들의 학생들과 주위의 지역사회에서 전도를 담당하기도 했다. 목회자 후보생들과 이교도들도 이 학교에 출석해서 훈련을 받았다. 알렉산드리아의 교사인 오리겐은 주교인 그레고리 타우마투르구스가 자기 학교 학생일 때 그를 전도했다고 한다.48)

---

46) Harnack, "The Mission and Expansion", 2:64-65.
47) Eusebius, 1:13, 47.
48) Carver, "Christian Missions, 50-51.

가정 전도

초기 그리스도인들은 그들의 가정을 복음 전파의 장소로 사용했다. 대략 초기 200여 년간은 교회 건물이 없었기 때문에 회중은 하나 혹은 여러 집에서 모였다. 가정은 공포 분위기가 아니고 가족적인 분위기로 편함이 있었다. 기독교인의 가정은 따듯하고 친절했으므로 많은 사람들에게 좋은 영향을 끼쳤다. 그래서 어떤 때는 한 가족 전체가 개종하기도 했는데, 기록으로는 빌립보 감옥의 간수 가족이 믿게 된 것과 같은 예가 그것이다(행 16장). 신약성경에는 가족과 가정교회에 대한 예가 많이 나와 있으며 이러한 전도는 초대 교회 내내 계속되었다.49)

문서전도

초대 교회에서 대부분의 증거는 전도나 개인 간증에 의존했으나, 문서를 통해서도 복음을 나눴다. 문서전도는 변증(믿음을 증명함)하는 편지, 논증법(이단을 공격함), 성경을 배포하는 형식 등이 있었다. 칼버(W. O. Carver)는 니케아 신조 이전 시기의 주교들은 "정도의 차이는 있었지만 대개 글을 쓰는 선교사들이었다."고 말한다. 순교자 저스틴의 "두 번째 변증론"은 읽는 자들이 개종하는 것을 목표로 하여 책을 썼다. 의심할 것도 없이 다른 저자들도 복음을 나누기 위한 목적으로 책들을 썼다고 한다.50)

개인적 모범

초기 기독교인들은 일상생활의 간증을 통해 복음을 전파했다. 그들의 개인적 행위와 모범적 행동은 많은 사람들을 그리스도께 나오도록 했다. 순교자 저스틴(Justin Martyr)은 다음과 같은 기록을 남겼다.

---

49) Green, "Early Church", 207
50) Carver, "Christian Missions", 47-50

제3장 고대교회 시대의 전도

그분은 우리에게 모든 사람에게 전도하라고 하셨고... 나는 우리가 만난 사람들에게 일어난 일들, 즉 많은 사람들이 어려움을 극복하고, 난폭하고 포악한 사람들이 변화되고, 이웃 사람들의 생활이 성실한 것을 보는 것이나, 동료 여행자가 여행 중에 일어나는 불공평한 일에 대처하는 것을 보고 개종하는 사람들도 있었으며, 심지어는 서로 사업 관계로 재판하는 과정에서 개종하는 경우도 있었다고 한다.51)

박해 기간 동안에 보여준 기독교인들의 행동이 또한 많은 이교도들에게 영향을 주었다. 고문 중에 그리스도를 부인하는 사람도 있기는 하지만, 오히려 많은 사람들은 죽음 앞에서도 놀랍게 자기들의 믿음을 증거했다. 화형틀 위에서 불태워 죽이는 위협을 받았을 때, 서머나(Smyrna)의 주교 폴리갑(Polycarp)은 "내가 86년을 섬겨오는 동안 그리스도는 나를 한 번도 배반하지 않으셨는데, 내가 어떻게 나를 구원하신 왕을 모독할 수 있겠는가?"라고 말하며 오히려 기쁨으로 순교했다고 한다. 로마의 박해는 기독교를 와해시키지 못하고 오히려 기독교를 강화시키는 결과를 가져왔다. 순교자들의 흘린 피는 참으로 교회 부흥의 씨앗이 되었다.52)

사회봉사

초기 기독교인들은 사회봉사를 통해서 사람들에게 전도했다. 아돌프 하르낙은 기독교인들이 수행한 10가지 사역의 목록을 작성했다: <u>일반적으로 물건을 베풀어 줌, 교사와 공무원들을 도와줌, 과부와 고아들을 도와줌, 허약하고 병든 자들을 도와줌, 광산에서 유죄 판결을 받은 죄수들이나 수감자들을 돌보는 일, 극빈자들의 매장, 노예들을 돌보는 일, 재난 당한 사람들을 구조하는 일, 고용자들의 살림살이를 장만하는 일, 광범위하고 친절한 대접</u> 등이다. 이러한 자비의 활동들은 전도에 매우 크게 긍정적인

---

51) Justin, "Apology", 1:16, in Kidd, "Documents, 1:74.
52) Eusebius, 4:15, 147.

영향을 주었음이 분명하다. 왜냐하면 이교도 황제인 훌리안 아포스타테 (Julian the Apostate)가 이러한 것들에 대해 다음과 같이 불평을 털어놓은 것을 보면 알 수 있다.

> 기독교인들은 특히 모르는 사람들을 대접하는 사랑의 봉사를 통해 우리보다 앞섰으며, 그리고 죽은 사람들의 매장을 통해서... 신이 없는 갈릴리 사람들이 그들 자신의 가난한 사람들뿐만 아니라 우리들의 가난한 사람들까지 돌보곤 했다.53)

이방인의 손으로 넘어간 기독교 (역자 추가)

교회는 수적으로 성장했으나 기독교는 많은 것을 잃어버렸다. 앞장에서 우리는 "사도들 안에서 역사하신 성령"에 대해서 살펴보았었다. 사도행전이 기록되고 있는 동안에는 교회는 유대인의 손을 떠난 적이 없었다. 그러나 콘스탄틴 대제는 기독교를 국가 통치의 수단으로 받아들였기 때문에 기독교는 많은 귀중한 유산을 잃어버리게 되었다. 이들 중에서 가장 중요한 것은 유대인이 가지고 있던 성경적 관점, 성령의 역사, 그리고 교회의 본질이 사라지게 되었다는 것이다. 이 말은 사도의 가르침이 제대로 전수되지 못했다는 것이기도 하다. 로마인들은 유대인들을 무척 싫어했다. 로마의 통치를 위해서 대표될 만한 종교로 기독교가 발탁된 것은 다행스런 일이나 초대교회에서 중세교회로 옮겨가는 과정에서 기독교는 귀중한 유산을 잃어버리게 된 것이다.54)

    1) <u>기독교는 성경적 관점을 잃어버렸다.</u> 초대교회 교인들은 어려서부터 성경을 배워서 단단한 성경적 기초를 가진 사람들이었다. 유대인들은 하나님을 향한 성경적인 자세, 가정에서의 성경적인 자세, 그리고 성경을 대하는 일정한 태도를 가지고 하나님을 섬기는 방법을 알고 있었다. 그들

---

53) Neill, "History of Missions," 42.
54) Robert D. Heidler, "The Messianic Church Arising", Trans. by Jin, Hyun-Woo, WLI Korea Publications, 79-96.

은 생명력이 있었고 일상생활에서도 하나님을 섬겼다. 성경말씀에 순종하여 성경대로 실천하는 삶이 무엇인지 아는 사람들이었다. 그러나 사도들의 초대교회 이후 이방인들이 교회의 지도자들이 되면서 이러한 관습과 관점은 교회에서 사라졌다.

2) <u>이방인의 교회는 성경을 잃어버렸다.</u> 초대교회 교인들은 유대교에서와 같이 모든 믿는 사람들은 성경을 이해해야 하는 것이 기본이었다. 그러나 로마 카톨릭이 주교 중심으로 되었을 때, 교인들은 성경은 몰라야 하는 것으로 변해버렸다. 사회의 지도자들은 주로 철학을 공부한 사람들이며 철학자는 말하고 대중은 듣기만 하는 사회풍조가 교회에 그대로 들어왔다. 교인들은 주교의 설교를 듣기만 하면 되고 성경을 읽지 않는 것이 당시의 사회 풍조였다.

3) <u>초대교회의 기초인 가정교회가 사라졌다.</u> 통치를 위해서는 가정교회가 큰 걸림돌이 되었으므로 가정교회를 불법화했다. 가정교회 같은 소그룹의 장점인 삶이 변화되는 현장, 제자가 제자 삼는 예수님의 가르침의 기본이 사라진 것이다. 가정교회는 자체가 생명력이 있어서 로마의 무자비한 박해도 견디고 성장할 수 있었다. 그러나 가정교회가 사라지면서 교회 자체의 생명력이 사라진 것이다.

4) <u>성령의 역사인 신유의 은사와 기적이 사라졌다.</u> 기독교가 유대인을 떠나고 가정교회가 사라지면서 가정교회만 사라진 것이 아니라 성령의 역사인 신유의 은사와 기적이 많이 사라졌다. 로마인들은 성령에 대해 알지 못했으며, 인격을 변화시키는 복음의 능력이 사라진 것이다.

5) <u>하나님을 숭배하는 교회의 기본 구조가 변했다.</u> 로마의 정책은 기독교라는 이름으로 종교를 통합하는 정책이었다. 로마 카톨릭은 구약의 제사 제도, 신플라톤주의, 미트라교(태양신), 로마의 미신적인 사교(邪敎) 등을 혼합하여 통일된 종교를 만들었다. 가장 잘 알려진 신학자 오리겐도 그의 목표는 신플라톤주의 철학을 기독교에 혼합시키는 것이라고 말했다. 성자

로까지 불리며, 카톨릭과 개신교의 신학의 아버지라고 불리는 어거스틴도 같은 일을 했다. 주교들은 많은 성경을 인용하기는 했으나 성령의 역할에 대해 알지 못했기 때문에 사실은 깊은 의미를 알지 못한 것이다. 성만찬에서 떡과 포도주가 예수님의 살과 피로 변한다는 화체설도 예수님의 가르침을 이해하지 못했기 때문에 생겨난 착상이라고 볼 수 있다. <u>역사학자 필립 샤프(Phillip Schaff)55)는 히브리 사도들과 그리스 주교들을 비교하기를 생기 있는 아름다운 꽃과 메마른 사막의 땅으로 비유했다. 교회의 조직은 세상의 행정조직을 그대로 받아들였다.</u>

6) <u>전도에서 가장 중요한 성령의 능력이 사라졌다.</u> 예수님께서는 제자들에게 성령충만을 받기 전에는 전도도 하지 말라고 부탁하셨다. 그래서 그들은 성령충만을 위해서 기도했고 오순절에 성령충만을 받은 후에 전도를 시작했다. 전도사역은 성령의 능력으로 해야 하는 사역이다. 그때 잃어버린 성령의 능력으로 전도해야 한다는 생각은 안타깝게도 1,800여 년이 지난 현재까지도 회복되지 못하고 있다.

A.D. 325-500년의 교회성장

"니케아 공의회 이후 시대"의 교회 성장 환경은 우리가 전에 알던 것과 매우 다르다는 것을 알 수 있다. A.D. 313년의 밀라노 칙령(Edict of Milan)의 반포 때까지 교회는 여러 가지 반대와 박해 가운데서도 성장하였다. 그러나 콘스탄틴 대제의 관용과 안전의 보장으로 교회는 새 교인들로 차고 넘쳤지만, <u>교회는 거룩한 곳이라는 인식이 사라지고, 그 대신 새 신자들의 불성실함을 견디지 못한 사람들은 거룩한 생활을 하기 위한 수도원 운동을 발전시켰다.</u> 이 시기에는 수도원 공동체가 교회 확장에 주된 역할을 했다.

---

55) Phillip Schaff, "History of Christian Church," The Spread of Christianity. §4. Hindrances and Helps.

로마 제국의 붕괴에 따라 교회도 역시 조정되지 않으면 안 되었다. 제국의 힘이 기울어감에 따라, 로마인들에 의해 지배하던 영토로 이교도 종족들이 침투하기 시작했다. 교회는 이들 종족들을 전도하는 데 기세가 꺾이는 도전에 직면했고, 이교도들이 교회 안으로 몰려들어왔다. 이교도 종족이 로마에 의해 포로가 되었을 때는 교회가 접근하여 돌보지 않으면 안 되었다.

A.D. 325년 니케아 공의회가 열렸을 때까지도 제국 내에서 기독교는 아직 소수그룹에 속했었다. 스티븐 닐은 기독교인들은 인구의 10%를 넘지 않았을 것이라고 추산하였다. 교세는 소아시아, 팔레스타인, 그리고 북아프리카에서는 강세를 보였으나 남부 이태리, 시실리, 그리스, 그리고 많은 농촌 지역에서는 약세를 면치 못했다.

A.D. 325년 때에는 기독교인의 수를 예측하기보다는 기독교의 특징을 파악하는 것이 더 수월했다. 기독교는 라틴어를 제일 언어로 사용하는 농촌지역에서보다 헬라어를 사용하는 지역에서 강세를 보였는데, 이런 현상이 자연스러웠던 것은 대부분의 선교사들이나 전도자들이 헬라어를 사용했고 성경도 헬라어로 되어있었기 때문이었다. 교회들은 대체적으로 도시지역에 많았다. 이것은 농민들은 자연적으로 보수적인데다가 전도의 노력을 도시지역에 집중한 결과였다. 결과적으로 대부분의 교인들은 신분이 낮거나 중간 계급에 속하는 사람들이었고 부자들은 복음을 받아들이는 데 매우 느렸다. 특히 기독교가 아직 불법적인 종교이거나 신분이 위협적으로 보이는 지역적 상황에서는 더욱 그랬다.56)

전도 방법들

예상되는 바와 같이 니케아 공의회 이후에는 교회들이 전에 효과가 검증된

---

56) A. H. M. Jones, The Social Background of the Struggle Between Paganism and Christianity in "Paganism and Christianityin the Tourth Century", ed. A. Momigliano(London: Oxford University Press, 1963), 17.

전도방법들을 사용하였다. 그러나 제국과 교회의 환경 변화는 교회의 방법론에도 변화가 필요하게 되었다.

전도하는 주교들

니케아 공의회 이후, 더욱 많은 주교들이 전도에 열심을 보였으며, 울필라스(Ulfilas), 투르의 마틴(Martin of Tours), 밀라노의 암브로스(Ambrose of Milan), 그리고 요한 크리소스톰(John Chrysostom) 등은 독보적인 주교들이었다. 울필라스는 고트 지방의 위대한 선교사였다. 고트 지방 사람들은 상인들과 포로들로부터 복음을 받았지만, 울필라스도 이 거대한 종족에게 복음을 전한 사람 중의 하나였다. 그는 고트에서 37년간 복음을 전했으며 성경을 고트 언어로 번역하기도 했다.

투르(Tours)의 마틴(316-397)은 그리스도를 위해서 많은 사람들에게 영향을 끼친 사도적 그리고 전도하는 주교였다. 그는 수도사로서 살았으며 수도원 생활을 매우 좋아해서 그가 주교가 된 후에도 수도원에서 살았다. 주교로서 마틴은 고을 지방을 두루 여행하면서 열정적인 전도와 기적을 행함으로써 수천 명의 개종자를 얻었다. 그는 특히 농촌지역에서 성공적으로 전도했다.

밀라노의 암브로스(Ambrose)는 그의 뛰어난 설교로도 유명하지만, 히포의 어거스틴(Augustine of Hippo)에게 큰 영향을 주었다. 암브로스는 밀라노에서 오랫동안 주교로 봉사했으며 그의 능력있는 설교로 그곳에 있는 많은 이교도들을 개종시켰다. 그는 또한 알프스에 사는 사람들에게 복음을 전하도록 격려했다.

요한 크리소스톰(John Chrysostom, 347-407)은 콘스탄티노플의 주교였으며 모든 시대를 통해서 가장 훌륭한 설교자 중의 한 사람이다. 실제적으로 그의 이름은 "황금의 입"이라는 의미를 가지고 있다. 크리소스톰은 유대인과 이교도들을 전도하는 책인 변증론을 썼다. 그는 또한 여러 이교도 지역에 선교사들을 파송했다.

수도원 제도와 전도

수도원 제도는 교회 안에서 도덕적 타락과 헌신이 약화되는 현상에 대한 반작용으로 발전된 것이다. 이것은 부분적으로는 콘스탄틴 대제 이후에 황제들의 기독교에 대한 배려가 한 몫을 했다. 그리스도인이 되는 것이 정치적으로 유리하게 되었을 때, 많은 사람들이 교회로 몰려들었지만, 불행하게도 이 많은 새 신자들은 거듭나지 않은 사람들이었다. 이들은 하나님을 모르는 이교적 태도나 이교적 생활습관을 그대로 유지하고 있었기 때문에 이에 대한 반작용으로 많은 헌신된 기독교인들은 사막이나 산속의 조용한 장소에서 순수함을 유지하고자 노력했다. 이러한 은둔자들이 늘어났을 때, 그들은 수도원이라고 알려진 자신들의 공동체를 형성했다.

수도원에 합세한 수도사들은 세상을 복음화하라고 하신 그리스도의 명령과 이 세상을 떠나서 살고 싶은 욕망 사이에서 긴장감을 가지고 살아야 했다. 그래서 많은 수도사들은 이 긴장감을 풀기 위해서 수도원에서 시간을 보내기도 하고 때로는 나가서 복음을 전하기도 했다. 수도사들이 목회자로 안수를 받을 때는 대개 선교사역을 할 목적으로 안수를 받았다. 니케아 공의회 이후 시기의 가장 능력 있는 전도자들은 선교적 수도사들이었다. 그래서 많은 수도원들이 주위의 사람들에게 복음을 전하기 위해서 세워졌다.

개인 전도자들

A.D. 325년 이전 시기처럼 개인적 선교사들은 니케아 이후에도 순회 선교를 계속했다. "제2의 바울"이라고 불리던 필라스터(Philaster)는 로마 제국 내의 전역을 돌면서 유대인과 이교도들에게 복음을 전했다. 그는 로마에서 괄목할 만한 전도사역을 수행했고 나중에는 브리키아(Brixia)의 주교가 되었다.[57] 이 시기에 가장 유명한 선교사는 아일랜드의 패트릭(Patrick)이었

---

57) Latourette, "History of Expansion", 1:186.

다. 패트릭(389-461) 선교사는 영국에서 태어났으며 기독교 집안에서 자랐다. 그가 16세 되었을 때, 약탈자 떼에게 잡혀 아일랜드로 끌려가서 6년 동안 노예생활을 했다. 결국에는 영국으로 돌아왔지만, 그는 하나님께서 아일랜드에서 전도하도록 자기를 부르셨다는 비전을 갖게 되었다. 패트릭은 자진해서 아일랜드로 가서 30년 이상 전도사역을 수행했는데, 수천 명의 사람에게 세례를 주었다고 한다. 그는 통치자의 위치에 있는 사람들에게 전도해서 그를 통해서 군중에게 전도하려고 했으나 항상 성공하는 것은 아니었다. 그가 아일랜드에서 전도한 사람으로서 처음은 아니었지만, 그는 많은 교구 사람들을 개종시켰으며 아일랜드와 로마 교회 사이에 관계를 맺는 데 가교 역할을 했다.58)

평신도 전도 (Lay Evangelism)

평신도 전도는 니케아 공의회 이후 시기에도 이전처럼 기독교의 확산에 중요한 기여를 했다. 포로들, 군인들, 그리고 상인들은 기회가 있을 때마다 전도를 했다. 프렌드(Frend)는 "이 시대의 기독교 상인들은 더 최근의 무슬림 상인들처럼 그들의 믿음을 전하는 전파자들이었다."고 말했다.59) 악숨 왕국(The Kingdom of Axum; Abyssinia)은 두 사람의 젊은 평신도, 아데시우스(Aedessius)와 프루멘티우스(Frumentius)의 전도에 의해 복음화되었다. 이 두 평신도 젊은이들은 아비시니아 사람들에게 포로가 되었는데, 왕에게 좋은 인상을 주어 왕궁에서 시중드는 집사가 되었다. 그들은 방문하는 상인들과 지역 주민들을 초청하여 정규적으로 예배를 드렸다. 수년 뒤에 그들은 고국으로 돌아가도록 허락되었다.

아데시우스는 그의 고향인 두로(Tyre)로 돌아왔으나 프루멘티우스는 그들의 활동을 보고하기 위해서 알렉산드리아의 주교 아타나시우스(Athanasius)에게로 갔다. 아타나시우스 주교가 이 대단한 사역에 대한 이

---

58) J. B. Bury, "The Life of St. Patrick and His Place in History(London: Macmillan Co., 1905), 212.
59) Frend, "Early Church", 240.

야기를 듣고 "누가 자네보다 무관심의 안개를 더 잘 걷어내고 이 사람들에게 하나님의 말씀을 증거할 수 있다는 말인가?"라고 칭찬했다. 아타나시우스는 즉시 프루멘티우스를 주교로 임명하고 그가 열심히 사역했던 아비시니아로 다시 파송했다.60)

해석과 적용

"왜 교회가 성장했는가?"라는 질문을 하는 것은 매우 중요하다. 무엇이 그들의 전도를 그렇게 성공적으로 만들었는가?

1. 교회는 하나님께서 은혜로 축복하셨기 때문에 성장했다. 하나님께서는 초대교회 그리스도인들의 헌신과 노력을 축복하셨다. 초대교회는 하나님의 구원의 목적을 성취하는 데 있어서 성령의 도구였다.

2. 교회는 기독교인들이 열정적이었기 때문에 성장했다. 그들은 그들의 믿음을 위해서 자신들을 희생했다. 초대교회 교인들은 전도활동으로 표현된 불타는 확신이 있었다.

3. 교회는 복음 자체가 매력적이었기 때문에 성장했다. 라토렛은 기독교의 독특성이 성장의 열쇠였다고 믿었다. 높은 윤리적 기준과 함께 단순한 기독교의 일신론은 실로 매력적이었다.61)

4. 교회는 그의 조직력과 훈련 때문에 성장했다. 전도와 선교는 주교들이 이끌었고 박해 기간에도 교회를 함께 지켰다. 또한 교회의 엄격한 훈련은 이교도들의 의식과 크게 대조되었다.

5. 교회는 그의 포용성 때문에 성장했다. 이 포용성은 모든 종족과 모든 계층의 사람들을 끌어들임으로 우주적 종교로 인식되었다. 교회는 유대교가 참 세계 종교가 되는 데 제한적 요소가 되는 속박들을 불태워 버렸다.

---

60) Theodoret, "Ecclesiastical History", trans. E. Walford (London: H. C. Bond, 1854), 1:22.
61) Latourette, "History of Expansion, 1:168.

6. 교회는 교인들의 생활방식 때문에 성장했다. 초대교회 교인들은 완전하지는 못했으나 그들의 삶은 이웃의 이교도들과는 전혀 달랐다. 박해를 직면했을 때, 그들의 충성심과 그들의 자비를 베푸는 행동들은 많은 사람들을 그리스도께로 인도하기에 충분했다.

7. 교회는 자라고 있는데도 계속해서 노력했기 때문에 성장했다. 초대교회 교인들은 현상유지에 만족하지 않았다. 그들은 교회가 성장해서 새로운 지역으로 확장되기를 원했다. 주교들, 교회 직원들, 그리고 평신도들은 다 같이 어디를 가든지 복음을 전했다.

연구를 위한 과제

1. 고대교회의 성장에서 평신도들의 역할은 무엇이었는가?
2. 기독교의 어떤 특징이 로마 제국의 사람들에게 매력적이었는가?
3. 고대교회의 성장에서 여인들의 역할은 무엇이었는가?
4. 고대교회에서는 어떤 전도 방법들이 사용되었는가?
5. 고대교회에서 사회적 봉사가 어떻게 전도사역에 영향을 주었는가?
6. 20세기의 미국의 환경이 로마 제국의 기독교 환경과 같은 점과 다른 점들은 무엇인가? 또 한국의 기독교 환경과는 어떻게 다른가?

제4장 중세 시대의 전도
(Evangelism in the Middle Ages)

중세 시대는 A.D. 500년으로부터 시작하여 대략 1500년까지 약 1,000년간을 말한다. 역사가들은 이 시대가 문화적 사막이었다고 생각했기 때문에 한때 "암흑시대(Dark Ages)"라고 불렀다. 최근에 와서 역사가들은 중세 시대를 천천히 그러나 계속해서 변화한 시기로 인식한다. 이 시기에 로마 카톨릭은 형체를 갖추었고 유럽에서 사회적, 정치적으로 지배적인 기구가 되었다. 실제적으로 로마 카톨릭은 서부 유럽인들의 삶에 매우 지배적이었기 때문에 많은 역사가들은 이 시기를 "암흑시대" 대신에 "믿음의 시대(Age of Faith)"라고 부르기도 한다. 또한 전도에 있어서도 암흑시대가 아니었다는 것은 참으로 놀라운 일이다.

A.D. 500년에는 기독교가 로마 제국의 주요 종교였으나 로마 제국에 속하지 않은 국경지역에서는 많은 종족과 지역들이 미전도 지역으로 남아있었다. 이들 중의 많은 부분이 전에 로마인들이 다스리던 지역으로 이주해온 독일계 사람들이었다. 그들은 자기들의 왕국을 건설하였고 그들이 원하는 것은 땅이든 재산이든 다 강제로 빼앗았다. 이들 이주자들의 유입은 로마 제국의 멸망을 가속화했으나 로마 교회를 무너뜨리지는 않았고, 오히려 로마 정부의 붕괴로 인해서 생긴 빈자리를 교회가 메웠다. 로마 교황과 교회 지도자들은 가능한 빨리 움직여서 현지 종족 사람들을 교회로 끌어들이려고 노력했다. 이에 추가해서 교회는 북유럽과 스칸디나비아와 복음이 전해지지 않은 지역들에서 A.D. 1500년까지 그들의 개종을 위해 노력하여 마침내 유럽은 철저하게 복음화가 이루어졌다. 교회는 이 기간 동안에 어떻게 복음을 전파했으며, 어떻게 해서 이 괄목할 만한 진보를 성취했는지 알아보기로 하자.[62]

수도원을 통한 전도

중세기에 있어서 전도의 중요한 수단은 수도원 제도였다. 수도원은 유럽의 복음화에 중요한 역할을 했는데 수도원은 교회의 도덕적 타락에 대한 대안으로 발전하였다. 기독교인들은 복잡하고 죄 많은 세상으로부터 자기를 분리시켜 거룩한 하나님을 찾으려고 조용한 곳으로 갔다. 시간이 지남에 따라 은둔자들이 기도와 명상에 전념하기 위해 모여서 공동체를 이뤘는데, 공동체들은 점점 더 커져서 조직이 필요하게 되었다. 이렇게 해서 표준화된 공동체를 수도원(monastery)이라고 부르게 되었다. 중세 후기에는 여행하는 수도사들을 위한 여러 가지 규정들이 만들어졌고, 가장 주목할 만한 것이 프란체스코회와 도미니크회이다. 이들 수도사들은 대부분의 시간을 여행과 전도에 사용했다. 초기에 그들은 오직 현지 사람들이 주는 음식에만 의존하면서 살았다.

수도원 제도의 위대한 설립자는 누르시아의 베네딕트(Benedict of Nursia)였는데, 그를 서방 수도원 제도의 총 대주교(구약시대 부족장에 버금감)라고 간주했다. 베네딕트는 A.D. 529년에 로마에서 가까운 몬테 카시노(Monte Cassino)에 수도원을 건립했고, 수도사들의 생활규범도 만들었다. 그의 규정은 다음의 네 가지를 강조했다.

1. 조직 : 모든 수도원은 대수도원장의 지배를 받는다.
2. 서약 : 모든 수도사들은 빈곤, 순결, 그리고 순종을 서약한다.
3. 활동 : 모든 수도사들은 엄격한 계획에 의해 예배, 근로, 그리고 공부를 해야 한다.
4. 단순성 : 모든 수도사들은 모든 생활영역에서 단순성을 위해 분투 노력해야 한다.[63]

---

62) Milton L. Rudnick, "Speaking the Gospel Through the Ages (St. Louis: Concordia Publishing House, 1984), 43.
63) Benedict of Nursia, "The Wycliffe Biographical Dictionary of the Church"(Chicago: Moody Press, 1982), 38.

중세 10세기경에는 수도원 운동도 하락과 갱신의 시기를 통과하게 되었는데, 루드닉(Rudnick)은 수도원 제도는 교회의 건강을 잘 반영한다고 지적했다. 수도원 제도가 번성할 때는 로마 카톨릭 교회도 번성했고, 수도원이 하락할 때에는 교회도 고통을 받았다고 했다.[64] 수도원 제도는 종교적인 삶의 네 단계를 통해 발전했다.

1. 은둔자적 수도원 제도 (은둔자들)
2. 수도사적 수도원 제도 (공동체들)
3. 수도원 규율들(실제적이고, 조직적이며, 다른 수도원과의 관계적인 것들)
4. 탁발수도회(여행하며 전도한 탁발 수사들)

수도원 제도는 몇 가지 이유 때문에 매우 중요하게 생각되는데, 첫째, 수도원은 서방 문화를 위한 저장소의 역할을 했다. 각 수도원은 도서관을 가지고 있었는데, 도서관은 중요한 고대 문서들과 인공 유물들을 보호하고 보존했다.

둘째, 수도원은 교육의 중심이었다. 모든 초년병 수도사들은 읽는 것과 쓰는 것을 배웠으며, 중세 시대 초기의 어떤 곳에서는 읽을 줄 아는 사람들은 오직 수도사들뿐이었다고 한다.

셋째, 수도사들이 교회에 고도로 훈련된 설교자와 전도자들을 공급했다. 점점 더 교황과 주교들은 새로운 지역으로 침투하는 최전선에 교회를 세우기 위해 수도사들을 모집하여 훈련하고 파송했다.

보통은 수도사들이 새로운 지역에 침투하기 위해 지역 행정관에게 수도원을 세울 수 있도록 허가를 요청했다. 설립허가를 얻은 다음에 수도사들은 임시 막사를 짓고 정규예배, 기도, 공부, 그리고 노동을 시작한다. 그들의 경건과 온유한 성품 등은 지역 주민들의 호기심을 샀고, 수도사들

---

64) Rudnick, "Speaking the Gospel", 49.

은 곧 자기들을 흥미롭게 보는 사람들 몇 명을 개종시킨다. 그 지역에서 좋은 평판을 얻은 다음에 수도사들은 현지 마을들을 방문하며 전도와 교육을 시작한다. 수도사들은 수도원 주위에 새 교회들을 세우고, 그 지역에 주교가 와서 교회를 조직할 때까지 수도사들이 목회를 담당했다.65)

수도사 전도의 뛰어난 하나의 예는 콜롬바(Columba; 521-597)였다. 젊은 시절에 그는 아일랜드에서 수도사로 있었다. 그는 패트릭이 한 방법대로 여러 개의 수도원을 세웠다. 콜롬바는 12명의 동료 수도사들과 함께 스코틀랜드 해안에서 가까운 아이오나(Iona)에 새 수도원을 세웠다. 아이오나의 수도원은 북 스코틀랜드에 있는 종족인 픽트족(Picts)을 복음화하기 위한 전초기지(基地)였다. 콜롬바가 죽은 후에도 아이오나의 수도원은 전도자들을 계속해서 파송했다. 한 수도사는 왕자인 오스왈드를 전도했는데, 왕자가 모국인 북 움브리아(Northumbria)로 돌아갔을 때, 자기 백성을 전도하기 위한 전도자를 보내줄 것을 이 수도원에 요청했다. 수도원장은 수도사 아이단(Aidan)을 파송했는데, 그는 북 움브리아 사람들에게 복음을 전했을 뿐만 아니라 후에 아이오나 수도원을 표본으로 삼아 많은 수도원들을 건립했다.66)

교회도 역시 복음 전파를 위해 수도원을 이용했는데 오늘날의 이름으로 네덜란드와 벨기에 사람들에게 복음을 전했다. 프랑크의 왕인 페핀 2세(Pepin II)의 후원을 받은 수도사 윌리브로드(Willibrord, A.D. 658-739)는 페핀 2세의 요구로 12명의 수도사들을 데리고 와서 위트레흐트(Utrecht)에 수도원을 지어줄 것을 요청했다. 이 베네딕트 수도회의 수도원은 앤트워프(Antwerp), 악터나크(Achternach), 그리고 수스테렌(Susteren) 수도원의 모체가 되었다. 이들 4개의 수도원의 수도사들이 이 지역에서 전도하여 이곳에 교회를 세우는 교두보 역할을 했다.67)

---

65) Ibid., 68.
66) M. Thomas Starkes, "God's Commissioned People" (nashville: Broadman Press, 1984), 65-66.
67) Ibid., 69.

선교사들의 복음화 사역

중세시대는 다른 모든 시대와 같이 개인 전도자들이 교회의 확산에 큰 기여를 했다.

캔터베리의 어거스틴(Augustine of Canterbury)

이러한 전도자 중의 한 사람이 어거스틴이다. 어거스틴(어거스틴의 참회록을 쓴 아프리카의 유명한 주교가 아님)은 A.D. 596년 영국의 복음화를 위해 그레고리 교황에 의해 파송되었다. 그때에 영국에는 이미 교회들이 있었으나 그 교회들은 로마 교회의 감독 아래 있지 않았다. 그레고리 교황은 어거스틴에게 영국에 가서 수도사들의 그룹을 만들어 동남부 영국의 앵글로 색슨족 교회를 로마 교황의 지배 아래 들어오도록 하라는 명령을 내렸다. 구약시대의 요나(Jonah)처럼 어거스틴은 큰 거리낌 속에 주저하면서 그 과제를 받았다. 영국에 가는 길에 어려움을 당하자 그는 자기의 과제를 거두어줄 것을 요청했으나 교황은 계속 전진할 것을 격려했고 결국 그들은 영국에 도착했다. 영국의 국왕은 처음에는 수도사들이 그에게 마법을 걸 것이라고 생각하여 두려워했지만, 선교단이 캔터베리에 정착하도록 허락했다. 이 기지(Base)로부터 어거스틴은 왕과 그의 지배하에 있는 사람들 일만 명을 전도했다. 마침내 그레고리 교황은 어거스틴을 캔터베리의 초대 대주교로 임명했다. 어거스틴의 영향을 받아 영국의 교회들은 로마 카톨릭 교회의 일부가 되었다.68)

어거스틴과 그의 동료들은 몇 가지 이유 때문에 왕족과 그 친척들을 먼저 복음화했는데 큰 확신을 가지고 열렬히 전도했다. 버사 왕비 (Queen Bertha)는 이미 기독교인이 되어 있었으며 그들의 사역을 후원했다. 그들은 교황 그레고리의 지시를 따랐으며 국민의 오래된 종교인 카톨릭 신앙에 머물도록 하였다. 교황은 다음과 같은 글을 어거스틴에게 보냈다.

---

68) Ibid., 67.

이교도 사원은 허물 필요가 없고 오직 그들에게서 발견되는 우상만 파괴해 버리고... 만일 사원들이 잘 지어져 있으면 그들을 떼어내서 참 하나님을 예배하는 장소로 사용하는 것이 좋을 것이다. 그곳 사람들이 습관처럼 제사를 드리려고 모이고, 귀신에게 제물을 바치려고 많은 황소들을 잡는다면, 이 사람들을 위해 다른 축제로 바꾸는 것이 합리적 일 것 같다.69)

어거스틴은 이교 사원의 우상들을 던져버리고, 건물들을 성수(聖水)로 정화하고, 그것들을 교회로 바꾸었다. 또한 그는 그들의 오랜 축제들을 기독교 성자들을 기리는 축제들로 바꿨다. 이것 때문에 어떤 사람들은 어거스틴의 기독교를 원주민들의 전통적인 종교에 "베니어판을 댄 기독교"라고 평하기도 했다.70)

보니파스(Noniface)

중세 시대의 가장 유명한 전도자 중의 한 사람은 보니파스(680-754)였다. 윌리브로드(Willibrord)의 제자인 그는 40세가 되기까지 수도원에서 살았고 프리지아(Frisia) 사람들을 위해 전도사역을 시작했다. 그러나 A.D. 722년에 교황 그레고리 2세가 그를 로마로 불러 독일인들을 위한 주교로 임명했다.71) 그가 로마에서 돌아왔을 때, 처음에 지금의 독일 지역인 헤센(Hessen)인들을 위해 사역했다. 처음에는 개종자가 몇 명에 불과했으나 개종자들은 보니파스의 능력 대결 때문에 비약적으로 증가했다. 그는 독일의 가이스마르(Geismar) 지역 대부분의 사람들이 토르(Thor신 ; 북유럽의 우레, 비, 농업의 신)의 신성한 참나무(500년 이상 된 참나무)를 숭배하는 것을 보았다. 그곳 사람들은 누구든지 이 신성한 참나무를 모독하면 그들

---

69) Stephen Neill, A History of Missions"(Baltimore: Penguin Books, 1964), 68.
70) Starkes, "God's Commissioned People", 67.
71) Ibid., 69-70.

의 신인 토르가 그를 파멸시킬 것이라고 믿었다. 갈멜산의 엘리야처럼 보니파스가 그 참나무를 잘게 잘라낼 때, 그곳 주민들은 자기들의 신 토르가 보니파스를 때려눕힐 것을 기대했다. 그러나 그에게 아무 일도 일어나지 않자, 주민들은 함성을 질렀다. "주님! 당신은 실로 하나님이십니다!" 보니파스는 그 나무를 널빤지로 켜서 예배당을 지었다. 이러한 능력 대결로 보니파스는 미신적인 헤센 주민들에게 하나님의 능력을 보여준 것이 되었다. 그 후 보니파스는 그의 전도와 도전들을 통해 그 지역은 기독교가 우세하게 되었다.72)

가이스마르에서의 성공을 계기로 그는 바바리아(Bavaria)와 투링기아(Thuringia) 주민들에게도 복음을 전했다. 그는 용감하게 전도했고, 이교도 사원들을 부수고, 교회와 수도원들을 세웠다. 종국에 가서 그는 마인츠(Mainz)의 대주교가 되었고, 그의 새로운 지위를 이용하여 교회를 개혁했다. 그는 78세가 되었을 때, 주교를 사임하고 그가 처음 선교사역을 시작했던 프리지아 주민들을 위한 전도사역자로 돌아왔다. 하루는 그가 한 그룹의 새로운 개종자들에게 확신을 심어주고 있을 때, 보니파스와 그의 동료들은 이교도 집단으로부터 공격을 받았다. 보니파스는 항복하기를 거절하고 애석하게 순교 당하고 말았다. 보니파스는 그가 죽기 전에 10만 여명의 독일인들에게 세례를 베풀었다고 보고되었다.73)

시릴과 메토디우스(Cyril and Methodius)

형제인 시릴과 메토디우스는 슬라브족 가운데서 가장 위대한 선교사요 전도자들이었다. A.D. 862년경 모라비아의 라티슬라브 왕자(Prince Ratislav)가 비잔티움(Byzantium; 현재의 이스탄불)의 황제 미카엘 3세 (Michael III)에게 자기 나라 사람들에게 복음 전할 선교사를 파송해 줄

---

72) Neill, History of the Missions", 75
73) Rudnick, "Speaking the Gospel", 71.

것을 요청했다. 황제는 이 사명을 완수하도록 시릴과 메토디우스 형제를 파송했다. 그들은 크리미아에서 사역을 시작하여 불가리아, 보헤미아, 그리고 모라비아까지 선교지를 이동해가면서 전도했다. 그들은 슬라브어(Slavonic language)를 처음으로 문자화 하고 성경, 기도서 등 기독교 서적을 슬라브어로 번역했다. 이 자료들은 그들의 사역에 매우 큰 도움이 되었다.[74]

시릴과 메토디우스는 불가리아의 보고리스(Bogoris) 왕을 전도하기 위해 특수한 방법을 사용했다. 보고리스 왕은 메토디우스에게 왕궁에 벽화를 그려줄 것을 요청했다. 메토디우스는 요청에 응하여 왕궁의 벽에 상을 받는 천국과 매우 고통스러워하는 지옥의 그림들을 그렸다. 그런데 벽화의 제막식에서 왕과 고관대작들은 벽화를 보고 세례를 받았다. 보고리스 왕은 자기 백성들에게도 세례 받을 것을 명령했고 불응하는 자는 사형에 처했다.[75]

시릴과 메토디우스의 영향으로 라틴어보다는 슬라브어가 불가리아 교회의 공적인 언어가 되었다. 그들은 또한 서부 유럽의 교회 형태도 자리 잡아 주었다. 각 나라마다 로마로부터 독립적인 국교회를 세웠고 자기들 언어를 사용했으며 지도자들도 자체적으로 세웠다. 이들은 오직 슬라브어 하나만을 사용했고 로마 교황의 중앙집권적 지배를 받던 로마 카톨릭과는 다른 형태의 교회를 형성하게 되었다.[76]

아씨시의 프란체스코(Francis of Assisi)

개신교와 로마 카톨릭은 한결같이 프란체스코(1182-1226)를 중세 후기의 가장 위대한 전도자 중의 한 사람이라고 말한다. 프란체스코는 부유한 상

---

74) Ibid., 65.
75) W. O. Carver, "The Course of Christian Missions"(New York: Fleming H. Revell Co., 1939), 69.
76) Rudnick, "Speaking the Gospel", 65.

인의 아들로서 그의 젊은 시절을 자유분방한 난봉꾼으로 지냈다. 그가 27세 되던 해에 하나님께서 그에게 예수 그리스도의 말씀을 통해 "가면서 전파하여 말하되 천국이 가까웠다 하고 병든 자를 고치며 죽은 자를 살리며 나병환자들을 깨끗하게 하며 귀신을 쫓아내되 네가 거저 받았으니 거저 주라"고 말씀하셨다. (마 10:7-8).

이 하나님의 부르심의 말씀이 프란체스코의 삶을 변화시켰다. 그는 사치스럽던 지난 생활을 청산하고 열심히 가난한 사람들을 도와주었다. 그는 세상의 쾌락을 멀리하고 가난하게 살 것을 맹세했고, 이 마을에서 저 마을로 다니면서 복음을 전했고 황폐화된 교회들을 개축했다. 머지않아 그의 주위에는 제자들이 모여들었다. 프란체스코는 추종자들을 위한 규율을 정했고 교황은 그에게 공적으로 탁발수사라는 새로운 직함을 주었다. 그들은 가난한 사람들을 위로하고 이교도들을 개종시켰다. 프란체스코는 전도하기 위해 제자들을 두 사람씩 짝을 지어 내보냈다. 그들은 맨발로 다녔으며 사람들이 주는 음식으로 연명했다. 첫째, 프란체스코의 자기희생과 단순한 생활태도에 많은 사람들이 매력을 느꼈고, 둘째, 그는 음악을 매우 효과적으로 사용했는데 그의 노래는 청중들을 깊이 감동시켰다고 한다.77)

요한 타울러(Johann Tauler)

중세 후기의 가장 위대한 전도설교자 중의 한 사람은 요한 타울러(1300-1361)였다. 마이스터 에크하르트(Meister Eckhart)의 제자로서 그는 "하나님의 친구들(The Friends of God)"이란 신비주의 그룹의 영향을 받았다. 이 신비주의자들은 금식, 기도, 그리고 명상을 통해서 하나님과 연합할 수 있다고 믿었다. 타울러는 이미 알자스의 스트라스부르(Strasbourg)에서 존경받는 이름난 목사였지만, 그의 친구는 그가 영적 각

---

77) Roland Q. Leavell, "Evangelism Christ's Imperative Commission"(Nashville: Broadman Press, 1979), 67-68.

성의 체험이 필요하다고 설득했다. 그 친구의 말에 따라 "더 능력 있는 삶(higher life)"을 추구하기 위해 교회를 떠나서 2년간 기도생활에 집중했다. 영적 수련 후 설교를 하려고 했을 때, 처음에는 너무 울음이 북받쳐서 설교 중간에 그칠 때가 많았다. 그 후에는 그가 설교했을 때 이번에는 대중이 울고 신음하며 심지어는 정신을 잃고 쓰러지기까지 했다. 타울러는 그가 목회하던 시기에는 가장 능력있는 설교자로서 라인 강을 따라 형성된 마을이나 도시에서 많은 사람들에게 영향을 주었다. 그가 개종시킨 사람들은 로마 카톨릭을 떠나지 않았고 하나님과 영적 연합을 추구하는 기도 그룹들을 만들었다. 마틴 루터는 말년에 타울러의 설교집을 읽고 깊은 감명을 받았다고 한다.78)

통치자들에 의한 복음화

중세시대 유럽에서는 강압적인 전도가 예외적인 것이 아니라 오히려 법과 같은 통치형태의 하나였다. 불가리아의 보고리스 왕의 행동과 같은 것은 아주 보통이었다.

샤를마뉴(Charlemagne)

강압적 전도의 전형적인 예는 색슨족에게 행한 샤를마뉴의 행동이었다. 프랑크족의 왕인 샤를마뉴는 지금의 프랑스와 독일을 통치하던 중세 초기의 가장 강력한 정치적 지도자였다. 샤를마뉴는 기독교에 헌신하였고(헌신은 그의 인격과 도덕성까지 변화시키지는 못했다), 넓은 제국의 많은 지역들을 복음화하기 위해 많은 선교사들을 파송했다. 교황 레오 3세가 A.D. 800년에 그를 거룩한 로마 제국의 황제로 세웠다. 샤를마뉴는 북쪽 변방에 사는 색슨족을 정복하기 위해 군대를 파견했다. 그들의 영토에 침입했을 때, 선교사들을 데리고 들어갔으며, 그들을 개종시키면 사나운 색슨족을 잘 달래서 평화를 수립할 수 있을 것으로 생각했다. 그런데 색슨족을 복음

---

78) Ibid., 69-70.

화하는 것은 그들을 무력으로 정복하는 것보다 더 어려웠다. 샤를마뉴가 20회의 무력 시위를 하고 나서야 색슨족의 항복을 받아낼 수 있었다. 그가 군사적으로 점령하고 있는 동안 샤를마뉴는 세례를 거절하거나 기독교에 대해 무례한 행동을 하는 것은 사형에 처할 수 있는 죄라고 공표했다. 아마도 샤를마뉴는 색슨족을 복음화하는 것은 복합적인 동기를 가지고 있었을 것이다. 의심할 것도 없이 그는 그의 왕국의 공식적인 종교를 받아들이기만 하면, 그들은 자진해서 유순한 피정복 국민이 될 것이라고 믿었음에 틀림없으며, 다른 이유로는 샤를마뉴 자신이 교회에 헌신했을 뿐만 아니라 색슨족이 그리스도인이 되기를 열망했을 수도 있다.79)

올가 공주(Princess Olga)

러시아는 한 신앙심 깊은 여인과 강력한 그녀의 손자에 의해 복음화되었다. 올가 공주는 기독교에 매력을 느껴 신앙에 대해 더 배우기 위해 콘스탄티노플로 여행했다. 그녀는 A.D. 955년에 세례를 받았고 그의 아들인 스와토슬라브(Swiatoslav) 왕을 전도하기 위해 러시아로 돌아왔다. 그녀는 아들인 왕을 전도하는 데는 실패했으나 그녀의 손자인 블라디미르(Vladimir)는 부왕보다 종교에 긍정적이었다. 블라디미르가 왕이 되었을 때, 당시 4대 종교였던 유대교, 이슬람교, 로마 카톨릭, 그리고 희랍 정교에 대해 배우기 위해 대리인들을 각각 현지로 보냈다. 그는 결국 희랍 정교가 가장 좋은 종교라는 결론을 내렸다. A.D. 988년에 블라디미르 왕은 기독교를 공적인 종교로 선포했다. 그는 국민의 모든 우상들을 파괴하고 그의 군대는 집단 세례를 받게 했으며, 그의 정복민들도 기독교를 신봉하도록 명령했다. 그는 콘스탄티노플에 있는 황제에게 자기 국민을 지도할 선교사들을 보내주도록 요청했다.80)

---

79) Rudnick, "Speaking the Gospel, 59-60.
80) Carver, "Christian Missions", 70.

강압적 개종이 항상 성공한 것은 아니다. 독일의 왕자들은 발틱 해안을 따라 엘베 강과 오데르 강 사이에 살던 슬리브 부족인 웬드족을 정복하고 개종시키려고 했다. 웬드(Wend)족은 군사적으로는 정복했지만 그들은 결코 기독교를 받아들이지 않았다. 결국에는 종족 전체를 강제로 이주시키고 그곳에 독일어를 사용하는 종족으로 대치시켰다.[81]

해석과 적용

중세 시대에는 전도 방법에 극적인 변화를 가져왔다. 초대교회 시대에 전도는 예수 그리스도를 그들의 구세주로 받아들이도록 설득하는 것이었으나 중세 시대에는 사람들을 교회와 결속시켜서 교회와 일체가 되게 하는 것이었다. 중세 시대에는 전도를 성례전적인 용어로 해석했다. 그들은 사람들이 구원 얻는 것은 교회의 성례식, 특히 세례와 성찬식에 의해 구원을 얻는 것이라고 믿게 했다. 억지로라도 세례를 받기만 하면 기독교인이 되는 것이며 구원도 받는 것으로 생각했다. 그래서 그들의 주된 관심은 세례를 받도록 설득하는 것이었다. 위에서 이야기한 강압적 개종은 이러한 교회들의 신앙 수준을 낮추는 결과를 가져왔다. 많은 지역에서 기독교 신앙이라는 것은 재래 종교 위에 덮은 얇은 베니어판보다 조금 낫다고 생각할 정도였다. 흔히 교인들은 기독교 교리나 윤리적인 것보다는 미신들의 영향을 더 많이 받는 생활을 이어갔기 때문이었다.

왜 기독교가 널리 전파되었는가?
1. 많은 사람들은 강압에 의해 개종되었다. 많은 통치자들은 세례를 받아들이게 하는 것을 그들의 과제로 생각했다. 통치자들은 자기 백성들의 세계관을 변화시키는 것보다 강제적으로 개종하는 것에 더욱 성공하였다.

---

[81] Rudnick, "Speaking the Gospel", 60.

2. 오히려 원시적인 국민들은 로마와 그 지역에 먼저 거주했던 사람들의 문화에 더 매혹되었다.
3. 많은 고대 유럽 사람들은 이교가 제공하는 인생의 질문에 대답해주는 해답보다 기독교가 주는 해답이 더 마음에 와 닿았다.
4. 많은 사람들은 지옥의 고통을 피하고 천국의 기쁨에 들어가는 것을 원했기 때문에 개종을 했다.
5. 많은 사람들은 믿음이 전파되었을 때, 확신과 열광하는 것에 큰 인상을 받았다. 라토렛은 이 다섯 번째 이유를 첫 번째 이유로 꼽았다.[82]

기독교는 어떻게 널리 전파되었는가?

1. 기독교는 개척자들을 따라 확산되었다. 기독교는 주로 최근에 개종한 그룹의 사람들에 의해 전파되었다. 새로운 개종자들은 그들이 새로 발견한 믿음에서 그것을 나누고자 하는 더 강한 동기를 부여 받았기 때문이다.
2. 로마 교황들은 유럽의 복음화를 위해서 교회의 모든 자원들을 바쳤다.
3. 수도원 제도는 특별히 중세 초기에 전도의 중요한 힘이 되었으며 후기에는 프란체스코 수도회나 도미니크 수도회 등의 탁발수도회들이 전도에 효과적이었다.
4. 대부분의 개종은 큰 그룹으로 일어났다. 이들 그룹운동은 가끔 대중 운동이라고 불렸는데 대개는 그룹의 지도자에 의해 운영되었다. 가끔은 통치자들이 그들의 결정과 함께 추종을 보증하는 데 힘을 사용했다. 어떤 왕은 그들을 종교적 유죄판결을 이유로 개종을 명령했다. 그러나 다른 경우들은 왕이 옛날 종교에 집착하는 잠재적인 경쟁자를 무장 해제시키기 위해 기독교인이 되도록 명령했다.[83]

---

82) Kenneth S. Latourette, "A History of the Expansion of Christianity, 7 vols.(New York: Harper & Row, 1938), 2:146.
83) Ibid., 2:144-46.

우리들을 위한 교훈

중세기는 근대 전도자들에게 두 가지 중요한 가르침을 준다.

1. 헌신된 개인들이 큰 변화를 가져올 수 있다. 보니파스와 프란체스코는 적은 자원을 가지고 하나님을 위해서 위대한 일을 성취했다.
2. 통치자들에게 복음을 전하는 것이 중요하다. 정부 지도자는 사람들에게 폭넓은 영향력을 끼친다.

학습을 위한 질문들

1. 중세기의 중요한 전도의 힘은 무엇이었는가?
2. 수도사들은 어떻게 지역을 복음화했는가?
3. 중세기의 위대한 선교사이며 전도자 3명은 누구인가?
4. 샤를마뉴는 유럽의 복음화를 위해서 어떤 역할을 했는가?

제5장 종교개혁의 선구자들
(Forerunners of the Reformation)

마틴 루터가 로마 카톨릭에 도전하기 오래 전부터 독실한 기독교인들이 종교개혁을 위한 불쏘시개를 준비하고 있었다. 중세기에 있어서 사람들을 설득하는 중요한 방법은 세례를 받게 하는 것이었다. 로마 카톨릭은 세례가 사람들을 교회로 들어오게 하는 방법이며, 이것만이 구원을 제공할 수 있다고 가르쳤다. 사제들도 구원은 세례와 미사를 통해서 온다고 가르쳤다. 가끔 교황들은 수찬정지나 수찬정지로 위협함으로써 왕들과 왕국들이 무서워서 벌벌 떨게 했다. 이 힘을 이용하여 교황 그레고리 7세 (1073-85)는 황제 헨리 4세가 교황으로부터 용서를 받기 위해 눈 위에서 3일간 무릎을 꿇도록 강요한 일도 있었다.

교회의 예배는 아주 허례허식으로 특징지어져 있었고, 성경말씀도 그리 중요하지 않았고, 많은 사제들의 실력은 겨우 성경을 읽을 수 있는 수준이었다. 성경은 극소수의 사람들만 알아들을 수 있는 라틴어로만 되어 있었기 때문에 많은 사람들이 성경에 대해 거의 알지 못했다. 중세 후기로 갈수록 로마 교회는 점점 더 부패했다. 교황들은 공공연하게 그들의 정부 (情婦)들과 살았고, 혼외 아이들의 의붓아버지로 살았다. 교직자들은 교회의 직위를 돈 받고 팔았으며 고위 직분들은 모두 부자들의 차지가 되었다. 많은 교구의 사제들은 교육을 잘 받지 못했고 자투리의 적은 시간만을 목회를 위해서 할애했다. 만취와 부도덕은 사제들 사이에서 예외가 아니라 일상이었다. 보통 평민들은 미신과 공포에 속박되어 비참한 생활을 했다. 그 어두운 날들에도 여전히 하나님은 몇 개의 촛불을 밝히고 계셨다.

피터 왈도와 왈도파 사람들

이러한 암흑 시기에 활발하게 전도한 사람들은 왈도파 사람들이었다. 처음으로 로마 카톨릭 교회와 관계를 끊고 카톨릭을 반대하는 그룹으로 알려진 그들이었지만, 전도에 대해서는 역시 주목할 만했다. 남부 프랑스 리용(Lyons)의 한 부유한 상인이었던 피터 왈도는 A.D. 1170년에 심오한 종교적 체험을 한 후 그 자신을 빈곤한 삶과 전도에 헌신했다. 그는 예수님의 말씀, 즉 "네가 온전하고자 할진대 가서 네 소유를 팔아 가난한 자들을 주라 그리하면 하늘에서 보화가 네게 있으리라. 그리고 와서 나를 좇으라."(마 19:21)는 말씀에 따라 살기로 결심했다. 피터는 이 말씀을 문자 그대로 지켰다. 그는 그의 모든 소유를 팔아 아내와 자식들을 위한 필요만을 남겨두고 나머지는 모두 가난한 사람들에게 나눠주었다.[84]

왈도파 사람들의 출현

경제적인 관심에서 자유의 몸이 된 피터는 남부 프랑스를 여행하며 마을과 소도시에서 전도했다. 아씨시의 프란체스코처럼 그는 아무것도 가지지 않았고 마을 사람들이 주는 것을 먹고 살았다. 그의 검소한 생활모습은 로마 교회의 계급제도에 따른 사치스런 생활과는 극명한 대조를 이루었다. 피터는 곧 많은 사람들의 관심을 얻게 되었고 남부 프랑스에서 그를 추종하는 사람들이 나타났다. 그의 설교는 능력이 있었으며, 신약성경의 많은 구절들을 그들의 말로 암송하여 인용했다. 이런 설교는 라틴어로 된 성경말씀도 거의 들을 수 없고 그들의 말로 된 성경말씀은 전혀 들어보지 못한 사람들에게 상당한 호소력이 있었다. 피터는 곧 많은 추종자들을 얻었는데 이 그룹을 "리용의 가난한 사람들(The Poor Men of Lyons)"이라고 불렀다. 그들은 피터 왈도의 검소한 생활 모습을 따르고 전도와 성경 암송에 전념했다.

---

[84] M. Thomas Starkes, "God's Commissioned People" (Nashville: Broadman, 1984), 96.

피터와 그의 추종자들은 처음에는 로마 교회와 관계를 끊을 생각은 없었다. 피터는 단지 가난한 사람들에게 복음을 전하는 것을 원했다. 그는 제3회 라테란 공의회(The Third Lateran Council)에서 그의 그룹 활동에 대해 승인을 얻기 위해 로마로 갔다. 교황 알렉산더 3세는 그룹에게 전도할 수 있는 한정된 권한만을 허락했는데, 그것은 지역 사제들과 주교들에게 먼저 허락을 받아야 하는 조건적 허락이었다. 그러나 리용의 사제들은 그들이 공개적으로 전도하는 것을 허락하지 않았다. 그렇지만 피터는 베드로가 사도행전에서 말한 것처럼 "우리는 사람보다 하나님의 명령에 복종할 것"이라고 선언하고 전도를 계속했다. 그 결과로 1184년 베로나 공의회(the Council of Verona)는 그들을 파문시켰다. 그러나 이 파문은 그들의 팽창을 저지하지 못했고, 오히려 왈도파 사람들은 이태리, 독일, 보헤미아, 스페인, 그리고 네덜란드로 퍼져 나갔다. 카톨릭 교회는 조직적으로 그들을 공격하고 박해했으며 그들을 제압하기 위해 남부 프랑스에는 십자군을 파견하기까지 했으나, 많은 왈도파 사람들은 미리 알프스의 외딴 계곡에 피란처를 마련하고 그곳으로 도피했다. 후에 많은 사람들이 종교개혁 교회나 재세례파(Anabaptist) 회중에 가담했으나 일부는 구별된 채로 남아 있었다. 왈도파 교회는 오늘날에도 유럽, 우루과이, 그리고 노스캐롤라이나에 남아 있다.

왈도파 사람들(Waldenses)의 교훈
왈도파 사람들은 전도와 교육에서 성경을 강조했다. 피터는 성경을 지역 언어로 번역하는 일을 후원했고, 그의 추종자들에게 성경을 암기하고 성경 말씀대로 살도록 격려했다. 왈도파 사람들은 전도의 중요성을 강조했고 남녀 평신도들 모두에게 전도하는 것을 허락했다. 그들은 예수님의 산상수훈대로 살 것을 가르쳤으며, 카톨릭의 미사와 죽은 자를 위한 기도를 거절했고, 연옥은 단순히 그리스도인의 초기 삶에 어려움을 주는 것일 뿐이라고 반대했다. 그들은 잘 알지 못하는 라틴어로 예배드리는 것을 반대했다. 그들은 부도덕한 사제들의 성례식은 무효라고 선언했고, 평신도들의 고해성사도 사제가 아니라 하나님께 직접 자백하면 하나님께서 들으시고 죄를 사해주신다고 가르쳤다. 그들은 서약하는 것을 거절했으며 어떤 경우도 사람의 생명을 빼앗는 것은 죄라고 하였다. 결국 그들은 그들의 교회를 이끌어갈 주교, 사제, 그리고 집사들을 자체적으로 안수하여 임명했다.85) 왈도파 사람들의 생활방식에 대해 라토렛은 다음과 같은 기록을 남겼다.

> *왈도파 사람들은 대부분이 검소한 사람들이었다. 그들의 적들까지도 그들에 대해 말하기를 그들의 옷은 간소하였고, 부지런했으며, 손수 노동을 했고, 순결했고, 먹는 것과 마시는 것에 절제하였고, 선술집에 드나드는 것이나 자주 춤추는 것을 거절하였고, 술취하지 않고 진실만을 말하며, 화내지 않고, 부의 축적을 사악한 것으로 간주하였다.86)*

왈도파 사람들의 중요성

왈도파 사람들은 전도자로서 적어도 몇 가지는 매우 중요하다.

1. 왈도파 사람들은 누구든지 듣고자 하는 사람에게 전도했다. 그들은 유럽을 넘어서 선교사들을 두 사람씩 짝을 지어 파송했다.
2. 왈도파 사람들은 성경을 강조했다. 그들은 모든 것을 성경 중심으로 생각했다.
3. 왈도파 사람들은 그들의 지역 언어로 전도했다. 라틴어 사용을 거부했고, 그들은 복음을 확실히 이해하도록 전했다.
4. 왈도파 사람들의 검소한 생활은 많은 사람들을 매혹시켰고 그것은 또한 그들의 진실성과 헌신을 증명했다.
5. 왈도파 사람들은 후에 종교개혁 그룹들에 영향을 미쳤다. 후스파 사람들(Hussites), 타보르파 사람들(Taborites: 후스파의 일종), 그리고 이

---

85) Kenneth Scott Latourette, "A History of Christianity" (New York: Harper & Row, 1953). 452-53.
86) Ibid.

들을 통해서 보헤미안 형제들(Bohemian Brethren)에게도 영향을 주었다. 또 어느 정도 확실한 증거는 롤러드파(Lollards)와 아나뱁티스트파(Anabaptists)에도 영향을 주었다. 확실히 그들은 유럽에 개신교 종교개혁에 중요한 영향을 주었다.

존 위클리프와 롤러드파 사람들

역사가들은 존 위클리프(1329-1384)를 "종교개혁의 새벽별(Morning Star of Reformation)"이라고 부른다. 이것은 존 위클리프의 행동이나 저서들이 종교개혁을 가져오게 하는 신호탄이 되었기 때문이다.[87]

위클리프는 초기에는 논쟁을 일으키는 경향을 보이지 않았고 대부분의 생애를 영국의 옥스퍼드 대학의 학생과 교수로 보냈다. 사실 위클리프는 옥스퍼드가 그의 오직 하나의 사랑이라고 말할 정도였다. 그는 대학에서 조용하게 지냈으며 자기 시대 최고의 철학자요 신학자라는 명성도 나중에 얻게 되었다. 그는 그의 생애의 마지막 8,9년 전까지는 교회의 개혁을 위한 소용돌이도 일으키지 않았다.[88]

위클리프의 개혁을 위한 동기들

위클리프에게는 교회개혁을 일으킨 몇 가지 동기가 있었다.

1. 위클리프는 교회가 부요해지는 것에 반대했다. 1373년에 그는 교황의 법정이 있는 프랑스 아비뇽을 여행했다. 그 사치함과 부패상을 보고 그는 매우 기분이 상했다. 그는 또 영국의 수도원들이 많은 부(富)를 축적한 것을 부정적으로 보았다. 그는 교회 계급의 부유한 생활상과 가난한 농민들의 생활을 조화시킬 수가 없었다.

2. 위클리프는 교회의 정치적 권력 남용에 반대했다. 교황권의 분열(The Papal schism: 두 교황이 존재했던 시기)은 그를 괴롭혔다. 그는 그들의 직위를 남용하는 교회 고위직 사람들의 권위를 그리스도인이 감시해야 되는 것 아니냐고 문제를 제기했다.

---

[87] G. H. Parker, "The Morning Sta: Wycliffe and Dawn of the Reformation"(Grand Rapids: Eerdman Publishing Co., 1965), 56.
[88] Ibid., 22.

3. 위클리프는 보통 사람들이 사제들의 양육을 받게 되기를 원했다. 많은 교구들이 부재사제(不在司祭)들로 복무했는데, 이는 교구에 파송 받은 사제들이 봉급만 받고 다른데 거주하거나 근무를 하지 않는 것을 말한다. 이러한 사제양육의 부재와 교인들의 문맹은 교인들 대부분이 미신을 믿게 만들었다고 생각했다.
4. 위클리프는 영어 민족주의자였다. 그의 생애 후기에 영국이 전쟁에 휩싸였을 때, 프랑스의 왕은 아비뇽의 교황을 지배하고 있었다. 위클리프와 다른 많은 영국 사람들은 영국이 교황에게 돈 바치는 것에 대해 분개했다.

위클리프의 신학은 그의 후기로 가면서 점점 더 급진주의로 변했다. 로마 카톨릭의 공직자들은 이것을 알아차리고 1377년에 위클리프의 견해를 정죄하였다. 그러나 교회 공직자들은 위클리프가 영국의 귀족들 사이에 친구가 많았기 때문에 위클리프를 박해하지는 못했다. 랭커스터(Lancaster)의 공작, 존 오브 곤트(John of Gaunt)는 위클리프를 모든 비난으로부터 보호할 수는 없었지만, 물리적 위해로부터 그를 보호했다.[89]

위클리프의 성경관

위클리프는 그의 신학의 근거를 성경의 권위에 의존했다. 이것은 그의 시대에는 파격적인 사상이었다. 그는 성경의 권위가 교황이나 공의회의 권위보다 위에 있다고 주장했다. 그가 1378년에 쓴 "성경의 진리에 대하여(On the Truth of Holy Scripture)"라는 책에서 그의 성경에 관한 견해를 명확히 표현했다. 그의 주 논문은 간결했다. 그는 성경이야말로 모든 믿는 사람들을 위하여 가장 높은 권위이며, 정확한 교리의 수단이며, 교회와 나라와 개인적 개혁의 길잡이라고 기록했다. 위클리프는 모든 성경은 하나님의 감동으로 된 것이며 인간을 완전하고도 충분하게 구원으로 인도한다고 믿었다. 이 마지막 개념은 로마 카톨릭 교리와 정면으로 대치되는 것이었다.

---

[89] Tim Dowley, "Eerdmans' Handbook to the History of Christianity"(Grand Rapids: Eerdmans Publishing Co., 1977), 338.

위클리프의 시대에 로마 카톨릭에서 말하는 구원은 오직 교회를 통해서 얻을 수 있는데, 그것은 교회에 충성을 다하고 협조적이며 교회법을 잘 지키는 사람에게 구원이 주어진다고 했다.[90]

위클리프는 또한 만인제사장의 교리에 대해서도 멀리 앞서 나갔다. 그의 교리는 후에 루터나 칼빈이 가르친 교리만큼은 아니지만 누구든지 믿음을 가지고 성령의 도우심을 받으면 성경을 이해할 수 있다고 가르쳤다. 이것도 오직 사제들만 성경을 해석할 수 있다고 했던 교회의 가르침에 정면으로 반대되는 것이었다.[91]

위클리프의 성경적 권위에 대한 헌신은 교회의 다른 관습에도 도전을 주었다. 그는 미사 도중에 빵과 포도주가 실제로 그리스도의 살과 피로 변한다는 화체설을 부인했다. 그는 교황의 무류성과 최고의 권위를 거부하고 그리스도가 교회의 머리라고 주장했다. 그는 또한 면죄부(免罪符), 즉 연옥에서의 고통 받는 시간을 덜어주기를 원하는 사람들에게 판매하던 면죄부의 판매도 반대했다.

롤러드파 사람들

위클리프는 그의 기독교적 관점들을 전파하고 영국 백성을 위한 사역에 필요한 많은 논문들을 썼다. 이것들은 유럽 대학의 학구적인 청중을 위한 것이었으나, 또한 일반인들을 위해서도 책을 썼다. 일반인들의 영적 복지를 위한 그의 관심은 성경을 영어로 번역하도록 만들었고, 여행하는 전도자들로 봉사하는 사역자들을 "가난한 사제들(Poor Priests)"이라는 이름으로 여러 명의 사제들을 임명하였다. 이 "가난한 사제들"은 위클리프의 위대한 공헌 중의 하나였다. 위클리프는 평신도들에게 복음전도 방법을 가르칠 수 있어야 하고 또 가르쳐야 한다고 믿었다. 일반인들은 그들 자신의 언어로 복음을 들어야 된다고 논쟁을 벌였다. 위클리프는 전도에 대한 높은 관점(High view of preaching)을 가지고 있었는데, 말하자면, 전도는

---

90) Parker, "Morning Star", 43.
91) Ibid.

"신성한 성례의 절차보다도 더 높은 거룩한 행위"라고 말할 정도였다. 위클리프는 사제의 첫째가는 의무는 그의 사람들을 위해서 도덕적으로 모범을 보이고 복음을 전파하는 것이라고 주장했다.92)

아마도 아씨시의 프란체스코와 그의 추종자들로부터 영감을 받아 위클리프가 "가난한 사제들"을 파송했는지 모르겠다. 프란체스코가 했던 것처럼 위클리프도 그의 사람들에게 어디서든지 사람들이 모이는 곳 - 길에 서든지, 교회에서든지, 마을의 초원에서든지 전도하라고 일렀다. 그는 복음을 전하는 "가난한 사제들"에게 팥죽색의 긴 예복을 입고 샌들을 신으라고 가르쳤다. 그들은 긴 지팡이는 가지고 다녔으나 전대(돈 주머니)는 가지고 다니지 않았다. 그들은 먹는 음식과 잠자리는 주는 대로 받았지만, 돈은 절대로 요구하지 않았다. 그들은 사람들에게 영어로 전도했고 또 영어로 쓴 성경말씀들을 나눠주었다. 자주 그들은 성경의 강론을 강조했던 위클리프가 가르쳐준 설교를 반복하여 들려주었다. 처음에는 이들 "가난한 사제들"은 대부분 옥스퍼드 대학에서 위클리프에게 배운 젊은이들이었으나 후에는 가난하고 배우지 못한 사람들도 있었다. 또한 처음에는 정식으로 안수 받은 사제들이었으나 나중에는 평신도들도 파송했다. 위클리프는 그들의 사역은 교회의 안수보다도 하나님의 부르심이 더 중요하다고 하나님의 부르심을 옹호했다.93)

위클리프는 새로운 종류의 여행하는 수도사 그룹을 만들려고 한 것도 아니고, 교구 사제들에게 도전을 주기 위해 만든 것은 더욱 아니었다. 그는 단지 일반인들이 복음을 들을 수 있도록 하기 위한 것뿐이었다. 그는 "가난한 사제들"에게 "성경말씀 그대로를 제시"하고 그것을 설명하도록 격려했다. 이것에 관해서는 위클리프 자신이 모범을 보였다. 그의 살아 있

---

92) Ibid., 47-48.
93) Latourette, "History of Christianity", 664-65.

는 설교들은 사람들에게 그리스도를 향하도록 주의 깊게 해석하는 것이었다. 위클리프는 성경이 삶의 법칙이어야 한다는 것을 확신했고, 그 진리를 그의 전도여행을 하는 전도자들에게 나눠주었다.94)

위클리프의 전도자들은 곧 많은 제자들을 얻게 되었는데, 이들을 "롤러드파 사람들(Lollards)"이라고 불렀다. 이 단어는 "중얼거림"이라는 단어에서 왔는데, 이것은 그들이 항상 성경말씀을 암송하며 기도를 중얼거리며 다녔기 때문이었다. 롤러드파 사람들은 위클리프의 신학을 받아들여 성경의 권위를 믿었고, 영어로 예배드렸고, 평신도들의 독립을 지지하였다. 롤러드파 사람들의 숫자는 로마 교회가 박해하기 전까지는 급격히 증가했다. 실제로 위클리프 시대의 한 역사가는 "그들은 어디든지 있었다. 길에서 두 사람을 만나면 그 둘 중의 한 사람은 위클리프의 제자였다"라고 기록하였다. 이 말은 과장된 것이 틀림없지만, 그러나 그것은 위클리프 운동의 인기도를 나타내는 것이었다.95)

위클리프의 관점들은 특히 교회의 권위와 화체설에 있었는데, 주교들은 너무 화가 나서 위클리프에게 그가 사랑하는 옥스퍼드를 떠나도록 압력을 가했고, 결국 그는 그가 몇 해 동안 목회를 했던 루터워스(Lutterworth)로 가서 책 쓰는 것과 설교와 "가난한 사제들"을 훈련하는 데 열중했다. 그는 또한 옥스퍼드 학생들이 라틴어 성경을 영어로 번역하는 것을 감독하는 일에도 시간을 냈다. 그는 평온한 가운데 1384년 주님의 부름을 받았다.96) 로마 교회는 위클리프가 죽은 후 롤러드파 사람들을 더 공격적으로 잔혹하게 박해했다. 그들은 위클리프 자신은 건드릴 수가 없었으나 1415년 콘스탄스 공의회(Counsil of Constance)는 위클리프와 그의 저서들에 대해 유죄 판결을 내렸다. 그들은 그의 사체를 발굴하여 그의 뼈들은 불태웠지만 그의 생각은 불태우지 못했고 계속 살아 역사했다.

---

94) Parker, "Morning Star", 50.
95) Ibid. See also The Lollards in "Christian History", Vol. II, No. 2, Issue 3. 17.
96) Dowley, "Eerdmans' Handbook", 338.

전도에 대한 위클리프의 공헌

위클리프는 기독교에 많은 공헌을 했으며 저서들과 그의 영향력은 그대로 종교개혁에 전달되었다. 전도에 있어서 그의 세 가지 큰 공헌이 특히 중요하다.

1. 위클리프는 피터 왈도와 같이 성경의 중요성을 강조했다. 그는 성경의 번역, 선포, 암기, 그리고 일상생활에 적용하도록 격려했다.
2. 위클리프는 교회 생활에서 평신도의 중요성을 강조하였다. 평신도들도 자신들이 성경을 해석할 수 있고, 또한 가르치고 전도할 수 있다고 믿었다.
3. 위클리프는 모든 사람이 복음을 라틴어가 아니라 영어로 들을 수 있기를 원했다. 그는 구원은 교회가 아니라 하나님의 말씀을 듣고 말씀을 믿는 데서 온다고 가르쳤다.

"위클리프, 진실로 그는 종교개혁의 새벽 별이었다."

얀 후스와 후스파 사람들

얀 후스(Jan Hus, 1369-1415)는 보헤미아(지금의 체코슬로바키아)에서 태어났다. 그는 학생이었고, 그 다음은 교수였고, 마지막에는 프라하 대학의 학장이 되었다. 1402년에 그는 프라하 베들레헴 교회의 정규 설교자가 되었는데, 그 교회에서는 종교개혁이 대중적인 화제가 되어 있을 정도였다. 그의 새로운 설교의 임무 때문에 후스는 성경을 아주 주의 깊게 연구하였는데, 이 연구가 교회의 전통적 관습들에 대해 의문을 갖게 만들었다.

후스가 받은 영향들

후스의 시대에 몇 가지 요인들이 합쳐져 프라하에서의 그의 위치를 형성하게 했다.

1. 옥스퍼드에서 공부한 몇 명의 보헤미아 학생들이 위클리프의 저서들을 프라하에 가져왔다. 후스는 위클리프의 관점 중에서 특별히 성경의 권위와 교회개혁의 필요성에 동의했다.
2. 보헤미아의 대학과 교회는 독일인들이 장악하고 있었다. 후스는 당시 일어나기 시작한 보헤미아 민족주의의 압력을 받게 되었고 독일의 영향력에 대해 분개했다.
3. 로마 카톨릭 교회의 부패가 후스와 그의 동료들을 실망시켰다.
4. 보헤미아의 많은 개종자들, 특히 일반사람들이 왈도파 사람들에 매혹되었다. 이 개혁주의자 그룹이 아마도 후스에게 친밀하게 느껴졌을 것이다.[97]

후스의 증언

위클리프처럼 후스도 성경의 권위를 강조했으며, 기독교인의 일상생활에서 성경의 역할을 강조했다. 그는 교구 사람들과 학생들에게 경건하며 순결한 삶을 살도록 격려했다. 그는 설교를 예배의 중요한 부분으로 만들었고, 사제들이 죄를 사할 수 있다는 생각에 반대하여 대리사면(代理赦免)을 거부했으며, 교황이 비성경적인 교리를 제정할 권위를 가지고 있지 않다고 주장했다. 그는 교회 안의 초상을 경배하는 것이나 성지 순례의 중요성을 비판했다. 그는 성찬식에서 평신도들도 잔을 받아야 한다(이종배찬 : Utraquist)고 믿었다. 주의 만찬에서 잔을 평신도에게 주는 것을 후스는 승인했고 이것이 후스 운동의 상징이 되었다. 후스의 주된 관심은 교회에서 부패를 추방하는 것과 영적 개혁을 하는 것이었다.[98]

---

97) Parker, Morning Star, 74.
98) Dowley< Eerdmans' Handbook", 330.

후스의 개인적 경건과 비범한 통솔력은 프라하에서 유명했으며, 그가 여왕의 개인 담당 사제로 있는 동안 많은 사람들이 그의 설교를 듣기 위해 몰려왔다. 1409년에 대학 내에서 독일 파벌에 분노하여 위클리프의 견해들을 방어하고 부패한 행정관을 처벌했다. 1410년에 후스는 카톨릭 교회로부터 파문당했을 때 민중들의 소동이 있었고 후스는 더욱 민중의 영웅이 되었다. 결국 그는 대학을 떠나도록 강요를 받아 할 수 없이 프라하를 떠났으나 시골로 다니면서 계속해서 설교했다. 그는 지역 언어로 설교함으로써 많은 추종자들을 끌어들였다.

1414년 콘스탄스 공의회(the Council of Constance)는 후스에게 공의회에 나와서 그의 주장들을 설명하도록 명령했다. 그는 생명의 위협을 느껴 설명을 거절했으나 교황 지기스문트(Sigismund)가 후스에게 안전을 보장한다고 해서 가기로 결정했다. 후스가 콘스탄스 공의회에 도착했을 때, 그는 곧바로 체포되어 감옥에 갇혔다. 그는 공의회에 끌려갔지만, 그의 신념을 말할 기회도 얻지 못하고 위클리프 설교의 신봉자로 낙인찍혀 사형을 선고받았다. 정치적인 이유로 황제 지기스문트는 이 문제에 개입하지 않았고, 얀 후스는 1415년 화형에 처해졌다. 그는 예수 그리스도를 찬양하며 죽어갔으나 그의 가르침은 그대로 종교개혁자들에게 전승되었다.

후스의 추종자들

후스가 처형된 후에 그의 추종자들은 두 그룹으로 나뉘어졌는데, 주로 귀족들로 구성된 양형영성체파(兩形領聖體派)인 유트라퀴스트파 사람들(Utraquists)과 가난한 부류의 사람들로 구성된 타보르파(Taborites)로 나뉘어졌다. 유트라퀴스트파 사람들은 성찬식에서 평신도에게도 빵과 포도주를 주어야 하고, 자유롭게 전도하는 것과, 성직자들은 도덕적으로 엄격해야 한다고 믿었고, 오직 성경이 금지하는 것만을 금지했다. 타보르파도 비슷한 관점들을 가지고 있었으나 그들은 더욱 엄격해서 성경에서 명확하게 가르치지 않는 것은 모두 거절하였다. 이들 두 그룹은 모두 교황으로부터 박해를 받았으며 이들을 분쇄하기 위해 군대까지 파견했는데, 이 전쟁에서 살아남은 사람들이 보헤미안 형제(Bohemian Brethren)들이었다. 마침내 보헤미안 형제들은 독일로 이주했으며 후에 모라비안으로 알려졌다.99)

전도에 대한 후스의 공헌

얀 후스는 다음과 같은 3가지 이유로 전도 역사상 매우 중요한 위치를 차지하고 있다.

1. 후스는 설교를 강조했다. 그의 효과적인 해설적 설교는 다른 사람들이 따르도록 모범을 세워주었다.
2. 후스는 듣는 사람들의 언어로 설교할 것을 주장하였다. 그는 듣는 사람들이 성경 말씀과 그 의미를 듣고 이해하기를 원했다.
3. 후스는 찬송과 영적 노래들을 부르도록 촉구했다. 카톨릭처럼 찬양대가 모든 음악을 준비하던 시대에는 회중이 함께 찬송을 부르는 것은 매우 획기적인 것이었다.

후스의 신앙운동은 종교개혁이 성공할 수 있도록 직접적인 영향을 주었다. 파커는 "후스파 사람들의 반란의 의의는 처음으로 로마 교회의 권위주의적 요구에 종교적 개혁의 이름으로 도전하여 성공을 거둔 데 있다."고 기록하고 있다.100)

---

99) Latourette, "History of Christianity", 669.
100) Parker, "Morning Star", 89.

해석과 적용

주의 깊은 독자는 피터 왈도, 위클리프, 그리고 후스 등의 운동에서 다음과 같은 네 가지 공통적인 관점들을 쉽게 찾을 수 있을 것이다.

1. 그리스도인의 생활과 예배에서 성경의 중요성
2. 보통 사람들의 영적 복지
3. 성례전보다는 설교의 중요성
4. 듣는 사람들의 언어로 복음을 전하는 것

다음의 세 가지 관점들은 바로 우리의 관점이 되어야 할 것이다.

첫째, 오늘날의 교회들도 성경을 강조하고 성경을 그들의 설교와 가르침의 중심적 초점으로 삼아야 할 것이다. 교회들은 단지 "성경을 믿는 것(Bible believing)"으로 끝나면 안 되고, "성경을 선포하는 것(Bible preaching)"이 되어야 할 것이다.

둘째, 많은 교단들이 좀 더 풍성해지고, 더욱 중산층을 중시하게 될 때, 교회들은 본의 아니게 가난한 사람들을 도외시(度外視)할 위험성이 있다. 중세 후기의 이들 운동들은 경제적으로 혜택 받지 못한 사람들을 목표로 신중하게 숙고하는 하나의 좋은 모범을 세워주었다.

셋째, 이 운동들은 듣는 사람들의 언어로 소통하도록 모든 노력을 경주하였다. 이것은 오늘날의 교회들이 복음을 전하고 가르치는 것을 준비하는데 그들 공동체의 언어를 사용하도록 고취시킬 수 있어야 할 것이다. 모든 사람들은 구원의 좋은 소식을 그들의 마음의 언어(心情言語; heart language)로 들을 수 있도록 해야 할 것이다. 또한 이들 그룹들이 세운 모범은 현대 전도가 구원의 메시지를 중간 정도 수준의 사람들이 이해할

제5장 종교개혁의 선구자들

수 있는 용어로 전달하도록 해야 한다는 것이다. 너무나 자주 교회는 복음을 명확하게 하기보다는 구름 잡는 것처럼 알아들을 수 없는 말로 전해왔기 때문이다.

연구를 위한 질문들

1. 공의회에 반대하는 그룹들의 전개가 로마 카톨릭 교회에 어떤 문제를 촉발하였는가?
2. 왜 왈도파 사람들은 성경을 지역 언어로 번역하였는가?
3. 왜 존 위클리프는 롤러드파 사람들을 파송했는가?
4. 얀 후스의 설교에서 독특한 것은 무엇이었는가?
5. 이들 반대 그룹들의 네 가지 공통된 점은 무엇이었는가?

제6장 종교개혁 시기의 전도
(Evangelism During the Reformation)

1517년 10월 31일, 마틴 루터는 그의 교회개혁 95개 조항을 비텐베르크 교회의 문에 못 박았다. 많은 역사가들이 그날을 개신교의 종교개혁의 시작으로 지적하고 있다. 확실히 그 불꽃이 종교개혁의 횃불에 불을 붙인 것은 사실이다. 그러나 종교개혁을 위해서는 여러 가지 요인들이 서로 합쳐져서 유럽을 종교개혁으로 몰고 간 것을 이해해야 한다.

무엇이 종교개혁을 일으켰는가?

정치적 요인 : 종교개혁은 독일에서 시작되었다. 종교개혁을 주도했던 마틴 루터 시대에 독일은 하나로 통일된 나라가 아니고 여러 왕자들에 의해 분할 통치되던 작은 왕국들의 집합체였다. 거룩한 로마 황제(the Holy Roman Emperor)인 찰스 5세는 이름 그대로 모든 왕자들의 주권자였다. 찰스는 카톨릭의 왕족이었고 그가 다른 문제들로 마음이 산란하지 않았더라면 종교개혁을 충분히 저지시켰을 것이다. 종교개혁의 초기에 찰스 황제는 터키 군대의 침투와 프랑스와의 전쟁 때문에 거기에 몰두하고 있었다. 그는 군대를 통솔하기에 너무 바빠서 종교적 논쟁에는 거의 시간을 낼 수가 없었다.

사회적, 경제적 요인 : 종교개혁 당시 사회적 불안이 계속 독일을 괴롭히고 있었다. 이러한 불안은 자연재해와 독일 경제의 변화에 의해 일어났다.

13년 동안이나 계속된 작물 생산의 흉작으로 독일 국민은 큰 고통을 겪고 있었다. 또한 이 시기에 독일은 봉건제도에서 근대 산업사회로 옮겨가고 있었다. 이러한 결과로 많은 농민들이 탄광이나 도시의 새로운 산업 시설로 일하기 위해 농장을 버리고 떠났다. 이러한 사회적 경제적 변화는 사람들이 종교를 향해 열려 있게 만들었다.

지적인 요인 : 르네상스는 사람들을 새로운 방법으로 생각하고 새로운 생각들을 받아들이도록 요구했다. 또한 당시에 에라스무스(Erasmus)가 헬라어로 된 신약성경을 출판한 것은 많은 사람들이 신약성경을 자세히 공부할 수 있게 함으로써 영감을 불어넣었다. 유럽 대학들의 발전과 중등학교들의 설립은 대륙의 지적인 수준을 한 단계 올려놓았다. 더 많이 배울수록 그들을 잡고 있던 미신을 떨쳐버릴 수 있게 된 것이다.

기술적 요인 : 이것이 아니었으면 종교개혁이 성공하지 못했을 정도로 인쇄기의 발명은 종교개혁에 지대한 영향을 주었다. 유럽 전역에 인쇄기가 보급되면서 많은 책들과 선전책자들이 발간되었다. 윌리엄 에스텝(William Estep)은 "인쇄기가 없었다면 종교개혁이 그렇게 고도로 논리정연한 운동으로 전개되지 못했을 것"이라고 말했다.101)

종교적 요인 : 특히 북쪽 유럽 사람들은 보편화된 교회의 부패 때문에 종교개혁 이전부터 교회개혁에 수용적이었다. 많은 왕자들이 교회에 부과한 과중한 세금에 대해 분개했다. 그들은 특히 돈이 모두 교황의 법정으로 흘러들어간다는 데 대해 크게 분개했다. 로마 교회에 반대하는 그룹들인 왈도파와 롤러드파 사람들은 세례 요한이 예수님의 길을 예비한 것처럼 종교개혁을 위한 대로(大路)를 깔아놓았다고 할 수 있다.

---

101) William R. Estep, "The Anabaptist Story (Grand Rapids: Eerdmans Publishing Co., 1975, **9.**

개인적인 요인 : 종교개혁은 개혁운동에 참여한 뛰어난 지도자들 때문에 발전할 수 있었다. 마틴 루터(Martin Luther), 츠빙글리(Ulrich Zwingli), 칼뱅(John Calvin) 등은 모두 훌륭한 학자이면서 위대한 설교가이고 믿음의 사람들이었다. 이들은 기독교가 더욱 성경적 교회로 나아가도록 충분한 동기와 확신들을 가지고 있었다.

루터 교회의 전도
(Evangelism by the Lutheran Church)

마틴 루터(1483-1546)가 95개 조항을 공표했을 때, 사실 자기 자신은 종교적 혁명을 시작한다는 생각은 전혀 하지 못했다고 보는 것이 정설이다. 그는 단지 비텐베르크에서 연옥을 위한 면죄부 파는 것에 반대하려고 했던 것이었다. 95개 조항은 사실은 면죄부의 타당성 여부와 교회에서 면죄부를 파는 것이 적당한지에 대해 학구적 논쟁을 하자는 것이었다. 그러나 루터의 95개 조항이 인쇄되어 전 유럽에 퍼져나갔을 때, 이 무명의 교수는 갑자기 자기 자신이 격렬한 종교개혁 논쟁의 중심에 있게 된 것을 발견했다. 루터의 면죄부를 반대하는 공적인 위치는 길고도 험한 영적 순례의 길을 예고하는 것이었다. 루터는 독일 북부에서 태어나서 거기서 자랐고, 아버지의 권유로 에르푸르트 대학에서 법률을 공부했는데, 1505년 갑자기 노도와 같은 맹렬한 폭풍우를 만났을 때, 생명의 위협을 받게 되자, "만일 살아나기만 하면 수도원에 들어가겠다."고 하나님께 서약했다. 그는 다행히 살아나서 곧 어거스틴 수도회(Augustinian order)에 들어갔고, 열렬한 수도사가 되어 하나님의 은혜를 입기 위해 금식과 기도에 열중했고, 육체의 욕망을 제어하기 위해 노력했다. 그는 계속해서 자기 죄에 대한 중압감 때문에 불안해했으며 결국 그의 상관은 그의 영적인 불안과 절망에서 관심을 돌리기 위해서 비텐베르크에 새로 세운 대학에서 강의하도록 주선해 주었다.[102]

---

102) Tim Dowley, "Eerdmans' handbook to the History of

제6장 종교개혁 시기의 전도   95

비텐베르크에서 루터는 신학박사 학위를 받았고 성경연구 교수가 되었다. 그가 강의를 위해 시편과 바울의 서신서들을 준비하면서 인간의 노력으로는 결코 구원을 얻을 수 없다는 것을 확신하게 되었다. 하루는 로마서 1:17절을 묵상하면서 오직 믿음을 통해서만 구원을 얻을 수 있다는 것을 깊이 이해하게 되었고, "믿음으로 의롭게 하신다는 교리(Doctrine of justification by faith)"가 루터 신학의 초석이 되었다. 이 새로 발견한 구원에 대한 확신이 그로 하여금 면죄부의 판매를 가만히 두고 볼 수 없게 했다.103) 시간이 갈수록 그의 관점은 더욱 극단적으로 치닫게 되었고, 교황의 절대권과 교회 공의회의 권위까지도 부인하기에 이르렀다.

1521년에 교황은 루터를 이단자로 선포하고 교회에서 파문했다. 교회는 그를 화형에 처할 수도 있었는데, 색소니(Saxony)의 프레더릭 왕자가 그를 보호했고, 마침내 로마 교회를 개혁한다는 정신으로 그의 충직한 동료인 필립 멜랑크톤(Melancthon)과 함께 루터 교회(Lutheran Church)를 설립했다. 그러나 교회가 계급제도를 개선하기 위해서는 더욱 성경에 기초한 교회를 세우지 않을 수 없게 되었다.104) 루터는 여러 가지 수단을 동원하여 믿음으로 의롭게 된다는 복음을 전파했다. 유럽 사람들은 성경말씀에 주렸기 때문에 그의 메시지는 감수성이 풍부한 사람들의 귀에 격렬하게 받아들여졌다.

루터의 가르침 : 다행히 루터는 파문당한 후에도 비텐베르크 대학에서 강의를 계속할 수 있었고 성경에 근거한 그의 확신에 찬 논쟁은 교수와 학생들 모두를 설득할 수 있었다. 1520년에서 1560년 사이에 대략 16,000명의 학생들이 그 학교를 거쳐나갔는데 이들의 3분지 2 이상이 독일 북부 이외의 지역에서 온 학생들이었다. 이들 학생들이 졸업 후 루터의 복음적 메시

Christianity (Grand Rapids: Eerdmans Publishing Co., 1977), 362-63.
103) Ibid.
104) Ibid.

지를 온 유럽과 그들이 가르치는 학생들에게 영향을 주게 되었다.105)

루터의 설교 : 1515년부터 그가 죽은 1546년까지 루터는 비텐베르크에 있는 시내 교회에서 설교했다. 그의 설교와 인쇄된 설교문에서 루터는 보통사람도 알아들을 수 있도록 쉽게 복음을 전했다. 루터에게는 "말씀의 설교는 단지 성경적 설명이 아니라 복음의 선포였다. <u>참으로 루터에게는 구원의 복음이 분명하게 선포되지 않는 것은 설교가 아니었다.</u>" 그는 예배의 초점을 말씀 선포에 두었으며, 예배와 전도를 중요한 사도적 위치에 복원시키는 설교를 했다.106)

루터의 저서들 : 루터는 그의 견해를 설명하고 복음의 전파를 위해서 100여권이 넘는 책과 팸플릿을 썼다. 그는 새로운 기술인 인쇄 기술의 이익을 온전하게 누렸던 것이다. 그는 인쇄된 자료가 대중에게 영향을 주는 능력을 처음으로 이해한 사람 중의 한 사람이다.

루터의 성경 번역 : 발트부르크 성에 숨어 있는 동안, 루터는 시간을 지혜롭게 사용해서 신약성경을 독일어로 번역했는데, 신약성경은 1522년에, 그리고 전 성경을 1534년에 완성했다. 그는 그의 번역본을 1545년까지 주기적으로 개정했으며, 그의 번역본이 독일어 성경으로 공인되었다. 그는 성경을 독일 사람들의 일상 언어로 번역하여 누구든지 그것을 읽고 이해할 수 있도록 했다.107)

루터의 음악 : 그는 대학생활에서 거리의 악사로 필요한 돈을 벌 수 있을 정도로 노래도 잘 부르고 플루트도 연주할 줄 아는 열광적 음악가였다.

---

105) Milton L. Rudnick, "Speaking the Gospel Through the Ages"(St. Louis: Concordia Publishing House, 1984), 81.
106) William R. Estep, "Renaissance and Reformation"(Grand Rapids: Eerdmans Publishing Co., 1986), 155.
107) Dowley, Eerdmans' Handbook", 368.

교회의 예배형식을 개혁할 때, 예배의 중요한 부분인 회중 찬송을 위해서 웅장한 찬송가 "내 주는 강한 성이요(A Mighty Fortress Is Our God)"를 포함한 여러 편의 찬송가를 작곡했다. 그는 복음의 메시지가 찬송가를 통해서 효과적으로 습득될 수 있다는 것을 이해했다.

루터주의(Lutheranism)의 확산

루터의 가르침은 유럽 전역에 퍼졌고, 루터교 교회는 북부 유럽 여러 나라에서 제일가는 교회로 자리 잡았다. 루터의 학생들과 루터교에 동조하는 상인들이 메시지를 스칸디나비아 반도의 나라들에게 전했다. 많은 사람들이 루터교의 교리적 입장을 받아들였으나, 루터교는 북부 독일이나 스칸디나비아처럼 나라의 통치자가 루터교를 국교로 정한 곳에서 가장 잘 세워졌다. 동쪽이나 남쪽 유럽의 나라들은 통치자들이 그의 가르침에 반대했고 루터 교회를 시작하려는 싹을 박해하여 잘라버렸다.108)

16세기 유럽의 통치자들은 종교적인 자유에 관심이 없었다. 그들의 모토는 오직 "한 믿음, 한 왕, 하나의 법(One faith, one king, and one law)."이었다. 비록 개신교 교회가 세워졌다고 해도 오직 한 교단만 받아들였다. 일반적으로 각기 주권을 가진 통치자가 피통치자들의 종교를 결정하였으므로 거기에는 경쟁이 있을 수 없었고, 반대하는 사람들이 그들의 특정 종교가 합법적인 지역으로 이주하는 것만은 허용했다.109) 루터교가 어떻게 전파되었는지에 대한 좋은 예가 핀란드이다.

루터교는 1520년 이후에 핀란드와 스웨덴에 전파되었는데 루터 밑에서 공부한 스웨덴의 마이클 아그리콜라(Micael Agricola)가 복음을 핀란드에 가지고 들어왔다. 아그리콜라는 사람들에게 자기가 번역한 성경을 읽을 수 있도록 읽는 법도 가르쳤다. 그의 설교와 저서를 통해 핀란드를 복음화했다.110)

---

108) Rudnick, "Speaking the Gospel", 86.
109) Roland Bainton< "The Reformation of the Sixteen Century" (Boston: Beacon Press, 1952), 141-42.

전도에 대한 루터의 공헌

마틴 루터는 전도운동을 일으키는 데 몇 가지 중요한 공헌을 했다.

1. 믿음으로 의롭게 된다고 루터가 강조한 교리는 성경적 전도로 돌아오게 했다. 그는 교회를 행위의 구원으로부터 은혜의 구원으로 이동시켰다.
2. 루터는 성경의 권위를 크게 강조하였다. 모든 참된 전도는 성경의 권위에 근거한 전도라고 하였다.
3. 루터는 전도와 예배에서 설교를 명예의 장소로 회복했다.
4. 루터는 교회 음악을 발전시키는 데 큰 도움을 주었다. 그는 음악이 전도와 제자도와 예배에서 진정한 힘을 발휘할 수 있다는 것을 알았다.
5. 루터는 믿는 자들이 바로 제사장이라는 것을 가르쳤다. 그는 믿는 사람 각자가 하나님께 직접 기도할 수 있고, 개인적인 공부를 통해서 성경을 이해할 수 있다고 주장했다. 이것은 전도를 위해서 대단히 중요한 것인데, 왜냐하면 이것은 개인적 선택의 원리를 복원시켜주었기 때문이다.[111]

개혁교회에 의한 전도 사역

두 지도자와 그들의 추종자들이 개혁교회를 설립하기 위해 결합했다.

츠빙글리의 개혁 이야기

츠빙글리(Huldrych Zwingli, 1484-1531)는 이들 중에서 첫째로 꼽히는 사람이었다. 츠빙글리는 스위스의 중산층 가정에서 태어났고 바젤(Basel) 대학에서 훌륭한 교육을 받았다. 그는 위대한 인도주의적 학자인 토마스 비텐바하(Thomas Wyttenbach) 밑에서 공부했다. 츠빙글리는 비텐바하로부터 성경이 유일한 권위를 가지고 있으며, 그리스도의 죽음은 오직 죄 사함을 위한 것이었으며, 면죄부는 아무 가치 없는 것이라는 것을 배웠다

---

110) Ibid., 158-59.
111) Thomas Starkes, "God's Commissioned People"(Nashville: Broadman Press, 1984), 124.

제6장 종교개혁 시기의 전도   99

고 말한다. 츠빙글리는 글라루스(Glarus)에서 교구 목사가 되었으며, 곧 훌륭한 설교자로서의 명성을 얻었다. 1519년에 쮜리히의 대성당으로부터 "국민의 사제(People's Priest)"가 되어달라는 요청을 받았을 때, 그는 규정된 라틴어 예배를 거부하고 강해설교를 독일어로 설교함으로써 쮜리히 사람들을 놀라게 했다. 츠빙글리는 설교를 통해서 면죄부를 반대했고, 신부의 독신주의와 사순절 동안의 금식을 반대했다. 어떤 사람들은 츠빙글리의 아이디어는 루터로부터 얻은 것이라고 말들을 했지만, 츠빙글리는 그의 교리에 대한 생각을 항상 성경에서 얻었다.

츠빙글리는 그의 아이디어를 널리 전파하기 위해서 설교, 출판 등을 이용했고, 또 공개토론회도 열었다. 1523년에 쮜리히의 열린 광장에서 카톨릭 학자들과 토론회를 열었다. 츠빙글리는 성경이 최종 그리고 최고의 권위를 가졌다고 선포하고, 미사의 희생적인 제사를 부인하고, 선행을 통한 구원을 반대했으며, 사제들을 통한 고해성사를 반대하고, 연옥의 존재를 부정했으며, 모든 믿는 자의 만인제사장주의를 선포했다. 츠빙글리가 그 논쟁에서 압도적으로 이겼고 시의회가 교회 개혁을 지지한다고 발표했다. 츠빙글리는 1531년 카톨릭 군대와의 전투에서 전사했으나 그의 후계자 하인리히 불링거(Heinrich Bullinger)가 그의 교회개혁을 계승했다. 나중에 츠빙글리의 추종자들은 칼빈주의자들과 합세하여 개혁교회를 세웠다.

칼빈의 개혁 역사

존 칼빈(John Calvin, 1509-1564)은 루터나 츠빙글리보다 젊었다. 프랑스에서 1509년에 출생한 그는 루터보다 22년이나 아래였다. 어떤 학자들은 그를 종교개혁의 2세대라고 부른다. 칼빈의 아버지는 그가 법조인이 되기를 원했지만, 그의 아버지가 죽은 후에 칼빈은 신학으로 전향했다. 프랑스 파리에서 칼빈은 루터의 저서들을 알게 되었고, 1533년에 그는 완전히 거듭났다. 그의 개혁적 성향 때문에 파리를 떠나도록 강요를 받았으며, 칼빈은 스위스로 가서 처음에는 슈트라스부르크에서 살다가 후에는 바젤로 가서 살았다.

1536년 바젤에서 조직신학에 대한 그의 처음 저서인 "기독교 제도(Institutes of Christian Religion)"를 발간했다. 칼빈은 기록하기를 아담의 죄는 하나님의 권위에 대한 반란이며, 아담의 죄를 통해서 모든 인류가 타락했다고 했다. 사람들은 그 타락으로 치명적인 영향을 받아 자신의 구원을 위해서는 아무것도 할 수 없게 되었다. 모든 사람은 하나님의 형벌을 받게 되었으며 인류의 오직 희망은 하나님의 은혜밖에 없다. 하나님은 구원에 대한 주도권을 가지고 계신다. 하나님은 죄를 미워하시지만 죄인은 사랑하신다. 하나님은 죄인들을 너무 사랑하시어서 그의 독생자를 그들의 죄를 대속하기 위해 이 땅에 보내셨다. 예수 그리스도는 하나님의 공의의 심판을 만족시키시고 인류의 죄의 저주를 제거하시고 그리스도를 신뢰하는 모든 사람의 영적 죽음을 파괴하셨다고 기록했다.

그후 1536년에 칼빈이 제네바를 방문했을 때, 윌리엄 파렐(William Farel)이 그를 시정(市政) 사역의 조력자로 초대했다. 칼빈은 이에 응했고 파렐과 함께 제네바의 종교개혁을 위해서 일했다. 그러나 칼빈이 시의회 안에서 부도덕한 행위에 반대하는 공적인 입장을 취했을 때, 시의회는 그에게 제네바를 떠나줄 것을 요구했다. 그러나 1541년에 다시 제네바로 돌아왔고 마침내 그의 제자들이 시의회를 장악했다. 1555년부터 그가 죽던 1564년까지 사실상 제네바에서 자유롭게 활동했다.

역사가들에 의하면, 칼빈은 하나님의 예정에 대한 강한 믿음을 가지고 있어서 그와 그의 추종자들은 전도하는 것을 좋아하지 않았다고 한다. "만일 하나님께서 어떤 사람을 구원하시기로 선택하셨다면, 왜 기독교인들이 하나님의 일에 간섭해야 하는가?"라고 반문했다고 한다. 칼빈주의의 극렬분자들은 이러한 접근을 했지만, 칼빈 자신은 그렇지 않았다. 칼빈은 정작 예수님의 지상명령인 마태복음 28:19절 말씀의 "가라"라는 말씀을 깊이

제6장 종교개혁 시기의 전도

묵상하면서 결론은 제자의 삶은 오직 세계복음화라는 것을 깨달았다. 그래서 그는 프랑스에 집중적인 전도를 하기 위해 제네바에 전도기지(基地)를 만들고 1555년에서 1562년 사이에 칼빈과 그의 동료들은 프랑스에 88명의 전도자를 파견하였다. 하나님께서 그들의 전도에 대한 노력을 축복하셔서 1559년에는 위그노 교도들(Huguenots: 프랑스 칼빈주의자들)이 10만을 넘었다. 1555년에는 브라질에도 선교단을 파송했다. 이런 일들은 모두 지상명령에 대한 칼빈의 이해에서 비롯된 것이다. 칼빈은 마태복음 28장 19절 말씀에 대해 말하기를:

주님의 이 말씀의 요점은 "가라"이다. 유대의 경계는 선지자들이 율법 아래서 기록했지만, 그러나 이제는 장벽은 허물어지고, 주님은 복음사역자들에게 지구의 모든 지역에 구원을 가르치기 위해서 흩어지라고 명령하신다고 역설했다.[112]

전도에 대한 칼빈의 공헌

1. 칼빈과 그의 추종자들은 담대하게 성경을 설교했다. 그들은 청중들에게 로마 교회의 타락한 교리와 관행들을 거부하고 용서와 평화와 참 복음의 자유를 받아들이라고 도전했다.
2. 칼빈과 그의 추종자들은 그들의 아이디어를 대중화하기 위해 공개토론회를 개최했다.
3. "기독교 제도"라는 책은 여러 나라 언어로 번역되었고, 종교개혁에서 가장 큰 영향을 주었다. 칼빈도 역시 여러 권의 성경주석을 썼는데 이 주석들은 그가 탁월한 학자임을 보여주었으며 종교개혁에 참여한 목사들에게 설교와 가르침의 안내서 역할을 했다.
4. 칼빈은 제네바를 개혁의 표본 공동체로 만들었다. 그의 생애의 마지막 시기에 제네바는 기독교의 살아 있는 연구소가 되었다.

---

112) Timothy George, The Challenge of Evangelism in the History of the Church in "Evangelism in the Twenty-First Century, ed. Thom Rainer(Wheaton, Ill.:Harold Shaw Publishers, 1989), 14; and Estep, Renaissance and Reformation, 247.

5. 칼빈과 그의 제자들은 목사들을 훈련시키기 위한 학원(Geneva Academy)를 설립했다. 제네바가 전 유럽으로부터 오는 개신교 난민들의 안식처가 되었기 때문에 이 학원에서는 전도에 대한 뜨거운 관심과 칼빈의 "기독교 제도"를 손에 들고 고향으로 돌아가도록 목사와 전도자들을 훈련시켰다.113)

이들 중에 괄목할만한 예는 존 녹스(John Knox, 1514-1572)가 있었다. 스코틀랜드가 고향인 녹스는 1536년에 사제로 서품을 받았으나 곧 종교개혁자가 되었다. 스코틀랜드를 떠나도록 압력을 받은 녹스는 제네바로 와서 얼마 동안 공부했다. 1559년에 그는 스코틀랜드로 돌아가서 그곳에서 종교개혁 지도자가 되어 스코틀랜드의 여왕 메리와 오랜 싸움을 계속했다. 녹스는 스코틀랜드에 장로교회를 세우는 데 도움을 주었는데, 그의 영향력은 주로 그의 불같은 설교와 저서들, 그리고 특히 그의 인품에 힘입은 바가 크다.114)

재세례파 사람들에 의한 전도 사역

루터, 칼빈, 그리고 츠빙글리가 활발하게 복음을 전했지만, 16세기에 유럽에서 가장 활발하게 전도한 사람들은 재세례파(Anabaptist) 사람들이었다. 세 명의 중요한 개혁자들은 교회를 개혁하기를 원했지만, 재세례파 사람들은 교회를 혁명적으로 고쳐서 초대교회의 순수성을 회복하기를 원했다. 그들에게 있어서 이 과정은 로마 카톨릭 및 개혁교회 양측 모두와 갈등을 일으켰으며, 따라서 그들은 양측으로부터 무자비한 박해를 받았다.115)

---

113) Rudnick, Speaking the Gospel", 88-89; and Estep, Renaissance and Reformation, 246.
114) John Knox, "Wycliffe Biographical Dictionary of the Church" (Chicago: Moody Press, 1982), 230.
115) George, "Evangelism in the History of the Church", 15.

재세례파의 시작

재세례파는 스위스의 쮜리히에서 시작되었다. 재세례파 사람들은 처음에는 모두 츠빙글리(Ulrich Zwingli)의 추종자들이었으나, 유아세례의 교리와 그 외의 다른 문제들 때문에 갈라져 나왔다. 펠릭스 만츠(Felix Manz), 조지 블로록(George Blaurock) 그리고 콘라드 그레벨(Conrad Grebel) 등을 포함한 몇 명의 젊은 지지자들은 교회의 관습 중에서 성경에 명시적으로 가르치지 않은 것으로부터 떠나기를 원했으나, 반면에 츠빙글리는 그들이 후원을 계속 받을 수 있게 하기 위해서 시의회와 절충을 계속했다.

1525년 1월 21일 한 그룹의 사람들이 펠릭스 만츠의 집으로 몰려갔다. 그레벨이 블로록에게 세례를 베풀었고, 블로록이 참석한 다른 모든 사람들에게 세례를 베풀었다. 이렇게 해서 최초의 "스위스 형제들(the Swiss Brethren)" 회중이 설립되었다. 반대자들은 이들을 재세례파(re-baptizers)라고 불렀다. 왜냐하면 성경은 유아세례를 인정하지 않고 믿는 자들에게만 세례를 주도록 가르치고 있기 때문이었다.[116]

이 그룹의 사람들이 증가했을 때, 츠빙글리와 시의회는 그들에게 경고를 했고 이어서 박해가 이어졌다. 1526년에 시 당국은 그레벨과 만츠를 수감했고, 1527년에 만츠를 익사시키는 방법으로 처형했다. 박해에도 불구하고 재세례파 회중교회는 유럽 전역에 설립되었다. 사실, 당국자들은 그들을 박해함으로써 무의식중에 재세례파의 확산을 도와준 격이 되었다. 당국자들이 한 회중교회의 사람들을 강제로 흩어버리면 그 흩어진 사람들이 새로운 지역에서 또 다른 회중교회들을 시작하는 모양은, 꼭 사도행전 8장에 나와 있는 것처럼 예루살렘에서 그리스도인들이 박해를 받았을 때, 흩어진 사람들이 다른 데 가서 교회를 다시 세우는 것과 많이 닮은 방식이었다.[117]

---

116) Estep, "The Anabaptist Story", 10.
117) Starkes, "God's Commissioned People", 130.

재세례파 사람들의 가르침

재세례파는 결코 하나가 될 수 없는 그룹이었다. 그들이 받은 강력한 박해는 그들을 작은 파편으로 분열하게 만들었다. 그렇지만 아직도 그들 안에 몇 가지 공통적인 믿음들은 찾아볼 수 있다. 이들은 1527년에 채택된 재세례파의 국가관인 슐라이다임 고백서(the Schleitheim Confession)로 표현되었다. 이 믿음의 고백서는 다음의 일곱 가지 중요한 요점들을 가지고 있었다.

1. 구원의 확신을 고백하는 믿음을 가진 성인들에게만 세례를 준다.
2. 생활이 부도덕한 사람에게는 성찬을 금한다.
3. 오직 세례를 받은 사람들만 성찬에 참예할 수 있다.
4. 목사들만이 충성된 신도들을 인도한다.
5. 세상의 사악함과 사탄으로부터 분리된다.
6. 전쟁에 참여하지 않으며 군대에 가지 않는다.
7. 맹세하는 것이나 충성맹세를 거부한다.[118]

재세례파 사람들은 성찬에 대해 상징적인 관점을 취했으며 종교의 자유와 교회와 국가의 분리(정교 분리 또는 국교 분리)를 열렬히 지지했다. 많은 사람들이 그들의 견해 때문에 죽임을 당했고, 박해나 순교의 고난에도 불구하고 전도를 계속했다. 재세례파의 중요한 전도자의 한 사람은 발타사르 허브마이어(Balthasar Hubmaier; 1481-1528)였다. 그는 여러 개의 카톨릭 대학에서 가르쳤던 잘 훈련된 신학자였다. 그는 1525년에 재세례파의 견해를 받아들였고, 전도를 시작했으며, 전도용 소책자들을 자신의 인쇄기에서 찍어냈다. 그는 쮸리히를 떠나도록 압력을 받았을 때, 모라비아로 가서 매우 효과적으로 전도를 해서 일 년에 6,000명에게 세례를 베풀었다. 허브마이어는 정부와 로마 교회로부터 무수히 추격을 당했으며, 마침내 1528년에 체포되어 비엔나 광장에서 화형에 처해졌다.[119]

---

118) Ibid.
119) Roland Q. Leavell, "Evangelism: Christ's Imperative Commission"

해석과 적용

개신교 개혁자들은 로마 카톨릭 교회의 비참한 상황에 반대하는 그 이상의 일을 해냈다. 그들은 구원에 대한 신약성경의 교리를 재발견했지만, 새로운 교단을 시작하려는 의도는 없었고 오히려 로마 교회가 그 태생적 기원, 즉 성경의 권위를 인정하고 은혜 구원의 교리로 돌아오기를 원했다. 로마 교회는 교리 변화에 저항했지만, 개혁자들은 경건주의와 뒤따라오는 영적 각성들을 위한 기초를 놓았다. 그들의 교리들과 그들이 보여준 모범들은 19세기 현대 선교운동으로 이어졌다.[120]

종교개혁 전도의 중요 요소들

종교개혁 시대의 전도에는 몇 가지 중요한 요소들이 있었다.

1. 개혁자들은 성경적 설교를 모국어로 할 것을 강조했다. 그들의 설교의 요지는 믿음으로 의롭다 하심을 받는 데 있었다.
2. 개혁자들은 성경의 권위를 높였다. 그들은 교회의 교리와 관행을 주관하는 최고의 권위가 성경에 있다고 가르쳤고, 성경을 교인들 자신이 읽도록 격려했다. 그들은 성경 안에 구원에 대한 충분한 지식이 들어 있다고 지적했다.
3. 개혁자들은 그들의 견해들을 확산시키기 위해 인쇄기를 사용했다. 그들은 사람에게 지대한 영향을 주는 매체의 위력을 알고 있었다.
4. 개혁자들은 당대의 기회를 포착했다. 유럽은 개혁을 위해 성숙해 있었다. 아무것도 없는 진공 상태에서 사역하는 전도자들은 없었다. 그곳의 환경이 모든 전도자들의 사역의 결과에 영향을 주었다. 북부 유럽 사람들은 개혁에 긍정적으로 반응했으나 이태리나 스페인에서는 그렇지 않았다. 결과의 차이는 인구 집단의 상황과 통치자의 태도에 따라 크게 달랐다.

(Nashville: Broadman Press, 1979), 80.
120) George, "Evangelism in the History of the Church", 13.

개혁자들의 경험은 오늘날의 전도에 충분히 적용되어야 한다. 오늘날의 복음 즉, 건강과 부요를 부추기는 복음(Health and Wealth Gospel)은 개혁자들이 강조한 믿음으로 의롭다 함을 얻는 참 복음으로 돌아가야 할 것이다. 어떤 전도든지 이 강조점을 등한시하는 것은 복음이 아니다. 또한 현대 전도자들은 성경의 권위에 복종하고 그것을 잘 가르치도록 주지시키지 않으면 안 된다. 모든 메시지와 모든 증거의 말씀들은 성경에 근거해야 하며 가르치는데 완전히 일관성이 있도록 가르쳐야 한다. 메시지가 성경에 근거를 두었을 때, 전도자들은 확신을 가지고 "주께서 말씀하시기를"이라고 말할 수 있다. 마지막으로 전도자들은 구원의 기쁜 소식을 전파하는데 대중매체를 주의 깊게 사용해야 한다. 너무 많은 복음적 프로그램은 너무 따분해서 헌신된 그리스도인들만이 보게 될 것이다. 전도자들은 항상 그들의 메시지와 전달하는 방법이 정확하며 또 가장 효과적인 방법으로 전하고 있는지 검토해야 한다. 주님께서는 그 이하의 것은 요구하지도 않고 가치가 있다고 인정하지도 않으신다는 것을 명심해야 할 것이다.

연구를 위한 질문들

1. 어떤 요인들이 종교개혁을 위한 길을 준비하게 하였는가?
2. 마틴 루터는 독일인들을 전도하기 위해서 무슨 방법을 사용했는가?
3. 존 칼빈의 예정론은 그의 전도에 어떻게 영향을 주었는가?
4. 재세례파 사람들의 신념들은 루터나 칼빈과 어떻게 달랐는가?
5. 개혁자들의 전도의 중요 요소들(Key elements)은 무엇이었는가?

제7장 경건주의와 전도

경건주의의 유래

독일의 경건주의(Pietism)는 17세기의 영국 교회와 네덜란드 개혁교회에도 영향을 준 광범위한 영적 운동의 일환으로 발생한 것이다. 독일 경건주의자들은 30년 전쟁(The Thirty Years War; 1618-1648)이 유발한 도덕성의 타락에 반발해서 일어난 것이었다. 이 30년 전쟁은 카톨릭 왕자들에 대항한 독일의 개신교 왕자들에게 깊숙한 전흔(戰痕)을 남긴 아주 파괴적인 전쟁이었다. 이 전쟁은 독일 전체를 폐허로 만들어버렸다.

경건주의자들은 또한 루터교의 정통파적 죽은 신앙에도 대항해서 반발한 점도 있었다. 독일의 개신교 지역에서 루터교회는 독일의 국교회였다. 정부는 목사들을 임명하여 교회에 파송하고 그들의 봉급을 지급했다. 그렇게 한 결과 많은 목사들이 교회에 대해서나 자기의 교구민들에 대한 책임감이 적었다. 왜냐하면 루터교에서는 유아 세례 관습을 계속 유지했기 때문에 교회의 회원자격은 종교적 신념에 의한 것이 아니라 문화적 규범과 가족의 혈통에 의해 주어졌다. 대부분의 예배는 침체되었고, 설교는 올바른 생활이 아니라 올바른 교리에 초점을 두는 길고 지루한 설교였다.[121]

대부분의 교회 역사가들은 독일 경건주의 시작을 1675년으로 잡고 있는데, 그 해는 필립 야곱 슈페너(Philipp Jakob Spener)가 "경건의 열망 (Pia Desideria; Earnest Desires)"이라는 책을 출간한 해였다. 그러나 경건주의자들의 운동은 단번에 일어난 것이 아니고 여러 운동들이 연합하여 가져온 결과였다. 경건주의자들은 루터 신학의 교리들을 받아들였는데, 성

---

[121] Dale W. Brown, "Understanding Pietism", (Grand Rapids: Eerdmans Publishing Co., 1978), 21.

경의 권위, 믿음으로 의롭다 함을 얻음, 믿는 자의 만인제사장직 등이다. 경건주의는 또한 영국의 청교도주의(Puritanism)와도 밀접한 관계가 있었다. 청교도들은 도덕적 성실함, 교회정치의 분권화, 성경에의 헌신, 일상생활에서의 경건의 실천 등을 강조하였다. 경건주의자들도 역시 마이스터 에크하르트(Meister Eckhart), 요한 타울러(Johann Tauler), 캐스퍼 슈벤크펠트(Kasper Schwenkfeld), 그리고 그 외의 다른 사람들의 신비로운 저서들을 이용하였다. 재세례파 사람들도 경건주의자들에게 중생(重生, the New Birth)의 강조, 성령의 인도하심, 초대교회로의 복귀에 대한 열망 등을 통해 영향을 끼쳤다.122)

경건주의의 특징들

루이스 드루몬드(Lewis Drummond)는 경건주의의 가장 중요한 요소는 마음의 종교(Religion of the heart)라는 것으로 설명했다. 경건주의자들은 진정한 종교는 마음으로 느끼는(Heartfelt) 것이지 단지 지적인 것이 아니라고 주장했다. 경건주의자들은 믿음의 위대한 교리들을 믿었고, 그리스도인들은 이들 교리들을 내면화해야 한다고 주장했다. 그들은 사도신경을 거부하지는 않았으나, 그들 생각에는 종교는 적어도 경험되어지는 것이기를 원했다. 이것을 윌리엄 아메스(William Ames)는 단적으로 "믿음은 하나님 안에서 마음이 안식하는 것"이라고 말했다.123) 경건주의자들의 저서들과 가르침의 강조점들은 그들의 활동을 이해하는 데 도움을 준다.

새로 태어남(The New Birth) : 루터는 믿음으로 의롭다 함을 얻는 것을 재발견하였다. 경건주의자들은 이 교리를 가치 있게 평가했지만, 중생과 성화도 강조했다.

---

122) Ibid., 17-26.
123) Lewis Drummond, The Puritan-Pietistic Tradition in "Review and Expositor"(Fall 1980), 484.

종교적 열정 : 경건주의자들은 경험적 신앙을 설교했으나 환상을 보았다거나 특별한 계시를 받았다는 사람들은 신뢰하지 않았다. 그들의 믿음은 하나님의 말씀에 견고하게 기초를 두었다.

기쁨 : 경건주의자들은 때때로 그리스도와의 즐거운 교제에 대해 말했으며, 그리스도와의 친밀한 교제가 삶의 기쁨을 가져오는 것이라고 믿었다.

성화 (Sanctification) : 경건주의자들은 성령께서 믿는 사람들을 점점 예수님과 같이 닮아가도록 도우신다고 가르쳤으나 완전주의는 배격했다. 그들은 그리스도인들이 이 세상에서 죄 없이 완전한 상태에 도달할 수 있다는 생각은 받아들이지 않았다는 것이다.

성서주의(Biblicism) : 경건주의자들은 성경을 가장 높이 평가했다. 그들은 하나님의 말씀의 모든 개념과 관습들을 평가했다. 그들은 또한 평신도들도 성령의 인도하심으로 그들 자신을 위해 성경을 해석할 수 있고, 또 해석하지 않으면 안 된다고 믿었다.

신학교육 : 경건주의자들은 잘 교육 받은 성직자를 갖는 것에 지대한 관심을 보였다. 그들의 이상은 성직자가 성경에 대한 박식함과 그리스도와 깊고 계속적인 관계를 잘 유지하는 것이었다.

선교와 전도 : 경건주의자들은 루터와 칼빈 이래로 안타깝게도 전도에 대한 열정이 매우 부족한 것으로 나타났다. 진젠도르프(Count Nickolaus von Zinzendorf)는 "죽을 때까지 나의 즐거움은 어린양을 위해 영혼을 구원하는 것이다."라고 말했는데도 말이다.

사회적 관심 : 많은 사람들은 경건주의자들이 천상의 것에만 마음을 두기 때문에 이 세상에는 선함이 없다고 말한 것은 오해였는데 불행하게도 그 생각을 그대로 받아들였다. 이 개념은 경건주의자들을 위해서는 크나큰 손해였다. 사실 그들의 저서들이나 실천에서 경건주의자들은 진심어린 그리고 모든 종류의 요구를 하는 사람들에 대한 실제적인 관심을 보여주었다. 경건주의자들은 세상에 대한 희망을 가지고 있었다. 세상을 거부하는 대신 오히려 그들은 세상 사람들을 사랑했고 그들의 문제들의 무게를 덜어주기 위해 노력했다. 그들은 변화된 사람들이 세상을 선하게 변화시킨다고 믿었기 때문이었다.

경건주의 지도자들

경건주의자들은 교리상 자기주장을 고집하는 것, 제도주의 (Institutionalism), 그리고 논쟁 (다른 교단에 대한 공격)들 때문에 개신교는 종교개혁의 추진력을 잃어버렸다고 믿었다. 그들은 그리스도인의 제자도와 교회원의 책임에 대한 원리를 가르침으로써 초대교회의 영성을 회복하기를 원했다. 경건주의자들은 독특한 기독교적 삶의 양식을 성취하기 위해서 노력했다. 그들은 개신교 교회들의 바른 교리(orthodoxy)는 바른 실천(orthopraxis, 바른 삶)과 결합되어야 한다고 주장했다. 경건주의는 확실히 선함의 신학이었다. 경건주의자들은 그리스도인들이 바르게 믿는 것처럼 바르게 행하기를 원했다.[124]

1600년대는 독일 루터교회의 "죽은 정통신앙의 시대(Age of Dead Orthodoxy)"였다. 교회는 그리스도인의 경험과 봉사보다 순수한 교리와 성례전의 준수를 더 강조했다. 교회 지도자들은 교회 안에서 일반 성도들의 수동적인 역할만을 기대했다. 대부분의 목사들은 설교 듣는 것과 영성

---

124) Ibid., 485-86, and Brown, "Understanding Pietism", 27-28.

체에 참예하는 것이 그리스도인의 생활의 전부인 것처럼 잘못된 생각을 가지고 있었다.

슈페너(Spener)

슈페너(Philipp Jakob Spener; 1635-1705) 목사는 교회의 이런 현상을 가로막았다. 1670년 그가 프랑크푸르트에서 목회하는 동안, 슈페너는 교회 멤버들을 여러 그룹으로 조직하였다. 그들은 기도와 성경공부를 위해서 그의 집에서 일주일에 두 번씩 모였다. 그는 이 가정 기도모임을 "경건한 자들의 모임(Collegia pietatis)"이라고 불렀고, 여기에 모인 사람들을 경건주의자들이라고 불렀다. 1675년 슈페너는 "경건의 열망(Pia Desideria)"이라는 소책자를 발간했는데, 이 책자는 교회에 대한 그의 비평과 교회개혁에 대한 사명을 설명하는 것이었다. 슈페너는 가치 없는 삶을 사는 목사들과 술에 만취하거나 부도덕한 일반 성도들을 질타했다. 그는 교회에 대해 원하는 것들을 다음과 같이 추천했다.

1. 기독교인들의 개인과 그룹별 집중적인 성경 공부를 강조함.
2. 믿는 자들은 제사장(priesthood)이라는 새로운 강조를 통해 더 많은 일반 성도들이 참여하도록 권고했다.
3. 그리스도인들의 일상생활에서 기독교의 증거를 더욱 나타내도록 강조했다.
4. 기도, 도덕적인 삶, 이웃사랑의 행위, 설득적 전도를 통해서 더욱 전도에 열심을 내도록 강조했다.

슈페너는 이 열망들이 설교의 개혁과 헌신적 소그룹을 구성함으로써 이룰 수 있다고 믿었다.125) 우리가 기대할 수 있는 것처럼 슈페너의 추천들은 서로 다른 응답을 받았다. 많은 일반 성도들은 그의 새로운 접근 방법

---

125) Dale Brown, "Pietism in 'New Dictionary of Theology'" (Downers Grove, Ill.: Inter Varsity Press, 1988)

을 환영했으나, 많은 목사들은 이에 반대했다. 최종적으로 목사들은 슈페너에게 프랑크푸르트를 떠나도록 압력을 가했으나, 그는 드레스덴의 색소니 공작의 기관목사에 임명되었다. 그의 경건주의적 설교는 드레스덴에서 주로 목사들의 격노를 샀으며 드레스덴을 떠나도록 압력이 드세졌다. 슈페너는 베를린 교회의 초청을 받아들여 베를린으로 가서, 거기서 그는 더 큰 영향을 끼쳤다. 그가 베를린에 머무는 동안 할레 대학교(University of Halle)을 세웠고, 거기서 그는 경건주의의 중심 인물이 되었다. 그는 또한 종교적 교육 부문과 해외 선교를 활성화하는 데 큰 역할을 했다. 아마도 그의 가장 위대한 업적은 프랑케를 경건주의에 끌어들인 것일 것이다.

프랑케

프랑케(August Hermann Francke; 1663-1727)는 루터교회에 헌신했고 성경연구에 탁월한 교수였다. 그는 1688년에 슈페너를 만났고, 열광적인 경건주의자가 되었다. 그는 그의 경건주의적 견해들 때문에 라이프치히 대학을 떠나도록 압력을 받았으며, 결국 그는 할레 대학교 근처의 작은 교회의 초청을 받아들여 교회 목사가 되었고, 또한 새로운 대학인 할레 대학교에서 가르치게 되었다. 프랑케는 곧 그 대학의 지도자가 되었고 그곳을 경건주의의 중심지로 만들었다. 그의 강의는 기도로 시작하고 기도로 마쳤으며, 그의 학생들에게는 그들의 구원에 대해 이야기함으로써 좋은 모범을 보였다. 그는 학생들에게 성경을 주의 깊게 공부하고 대학의 기도 모임에 참여하도록 격려했다.

    프랑케는 놀라운 비전과 에너지를 가진 사람이었다. 그는 그가 본 비전들을 이뤄줄 사역들을 위해 여러 기관들을 세웠다. 할레 시가지에 세운 기관들은 여러 가지가 있는데; 7일 학교들(seven-day schools), 가난한 아이들을 위한 무료 기숙학교, 귀족의 자녀들을 위한 학술원, 교사들을 위한 대학, 성경대학, 약국, 책방, 종교서적을 발간할 인쇄소, 성경 협회, 진료소, 가난한 사람들과 과부들을 수용하는 집 등을 세웠다. 그는 또한 할레 대학

제7장 경건주의와 전도   113

교를 전도자들과 선교사들을 훈련하는 중심 기관으로 만들었다. 이들 중에서 가장 유명한 것은 모라비아인들의 지도자이며 선교운동의 개척자였던 진젠도르프를 배출한 것이다.

진젠도르프

진젠도르프(Count Nickolaus von Zinzendorf, 1700-1760)는 독일 귀족의 아들이었다. 그는 독실한 루터교 집안에서 자랐으며, 소년이었을 때, 할레 대학교에서 공부했고 프랑케의 직접 영향 아래 들어와 영적 감화를 받았다. 그는 아버지의 강력한 주장에 따라 법률을 공부하고 색소니(Saxony)의 공무원이 되었다. 그의 아버지가 죽었을 때, 그의 유산으로 베르델스도르프(Berthelsdorf)에 있는 토지를 사들여 보헤미아에서 로마 카톨릭으로부터 박해를 받던 300여 명의 후스파 사람들을 초청하여 자기 땅에서 살도록 했다. 이 사람들이 그곳에 와서 헤른후트(Herrnhut)라는 마을을 짓고 교회를 세웠다. 진젠도르프는 곧 그 교회의 목사가 되었고, 1727년에 놀라운 영적 부흥이 일어나서 그곳 공동체 사람들은 선교에 헌신하게 되었고, 진젠도르프는 모든 시간을 주님의 사역에 바치기 위해 공직을 사임했다.

1734년 그는 루터 교회로부터 안수를 받았고, 그는 슈페너가 한 것처럼 확대된 루터 교회 안에 그의 모라비아인들을 입회시키려고 계획했다. 그러나 색스니의 루터교 지도자들이 입회를 반대했으므로 할 수 없이 진젠도르프는 그들을 "모라비안 형제들(The Moravian Brethren)"이란 교단을 만들고 자신이 주교가 되었다. 이 매우 작은 교단에서 선교사를 전 세계에 파송하기 시작했고, 진젠도르프는 선교사역을 위해서 자신들이 세운 조직을 위해서 미국과 영국으로 출장을 다니며 선교사역을 계획하고 돕기 위해 33년을 해외에서 보냈다. 순수한 경건주의자로서 그는 그의 전 생애를 바쳐 마음으로부터 뜨거운 신앙과 깨끗한 삶으로 헌신했다.

경건주의가 전도에 끼친 공헌들

마음을 움직이는 설교(Preaching to the Heart)
경건주의자들은 그 당시의 교회에서 통상적으로 하고 있는 냉랭하고 교리적인 설교에 반기를 들었다. 그들은 설교란 사람의 마음을 움직이듯 감정에 호소해야 한다고 믿었다. 그들의 설교는 사람들이 반응하고 그 메시지에 응답하여 개인적으로 결단하도록 촉구했다.126)

선교(Missions)
경건주의자들은 또한 기독교 선교의 발전에 매우 중요한 공헌을 했다. 윌리엄 캐리(William Carey)를 "현대 선교의 아버지"라고 부르는 것은 매우 타당한 것이지만, 경건주의자들, 특히 모라비안 형제들은 진정으로 최초의 현대적 선교사들이었다. 새틀러(Gary Sattler)는 "비기독교 문화에서 다른 사람들을 전도할 목적으로 신학적으로 훈련된 사람들을 파송한 것은 경건주의자들이 처음"이었다고 기록하고 있다. 모라비안 형제들은 선교 기지들을 북미, 그린란드, 라브라도르(Labrador; 캐나다의 동쪽 끝), 영국령 서인도 제도, 중부 아메리카, 그리고 아프리카 등에 구축하였다.127)

경건주의자들의 선교를 특징짓는 몇 가지 원리들:
1. 경건주의자들은 어디를 가든지 학교들을 세웠다. 그들은 기독교인들은 성경을 읽을 수 있도록 읽는 법을 가르치지 않으면 안 된다는 확신을 가지고 있었다.
2. 경건주의자들은 성경을 그곳 주민의 언어로 번역하고 출판했다.

---

126) Gary Sattler, Moving on Many Fronts in "Christian History", Vol. V, No. 2, 20.
127) Ibid., 22.

제7장 경건주의와 전도   115

3. 경건주의 선교사들은 그들이 사역하는 주민의 언어와 문화를 알아야 한다고 주장했다. 경건주의 선교사들은 때때로 그들이 사역하는 사람들의 문화에 대해서 새로 오는 선교사들을 위해 길고 자세한 보고서를 작성하였다.
4. 경건주의자들은 그들의 설교나 선교사역에 있어서 개인적인 변화를 강조했다. 그들은 선교지 사람들이 그리스도를 위해 개인적인 결단을 하도록 노력했다.
5. 경건주의자들은 토착민 목사에 의해서 그 지역의 토착교회를 세우도록 발 빠르게 움직였다. 이 방면에 있어서 그들은 당대의 어느 누구보다도 앞서 있었다. 그들이 사역하는 사람들의 강렬한 소망과 정서에 대해 매우 민감했다. 예를 들면, 모라비안 선교사들은 그들이 북미의 인디안 종족에게 전도하기 위해 그들의 구역에 들어가기 전에 인디안 종족에게 허가해줄 것을 요청했다.[128]

전향과 거룩함

경건주의자들은 루터교에서 강조하는 추상적인 어구(語句)들과 대조적으로 기독교의 경험적 관점들에 초점을 두었다. 이 교리들은 18세기와 19세기의 영적 각성과 부흥의 신학적 기반이 되었다. 사실, 미국의 중부 정착촌들에서 대각성을 주도한 전도자 프렐링휘센(Theodore Frelinguysen)은 독일에서 건너간 경건주의자였다.[129]

아마도 경건주의로 전향한 가장 유명한 사람은 감리교의 창시자 존 웨슬리일 것이다. 그는 런던에 있는 모라비안 교회에서 그리스도를 인격적으로 영접했고, 진젠도르프의 영지를 방문하기 위해 독일로 여행을 하기도 했다. 경건주의와 감리교는 양쪽 모두 개인적 변화, 성령의 능력, 성화, 기독교 제자도에 있어서 소그룹의 중요성을 강조했다. 경건주의는 감리교회 안에 살아 있었다. 존 웨슬리가 처음으로 조직한 "작은 구역(Little society)"은 이 영향을 규칙으로 반영한 것이었다.

---

128) Ibid.
129) Brown, "Understanding Pietism", 154.

1. 우리는 매주 한 번씩 함께 만나서 "너희 죄를 서로 고하며 병 낫기를 위해 서로 기도하라."(약 5:16)는 말씀에 의해 기도할 것.
2. 사람들의 모임은 여러 개의 소그룹(隊: bands)으로 모일 것.
3. 모든 사람은 마음의 진정한 상태를 말하기 위하여 가능한 한 자유롭게, 분명히, 그리고 간단명료하게 말할 것.
4. 모든 그룹들은 매주 수요일 저녁 8시에 협의회를 갖는데, 시작과 끝마침은 찬양과 기도로 했다.130)

경건주의자들은 현대 교회에 전도의 열정이 사회적 관심과 어떻게 결합될 수 있는가를 보여줌으로써 중요한 공헌을 했다. 경건주의자들은 개인의 변화를 위해 설교했고, 그들은 또한 세상의 사회적 그리고 물리적 필요에 대한 그들의 관심을 나타냈다. 그들은 선교와 사회를 위한 사역 모두에서 페이스세터들(Pacesetters: 자기도 열심히 일하면서 팀원들에게도 열심을 요구하여 높은 성과를 내는 놀라운 집중력을 구비한 사람들을 말함)이었다. Dale W. Brown은 말하기를:

자주 경건주의적 기독교의 고정관념은 거의 독점적으로 내면적 헌신과 개인적 도덕적 양심의 가책에 몰두한 것으로 표현된다. 이와는 대조적으로, 경건주의자의 사회적 환경은; 가난하고 억압 받는 자들의 삶의 조건을 향상시키려는 욕망, 수감 제도의 개혁, 노예제도의 폐지, 엄격한 사회계급의 철폐, 좀 더 민주주의적인 정치 형태, 교육 개혁의 추진, 박애주의적 공공 기관들, 선교 활동의 증가, 종교적 자유의 획득, 그리고 사회 정의를 위한 프로그램들의 제안 등을 가져오도록 했다.131)

---

130) Ibid., 159; and Albert C. Outler, ed., "John Wesley"(New York: Oxford University Press, 1964), 55.
131) Brown, "Understanding Pietism", 131.

제7장 경건주의와 전도

경건주의자들은 개인들을 변화시켜서 세계를 변화시킬 수 있기를 소망했다. 그들은 그들이 설교한 대로 실천하려 했고, 자기들의 모범을 따르도록 다른 사람들을 설득했다. 그들은 도덕성을 법률로 정하는 것에는 찬성하지 않았고, 그들의 접근 방법은 이웃을 사랑하는 것이었으며, 그리스도를 믿게 하고, 다른 사람들을 돌보는 것을 가르쳤다. 그들은 진실로 사회를 섬기는 역할을 채택했다.132)

해석과 적용

경건주의자들은 실로 현대적 교회의 선구자들이었다.

1. 경건주의자들은 개인적 변화를 강조했다.
2. 경건주의자들은 개인적 헌신과 그룹헌신 모두를 강조했다.
3. 경건주의자들은 사회적 개혁을 추구했다. 그들은 현대 선교 운동의 길을 준비하고, 영적 대각성, 그리고 클래펌파(Clapham Sect : 영국에서 노예 폐지 운동을 벌였고 국내외의 선교사역을 촉진한 복음주의 단체의 사람들)에 의해서 뒷받침되는 사회개혁 등을 준비했다.
4. 경건주의자들은 개신교를 극단적인 형식주의에서 구출했고, 개인적 경건에 필요한 많은 강조점들을 재주입했다.
5. 경건주의자들은 지역 내 전도와 세계선교 사이의 균형에 강한 인상을 주었고, 오늘날의 전도하는 교회의 좋은 모범을 세워주었다. 그들은 자기들의 지역에서 사람들을 그리스도께 인도하는 데도 전력을 다 했고, 또한 선교사들을 전 세계에 파송했다. 너무 자주 현대 교회들은 균형잡힌 성경적 접근을 무시하고 한쪽에만 초점을 두는 것 같다고 지적했다.
6. 경건주의자들은 소그룹을 이용해서 전도했다. 그들의 가정 기도모임과 성경공부 그룹들은 오늘날의 교회들이 따라야 할 좋은 방법들이다. 전

---

132) Ibid., 148.

세계적으로 크게 성장하는 교회들은 사람들을 그리스도에게 인도하는 방법들과 새 신자 양육에 소그룹을 이용하고 있다. 교회들은 소그룹이 주일 학교를 통해서 준비되었거나 또는 좀 비공식적으로 준비되었든지 간에 소그룹의 중요성을 잘 기억했다.

7. 경건주의자들은 전도와 사회적 사역을 둘 다 강조했다. 두 가지가 적당하게 잘 되면 서로를 보완한다. 당신이 그들의 필요를 얼마나 잘 보살펴 주느냐에 따라 그들이 구원의 메시지를 잘 받아들이게 된다. 오늘날 많은 복음주의자들이 교회의 사회적 책임에 대해 책들을 쓰고 있다. 확실히 경건주의자들은 현대 기독교인들이 따라서 할 수 있도록 모범을 보여주었다.[133]

연구를 위한 질문들

1. 무엇이 경건주의의 발전을 촉발했는가?
2. 경건주의의 신학적 강조점들은 무엇인가?
3. 경건주의 운동의 세 주동적 지도자들은 누구인가?
4. 경건주의는 사회적 사역을 하기 위해 어떤 접근을 했는가?
5. 경건주의자들의 특징적 방법들은 무엇이었는가?
6. 현대 교회들은 경건주의자들로부터 무엇을 배울 수 있는가?

---

[133] See Delos Miles's book, "Evangelism and Social Involvement"(Nashville: Broadman Press, 1986).

제8장 영국 섬들에서 일어난 영적부흥
(Revival in the British Isles)

역사가들은 영국 섬에서 일어난 영적부흥을 웨슬리의 부흥 또는 복음주의적 영적부흥이라고 부른다. 그것은 1739년 영국의 브리스틀에서 있었던 휘트필드(George Whitefield)의 옥외 전도설교에서 시작하여 52년 동안 많은 기적을 보여주고 1791년 웨슬리(John Wesley)의 죽음에서 끝났다. 부흥이 끝나기 전에 그것은 영국의 역사와 교회역사 모두를 바꿔놓았다.134)

현대 독자들은 휘트필드와 웨슬리가 살았던 영국을 거의 상상할 수 없을 것이다. 그 당시에는 철도도 없었고 단지 적은 수의 역마차가 있을 뿐이었다. 도로에는 도로 표시도 없었고 물론 포장도 되어 있지 않았다. 호텔이나 음식점들도 없었고 단지 적은 수의 여인숙들밖에 없었다. 정부는 가난한 사람들을 돕는 것이 아니라 그들을 빚쟁이들의 교도소로 보내버렸다. 건강의 조건들은 형편없었고 몇 안 되는 집에만 수돗물이 나왔다. 흑사병과 천연두의 전염병들이 있었고, 지금 그렇게 흔한 비누도 일반에는 아직 없었다. 유아의 치사율도 높았고, 50세 이상 사는 사람이 매우 적었던 시대였다.135)

그나마 교회의 상태와 대중의 도덕성은 조금 나았다. 영국과 스코틀랜드의 교회들은 생명력이 거의 없었다. 영국 성공회의 예배는 외식적인 절차와 형식만 있었다. 귀족들은 종교를 멸시하였고, 5,6명의 국회의원들만이 예배에 참석했다. 가난한 사람들도 기독교에 무관심했고, 그들 대다수는 성경에 대해 무식했다. 하나님께서 세상을 창조하셨지만, 인격적으로

---

134) Milton L. Rudnick, "Speaking the Gospel Through the Ages" (St. Louis: Concordia Publishing House, 1984), 133.
135) Revival and Revolution in "Christian History 2", No. 1, 7.

현존하는 세계에 참여하지 않는다는 이성적 한계를 가진 이신론자(理神論者)가 대부분이었다. 낮은 도덕 수준과 높은 문맹률은 영국 사회를, 소수를 제외한 모든 사람을 오염시킨 더러운 곳으로 만들었다.136)

부흥의 선구자들

영국은 혁명으로 향하는 것처럼 보였고 불가지론과 정치적 사회적 혼란으로 빠져들고 있었으나, 3가지 운동이 영국의 부흥으로 가는 길을 준비하고 있었는데 이들이 휘트필드와 웨슬리에게 영향을 주었다.

경건주의

경건주의자들은 개인적 신앙으로 돌아오는 것과 지식적인 믿음이 아니라 그리스도를 신뢰하도록 노력했다. 그들은 첫째로는 유럽 대륙의 복음화를 위해서 사역했으나, 영국에도 활력이 넘치는 선교 기지를 세웠다. 니콜라우스 진젠도르프가 영국을 여러 차례 방문했으며, 작은 모라비안 교회들도 그들의 크기에 능가하는 영향력을 나타냈다. 더욱이 영국의 많은 사람들이 경건주의 서적을 읽었는데, 존 웨슬리의 어머니, 수산나 웨슬리(Susanah Wesley)는 프랑케의 저서들을 열심히 읽었다고 전한다.137)

청교도주의(Puritanism)

청교도들 또한 영국 부흥에 영향을 주었다. 앞 세기의 위대한 청교도 저자들의 저서들이 당시에도 널리 읽히고 있었다. 대개의 학식 있는 가정에서는 존 번연(John Bunyan)의 "천로역정(Pilgrim's Progress)"을 소장하고 있었다. 리처드 백스터의 "불신자의 부름과 성자들의 영원한 안식(A Call

---

136) Ibid., and Paulus Scharpff, "History of Evangelism"(Grand Rapids: Eerdmans Publishing Co., 1966), 64-65.
137) Scharpff, "History of Evangelism", 65, and Lewis Drummond, The Puritan Pietistic Tradition, "Review and Expositor"(Fall 1980), 489.

to the Unconverted and The saints' Everlasting Rest)"이라는 책은 저자가 죽은 후에도 오래도록 영국 사람들의 삶에 영향을 주었다. 청교도들은 회개와 거룩한 삶의 필요성을 강조했다. 존 웨슬리는 그가 성화(성령께서 믿는 사람들을 점점 그리스도를 닮도록 만들어가는 과정)의 필요를 가르칠 때, 청교도들의 기초를 발판으로 삼았다.138)

미국의 부흥(Revival in America)
미국의 부흥인 대각성이 영국의 부흥보다 약 10년 빨리 시작되었다. 미국과 영국의 부흥은 모두 모라비안 운동에서 직접 탄생했는데, 그 아들들인 두 나라가 아버지보다 더 크게 자란 격이 되었다. 미국의 순회전도와 교인들의 변화에 대한 대각성의 강조점은 영국의 부흥에도 큰 충격적인 영향을 주었다. 이것은 식민지인 미국과 그들의 모국인 영국 사이의 가까운 연결 관계와 영국과 식민지 사람들의 계속적인 상호교환을 생각하면 놀랄 만한 일은 아니다.139)

조지 휘트필드(George Whitefield)와 부흥의 시작

조지 휘트필드는 1714년 영국의 글로스터(Gloucester)에서 출생했다. 그는 술집 주인의 아들로 옥스퍼드 대학교에 근로 장학생으로 입학하여 옥스퍼드에서 공부하는 동안, 1733년에 존 웨슬리와 찰스 웨슬리를 만났다. 찰스가 휘트필드를 아침 식사에 초대하여 이미 교수가 된 존을 소개했다. 나이와 사회적 신분을 떠나서 세 사람은 좋은 친구가 되었다. 휘트필드는 웨슬리 형제가 학생들의 헌신적인 삶을 격려하기 위해 조직한 "Holy Club"에 가입했다.140)

---

138) Scharpff, "History of Evangelism", 65.
139) Ibid., 66.
140) Rudnick, "Speaking the Gospel", 137, and Tim Dowley, "Eerdmans' Handbook to the History of Christianity"(Grand Rapids: Eerdmans Publishing Co., 1977), 440.

휘트필드의 영적 성장

휘트필드는 1735년에 그리스도를 영접했으며, 그 다음 해에 영국 교회에서 집사 안수를 받았다. 비록 젊었지만 휘트필드는 인상적인 연사(演士)였다. 그는 1737년에 런던, 브리스틀, 그리고 글로스터에서 많은 군중에게 설교했다. 웨슬리 형제의 초대에 응해서 그는 거의 1738년 대부분의 시간을 미국 조지아에서 사역했다. 그는 조지아에서 고아원을 설립하기로 결심하고 필요한 자금을 모금하기 위해 영국으로 돌아왔다.[141]

1739년 1월에 휘트필드는 목사 안수를 받았다. 그의 목사 안수는 깊은 개인적 부흥 바로 뒤에 주어졌다. 1739년 1월 1일, 휘트필드는 런던의 페터 레인(Fetter Lane)에서 존과 찰스와 모라비안 전도자인 벤저민(Benjamin Ingham)이 함께하는 기도 모임에 참석했다. 존 웨슬리는 이 모임에 대해 다음과 같이 기록하고 있다.

새벽 3시, 우리가 계속 기도하고 있을 때, 하나님의 능력이 강력하게 우리에게 내려와서 많은 사람들이 북받치는 기쁨으로 울었고, 또 많은 사람은 바닥에 쓰러졌다. 우리가 성령의 임재의 놀라움과 경외로움으로부터 조금 회복되었을 때, 우리는 크게 외마디로 소리 질렀다. "우리가 주님을 찬양합니다. 오! 하나님, 당신이 우리의 주님 되심을 인정합니다!"[142]

이 특별한 기도 모임은 부흥이 시작된 오순절의 성령강림이었다.

옥외 설교(Field Preaching)

이 페터 레인의 경험은 휘트필드의 메시지와 그의 설교 방법에 큰 변화를 가져왔다. 이전에 그는 은혜와 행위에 의한 구원을 전했는데, 그의 오순절

---

[141] For more information on Whitefield see Arnold A. Dallimore, "George Whitefield"(Carlislem Pa.: Banner of Truth Trust, 1970).
[142] John Wesley, "Wesley's Works", 3d ed. Vol. 1,(Grand Rapids: Baker Book House, 1991), 170.

성령세례 이후에는 오직 은혜에 의한 구원만을 전했다. 그의 설교하는 스타일도 변했다. 성령충만을 받기 전에는 그의 모든 설교는 원고를 준비하여 읽었는데, 페터 레인의 경험 후에는 원고 없이 즉흥적으로 설교하기 시작했다. 그는 또한 옥외에서도 설교하기 시작했다. 많은 목사들이 그들의 교회를 휘트필드에게는 폐쇄했기 때문에 야외에서 설교해야 했지만, 청년 설교자(boy preacher)의 설교를 들으러 오는 군중을 수용할 수 있는 교회가 몇 개 안 되었기 때문이기도 했다.143)

휘트필드의 전도사역의 획기적인 발전은 1739년 2월에 찾아왔는데, 그가 브리스틀 부근의 석탄 채굴 마을인 킹스우드(Kingswood)에 갔을 때였다. 석탄 광부들과 그들의 가족들은 비참한 환경조건에서 살고 있었다. 그들이 사는 곳은 학교도 없고, 교회도 없고, 경제적 발전의 희망도 전혀 없었다. 어떤 추운 토요일 오후에 휘트필드는 사람들에게 판잣집을 떠나서 로스 그린(Rose Green)이라고 부르는 야외로 설교를 들으러 오라고 초청했다. 약 200명의 사람들이 참석했다. 첫 번째 모임에 고무되어 휘트필드는 며칠 후에 두 번째 야외 모임에 오라고 광고했는데, 2천 명 이상이 참석했다. 참석자는 날로 증가해서 매 모임마다 무려 이만 명 이상이 참석했다. 휘트필드는 그들의 때 묻은 얼굴에 회개의 눈물이 흘러내릴 때, 그리고 굳어진 광부들이 기뻐서 우는 것을 보고 그도 역시 크게 기뻐했다.144)

대부흥에 대한 소식이 밖으로 나갔을 때, 다른 도시에서도 설교해달라고 휘트필드를 초청하기에 이르렀다. 그는 브리스틀, 글로스터, 그리고 런던의 공원에서도 설교했다. 어떤 때는 공원에서 4만 명이나 되는 군중에게 설교할 때도 있었다. 청년 설교가는 영국의 국민적 연설가(The Talk of England)가 되었다. 그러나 휘트필드의 관심은 브리스틀 지역 사람들과

---

143) Rudnick, "Speaking the Gospel", 135-36.
144) Ibid.

조지아에 있는 고아원의 고아들에게 있었다. 그가 조지아로 돌아가기로 마음을 굳혔을 때, 존 웨슬리에게 브리스틀의 전도사역을 맡아 줄 것을 부탁했다. 존 웨슬리는 부탁 들어주는 것을 망설였는데, 왜냐하면 웨슬리는 자기도 옥외전도(open-air preaching)에 예약이 되어 있었고, 또 자기는 휘트필드처럼 대중을 뒤흔드는 능력도 모자란다고 생각했기 때문이었다. 그러나 휘트필드와의 몇 번의 만남에서 결국 그 사역을 웨슬리가 떠맡기로 동의했다. 그는 휘트필드만큼 큰 군중을 모으지는 못했지만 참석자들은 좋은 반응을 보였다.

지도력을 웨슬리에게 이양함

나이 어린 휘트필드는 브리스틀과 런던의 전도사역을 존 웨슬리에게 이양함으로써 웨슬리는 그의 후계자가 되었다. 휘트필드의 대범한 제스처는 부흥이 계속되도록 하는 데 기여했다. 휘트필드가 존 웨슬리에게 전도자로서의 사역을 시작할 수 있도록 해주었지만, 웨슬리의 능력과 열정은 곧 그를 탁월한 부흥을 이끄는 지도자로 자리매김하게 했다. 휘트필드는 그가 고아원을 설립한 미국으로 돌아가서 거기서도 정착촌들을 돌아다니며 전도여행을 했는데 이것이 대각성의 절정에 이르게 만들었다.[145]

회고해보면, 휘트필드는 부흥의 개척자였다. 그의 브리스틀과 런던의 모임은 부흥의 공적 위상을 알리는 시작이었다. 그는 옥외전도를 처음으로 시작한 사람이었고 순회전도를 처음으로 시작한 사람도 휘트필드였다. 그는 또한 영국, 스코틀랜드, 그리고 미국 등의 부흥의 다리 역할을 했다. 실로 조지 휘트필드는 전도 역사뿐만 아니라 설교 역사에서도 핵심적 인물이 되었다.[146]

존 웨슬리와 감리교도들

---

145) Ibid.
146) Dowley, "Eerdmans' Handbook", 446.

존 웨슬리는 1703년 그의 아버지가 목사로 일했던 엡워스(Epworth)에 있는 목사관에서 태어났다. 그는 헌신적인 어머니인 수산나의 가정학습을 받은 후, 런던의 유명한 공립학교인 차터하우스 학교에 들어갔고 후에 옥스퍼드 대학에 들어갔다. 그는 성적이 뛰어났으며 거기서 학사와 석사학위를 받았다. 그가 즐겨 읽은 책은 윌리엄 로(William Law)의 "경건하고 거룩한 삶으로의 중대한 부름(Serious Call to a Devout and Holy Life)"이었다. 그는 옥스퍼드에서 헬라어 강사가 되었고, 1726년에 집사 안수를 받았다. 그는 아버지의 조수로 2년간 봉사한 후, 옥스퍼드로 돌아와서 영국 국교회의 목사로 안수를 받았다. 그 당시에 그의 동생인 찰스 웨슬리는 옥스퍼드의 학생이었으며 그는 거기서 "홀리 클럽(Holy Club)"을 결성했다. 존 웨슬리가 그 클럽의 지도자가 되어 회원들이 기도, 묵상, 그리고 예배에 헌신하도록 격려했다. 세속적인 학생들은 그들의 접근 방법이 기독교적 경건이었기 때문에 그들을 "감리교도들(Methodists)"이라고 이름을 붙였다.147)

1735년에 존과 찰스 웨슬리는 오글도프 장군(General Oglethorpe)이 세운 새로운 피난처(오글도프 장군이 조지아 주에 빈민과 죄수들에게 새로운 삶의 기회가 주어지도록 세운 정착촌)의 목사로 봉사해 달라는 초청을 받아들였다. 그가 미국으로 갈 때, 모라비안 성도들이 같은 배에 타고 있었는데, 바다에 격렬한 폭풍우가 일어났을 때에도 그들이 소동을 부리지 않고 조용하게 찬송을 부르는 것을 보고 존 웨슬리는 깊은 감명을 받았다. 조지아에서 존 웨슬리는 모라비안 선교사 슈팡겐베르크(Spangenberg)로부터 그의 영적 상태에 대한 충격적인 질문을 받았다. 또 존과 찰스 모두는 조지아에서 불쾌한 경험을 하게 되었다. 찰스는 오글도프 장군과 뜻이 맞지 않았고, 존은 젊은 여인에게 구애했으나 거절당했다. 어쨌든 두 형제는

---

147) Thomas Starkes, "God's Commissioned People"(Nashville: Broadman, 1984), A readable biography of John Wesley is John Pollock, "John Wesley"(Wheaton, Ill.: Victor Books, 1989).

조지아의 생활에 환멸을 느껴 영국으로 돌아왔다.148)

런던에 돌아와서 존과 찰스 웨슬리는 또 다른 모라비안 설교자 피터 뵐러(Peter Boehler)를 만났다. 뵐러는 구원을 위해서는 개인적인 변화의 경험이 필요하다고 설교했다. 1738년 5월 21일 존은 처음으로 믿음의 경험을 고백했다. 그리고 3일 후에 존은 그의 경험을 그의 일기에 다음과 같이 기록했다.

> *1738년 5월 24일 수요일 저녁에 나는 아주 마지못해 알더스게이트 거리에 있는 협회에 갔다. 거기서 어떤 사람이 루터가 쓴 로마서의 서론을 읽고 있었다. 약 9시 15분 전, 그가 그리스도를 믿는 믿음을 통해서 마음속에 하나님이 만드신 변화를 설명하고 있을 때, 나의 마음이 이상하게 뜨거워지는 것을 느꼈다. 나는 나의 구원을 위해서 오직 그리스도만을 신뢰하는 나 자신을 느꼈다.149)*

존 웨슬리는 그가 내적으로 변화된 후 곧 헤른후트에 있는 진젠도르프와 모라비안 공동체를 방문했다. 거기서 웨슬리는 모라비안 성도들의 경건(piety)과 신앙으로 완전히 하나가 된 단일체(unity)에 대한 강한 인상을 받았다.

웨슬리의 방법들

독일을 방문한 후, 존 웨슬리는 영국 국교회들과 종교단체들에게 그리스도에 대한 의식적인 헌신(Conscious commitment)의 필요성과 매일 그리스도를 닮아가도록 자라야 한다고 설교했는데, 많은 목사들이 그의 메시지에 반대를 표명했으며, 존이 그들의 강단에 다시 서는 것을 거절했다. 그들은 웨슬리의 메시지에 반응하는 군중들의 감정적 반응을 반겨하지 않

---

148) Ibid., and Robert C. Walton, "Chronological and Background Charts of Church History"(Grand Rapids: Zondervan Publishing House, 1986), 46.
149) Albert Outler, ed., "John Wesley"(New York: Oxford University Press, 1964), 66.

왔기 때문이다.150)

1739년 웨슬리는 브리스틀에서 옥외 전도를 시작했다. 그 이후에 그는 영국, 아일랜드, 그리고 스코틀랜드 전역을 여행했다. 그는 가는 곳마다 어느 때나 어디서든지 할 수만 있으면 설교했다. 때로는 말을 탄 채로 설교했으며, 일 년에 평균 5,000마일 이상을 여행하면서 매주 평균 15회의 설교를 했다. 보통은 그 지역의 국교회 목사에게 허락을 받아서 설교했지만, 국교회 목사가 허락을 하지 않아도 어쨌든 그는 설교했다. 어떤 목사가 "이곳은 당신의 교구가 아니오."라고 그에게 도전했을 때, 웨슬리는 친절하게 "전 세계가 나의 교구입니다"라고 대답했다고 한다.151)

구역모임들(Societies) : 웨슬리는 그의 전도 기술을 조지 휘트필드에게서 전수받았으나 거기에 그치지 않고 그의 획기적인 방법을 추가했다. 웨슬리는 그룹을 만들고 매주 그들과 만났다. 이것이 발전하여 웨슬리가 만든 감리교회의 "구역모임"이 되었는데, 이것은 경건주의자들의 "오두막 기도회(Cottage Prayer)"를 본뜬 것이었다. 각 구역모임은 속회(classes)들로 나뉘었으며, 각 속회의 회원들은 서로서로를 돌보며 격려하도록 교육을 받았다. 일반 성도들이 그 그룹을 인도했고 웨슬리가 이들 모임을 담당할 목사들을 임명했는데, 담당 목사는 자기에게 예속된 구역모임들을 정기적으로 "순회(Circuit)" 방문하였다. 웨슬리는 이 구역모임이나 속회를 교회로 보지는 않는 대신, 그는 이들이 영국 교회 안에서 생생한 갱신운동을 나타내는 것이라고 주장했다. 그는 이 모임들이 지역교회를 대체하는 것이 아니고 보완하게 될 것을 기대했다.152)

차펄들(Chapels) : 웨슬리의 두 번째로 획기적인 것은 그가 "차펄"이라고 부르는 집회를 갖는 집들이었다. 이것은 단순히 각 지역에서 감리교 모임

---

150) Kenneth Scott Latourette, "A History of Christianity"(New York: Harper & Row, 1953), 1025-27.
151) Ibid.
152) Rudnick, "Speaking the Gospel", 140.

을 갖는 장소일 뿐이었다. 소그룹 운동이 점점 자라서 가정집들이 회원들을 다 수용할 수 없게 되었을 때, 웨슬리는 차펠을 건축하도록 격려했다. 그는 이 건물들을 교회로 간주하지는 않고, 지역교회의 사역을 지원하는 갱신 센터 혹은 영성수련관으로 간주했다.153)

존 웨슬리는 새로운 교단을 만들고 싶지는 않았다. 영국국교회(The Church of England)를 떠난다는 생각은 처음에는 전혀 없었다. 그가 별도의 "구역모임(society)"을 조직한 것은 교인들에게 제자훈련을 하기 위한 것이었다. 각 구역모임은 12명의 회원으로 구성된 "속회(class)"들로 조직되었다. 새로 가입하는 회원은 임시회원이 되었고, 모든 회원은 매주 1페니씩(1 페니 = 현재 약 1,400원) 헌금했다. 웨슬리는 차펠과 헌금 관리를 위해서 집사를 임명했다. 1744년에는 모임들이 많아져서 웨슬리는 모임의 지도자들을 위한 대회(Annual Conference)를 개최할 만큼 성장했다. 1746년에는 구역모임을 순회모임(circuits) 단위로 나누어서 순회목사를 임명하여 순회모임들을 방문하도록 했다. 감독이 각 순회모임의 사무를 관장했다.154)

일반 성도의 설교 : 몇몇 감리교 일반성도들이 설교를 하기 시작했을 때, 웨슬리는 혼란에 빠졌고 끝내는 그들에게 설교를 중지하도록 요구했다. <u>그때 그의 어머니가 중재에 나섰다. 그의 어머니 수산나는 웨슬리에게 일반성도들의 설교를 중지시키는 것은 성령의 역사에 반대하는 행위일 수도 있다고 권면했다.</u> 지혜롭게도 그는 어머니의 말씀에 승복했으며, 일반성도의 설교는 감리교 특유의 특징이 되었다. 나중에는 설교자들을 위해 매년 모이는 설교자 대회를 조직할 정도로 성장했다. 교회 운동이 성장함에 따라 그는 순회모임들을 순회하면서 설교할 설교자를 임명했다. 항상 그랬듯이 웨슬리는 조직 각 부분의 모든 사람들을 개인적으로 엄격하게 관리했

---

153) Ibid.
154) Starkes, "God's Commissioned People", 148.

다.155)

감리교 조직 : 감리교 운동은 영국국교회와의 관계를 급격하게 깨지는 않았다. 그러나 감리교 모임들이 증가하고 재산을 습득하게 되면서 운동은 점차적으로 영국 성공회 신학에서 멀어지게 되었다. 1759년 많은 사람들이 웨슬리의 교회운동을 감리교회(Methodist Church)라고 말했는데, 이것은 웨슬리를 매우 당황하게 했다. 미국 혁명 이후에 미국에 있는 감리교도들은 영국국교회와의 연합을 당혹스러워했다. 그래서 웨슬리는 토머스 콕(Thomas Coke) 목사를 미국의 최초 감리교 주교로 안수하여 임명하였고, 미국에서 감리교 교단을 조직하는 권한을 부여했다. 존 웨슬리가 소천한 지 4년 후인 1795년 감리교회가 공식적으로 영국국교회로부터 분리되었다.156)

웨슬리의 교리

웨슬리의 설교와 교리는 단순하면서도 직설적이었다. 그는 사람들이 "다가오는 진노에서 탈출하고, 그들의 죄에서 구원 받기를" 원한다면 감리교 모임에 참여하도록 초대했다. 웨슬리는 감리교인들에게 욕설을 끊고, 부적당한 말과, 도적질과, 그리고 술 취함을 삼가도록 요구했다. 그는 교인들에게 검소하게 살 것을 요구했으며, 그렇게 함으로써 교회와 자선기금에 헌금할 수 있도록 했다. 그는 하나님의 말씀을 들을 수 있는 구역모임에 참석하도록 격려했다.157)

평론가들은 감리교의 신학을 보편적 구원(universal salvation), 값없이 주시는 구원(free salvation), 확실한 구원(sure salvation), 그리고 완전한 구원(full salvation)으로 요약했다. 이들 4가지 관점은 다음 네 가지 설명, 즉 오직 은혜로만 의롭다 함을 얻음, 인간 의지의 참된 자유, 성령의

---

155) Latourette, "History of Christianity" 1027.
156) Starkes, "God's Commissioned People", 148.
157) Ibid.

증거를 통한 구원의 확신, 그리고 성화 등과 일치한다. 웨슬리는 가르치기를, 그리스도인은 은혜에 의해 완전함에 이르도록 자랄 수 있다고 가르쳤다. 이 원리에 의하면 믿는 자는 자발적으로 죄를 짓지 않는 단계까지 도달할 수 있다는 것을 의미한다. 웨슬리는 25개 조항(The Twenty-Five Articles)이라는 책을 써서 감리교 교리를 요약하였으며 이것을 구역모임들의 지침으로 사용하도록 했다.158)

의심할 여지없이 웨슬리는 모든 시대를 통틀어서 가장 위대한 전도자의 한 사람이었다. 1790년 그가 서거하기 전 해에 발표한 감리교 교인 수는 영국에서만 71,668명이었다. 그의 순회전도 사역에서 웨슬리는 250,000마일 이상을 여행했으며 이것은 복음을 전하기 위해서 주로 말을 타고 여행한 거리이다. 그는 또한 40,000번의 설교를 했고 200권의 책을 썼다.

그의 사역을 성공적으로 이끈 다섯 가지 요소는 다음과 같다:

(1) 설교에 대한 열정으로 그는 특히 중간층과 낮은 계층의 사람들을 중심으로 설교했다.
(2) 여러 모임들을 치밀하게 조직했다.
(3) 성경 및 신앙 교육을 매우 강조했다.
(4) 사회봉사에 힘썼다.
(5) 평신도들을 사역에 적극적으로 활용한 것 등이다.

존 웨슬리는 교회의 강조점을 새롭게 했는데, 즉 새 삶 또는 새롭게 태어나는 삶(New birth), 훈련된 그리스도인의 삶, 마음을 뜨겁게 하는 설교(Warmhearted preaching), 친밀한 교제, 그리고 찬양을 강조했다. 확실히 웨슬리의 사역 정신은 어디든지, 즉 성경 읽기를 하는 곳에, 사회적인 관심이 있는 곳에, 선교하는 곳에, 그리고 찬양하는 것을 사랑하는 곳에

---

158) Carl S. Meyer, The Church: "From Pentecost to the Present" (Chicago: Moody Press, 1969), 229.

살아 있다.159)

찰스 웨슬리와 부흥 음악
(Charles Wesley and Revival Music)

타운센드(James Townsend)가 "잊혀진 웨슬리(The Forgotten Wesley)"라는 제목을 붙인 찰스 웨슬리에 대한 책을 썼는데, 불행하게도 그것이 가끔은 사실이다. 오늘날 찰스 웨슬리는 그의 이름보다는 단지 그의 찬양곡으로만 기억되고 있지만, 그러나 그는 영국 섬들을 휩쓸었던 대부흥의 중심 인물이었다.160)

찰스 웨슬리는 그의 형인 존보다 5년 뒤인 1708년에 태어났다. 존과 같이 그는 엡워스에서 자랐고 옥스퍼드 대학교에 들어갔다. 옥스퍼드 대학의 학생이었을 때, 찰스는 형 존과 함께 홀리 클럽(Holy Club)을 결성했다. 이 클럽은 아침에 성경공부와 기도하기 위해 일찍 일어났고, 교도소 사역에 참여했다. 찰스는 능력 있는 학생이었고 마침내 음악 석사 학위를 받았다. 학교를 졸업한 후 형인 존과 함께 주지사인 오글도프의 목회와 비서일을 맡기 위해 미국의 조지아로 갔다. 그는 거기서 절망적인 한 해를 보내고 속 시원히 영국으로 돌아왔는데, 돌아오면서 다음과 같이 말했다. "나는 인디언들을 회심시키기 위해 미국으로 갔다. 그러나 아! 누가 나를 회심시킬 것인가?"라고, 실패한 자기 자신을 한탄하는 말밖에는 할 말이 없었다.161)

그가 영국으로 돌아왔을 때, 찰스는 모라비안 전도자인 뵐러(Peter Boehler)에게 영어를 가르치기로 합의했다. 찰스가 뵐러에게 영어를 가르치는 동안 뵐러는 찰스에게 구원받는 방법을 가르쳤다. 1738년 5월 17일

---

159) Latourette, "History of Christianity", 1027.
160) James Townsend, The Forgotten Wesley in "Christian History" Vol. 10, No. 3, 6.
161) Ibid., 7.

찰스는 마틴 루터가 쓴 갈라디아서 주석 책을 읽고 있었다. 그는 그의 일기에 쓰기를 "나는 '누가 나를 사랑하여 자기 자신을 나를 위하여 줄 것인가'(갈 2:20)라는 말씀을 가슴으로 느끼기 위해 노력했고, 기도했고, 기다렸다." 4일 후에 그가 아파서 누워 있을 때, 찰스 웨슬리는 그들 가족 중의 누군가가 "나사렛 예수의 이름으로 말하노니 일어나라, 그리고 믿으라, 그리하면 너는 모든 병에서 나음을 얻으리라"라고 말하는 것을 들었다. 이 말은 강하게 그의 심금을 울렸고, 그의 일기에 다음과 같이 썼다. "나는 이제 하나님과 함께 마음의 평안을 찾았고, 사랑하는 그리스도의 소망 안에서 기쁨을 누린다"고 썼다. 이틀 후에 그는 회심에 대한 찬송가를 작곡하기 시작했다. 그리고 찰스가 자신의 회심에 대한 기쁨을 형에게 알렸을 때, 두 형제는 새 찬송가를 함께 불렀다.162)

기독교 역사가들은 자주 휘트필드는 부흥의 설교가였고, 존 웨슬리는 부흥을 위한 조직책이었고, 찰스 웨슬리는 부흥의 찬송가 작가였다라고 말한다. 이것은 사실을 왜곡하는 것은 아니었지만, 그의 정당한 자격으로 찰스도 훌륭한 설교가이며 전도자였다. 찰스는 추정하기를 1739년과 1743년 사이에 149,400명에게 설교했다고 그의 일기에 썼다. 1738년 7월에 그는 무어필드에서 일만 명에게, 케닝턴 카먼(Kennington Common)에서 2만 명에게 설교했다. 옥스퍼드에서 설교해 줄 것을 초청받았을 때, 그는 믿음으로 의롭다 함을 얻는 것에 대한 설교를 했다. 그는 1756년까지 순회전도를 강행했으며, 그리고 건강이 좋지 않게 되었을 때, 한 목회자로서 정착했다.163)

그는 설교가로서 은사를 받았지만, 찰스의 가장 큰 은사는 찬송가 작곡이었다. 그는 매일 열 개의 시를 썼으며 총 8,989개의 찬송가를 작곡했는데, 이것은 찬송가 작가로 유명한 아이작 왓트의 10배에 이르는 숫자이

---

162) Ibid.
163) Ibid.

다. 그는 53년 동안에 56권의 찬송가집을 발간했다. 이들 찬송가에는 오늘날에도 즐겨 부르는 다음의 찬송이 들어 있다. 현재 우리 한국의 찬송가에 15곡이나 들어 있다.

"천사 찬송하기를 (Hark the Herald Angels Sing)"
"천부여 의지 없어서 (Father, I Stretch My Hands to Thee)"
"만 입이 내게 있으면 (O for a Thousand Tongues to Sing)"
"하나님의 크신 사랑 (Love Divine, All Loves Excelling)"
"비바람이 칠 때와 (Jesus, Lover of My Soul)"
"예수 부활했으니 (Christ the Lord Is Risen Today)"
"만유의 주 앞에 (Rejoice! The Lord Is King)"

찰스와 존 웨슬리는 그들의 회심자들에게 찬양을 가르쳤고, 감리교인들은 찬양에 열정적인 사람들로 알려졌다. 어떤 학자들은 감리교도들은 그들의 교리를 존 웨슬리의 설교나 저서에서 배우는 만큼 찰스 웨슬리의 찬송가에서 똑같이 배운다고 했다. 찰스 웨슬리는 전 세대에 걸쳐서 가장 위대한 찬송가 작가로 충분한 자격을 갖췄다. 그는 부흥을 음악에 넣었고 그것이 모든 세대를 위해 보존되고 있다.164)

감리교를 넘어선 부흥

영국 섬에서의 부흥은 존 웨슬리의 추종자들에게 한정되지는 않았다. 조지 휘트필드가 신학적인 문제들로 존 웨슬리와 분열하였다. 웨슬리는 그의 신학에 있어서 알미니안주의자(Arminian)였으나 휘트필드는 칼빈주의자였다. 휘트필드와 그의 여성 후원자인 헌팅턴의 여자 백작이 함께 칼빈주의적 감리교회를 설립했다. 부흥은 또한 회중교회와 침례교회에도 확산되었다. 부흥의 영향은 윌리엄 캐리(William Carey)와 다른 영국 침례교

---

164) Ibid., 6-8.

인들로 하여금 침례교 선교회(the Baptist Missionary Society)를 설립하게 했다.

이 부흥은 또한 영국 국교회에도 영향을 미쳤다. 성공회 내에서 발생한 한 복음주의파(Evangelical faction)는 오늘날까지 계속되고 있다. 이 파에서 배출된 탁월한 지도자는 "나 같은 죄인 살리신(Amazing Grace)"을 작곡한 존 뉴턴(John Newton)과 유명한 선교전략가인 헨리 벤(Henry Venn)이 있다. 후에 노예제도 폐지 운동을 벌인 복음주의파의 한 사람인 윌리엄 윌버포스(William Wilberforce) 같은 분은 종교계와 사회 개혁에도 큰 영향을 끼쳤다.165)

해석과 적용(Interpretation and Application)

많은 역사가들은 이 부흥이 영국 사람들의 삶을 변화시켰기 때문에 프랑스에서 일어났던 것 같은 맹렬한 혁명을 피할 수 있었다고 믿는다. 이 부흥은 분명히 사회적 도덕성을 향상시켰으며 대영제국의 사회적 경제적 조건을 향상시키는 데 직접적인 도움을 준 종교개혁 운동의 길을 예비시켰다.166)

영국의 부흥은 경건주의의 연장이며 발전이었다. 이들 두 운동의 공통적인 강조점들은 분명히: 실천적 경건, 개인적인 성경공부, 의식적 회심의 필요성, 복음주의적 설교, 기도의 훈련, 가난한 사람의 구제, 그리고 교리를 넘어선 경험의 향상 등이다. 그러나 웨슬리 형제는 경건주의에 새로운 높이를 더했다고 볼 수 있다. 그들은 경건주의를 대중화하였고 영구히 그리고 더 큰 효과를 위해서 조직화했다.

18세기의 부흥은 오늘날의 기독교인들을 위한 좋은 교훈이 되었다.

---

165) Latourette, "History of Christianity", 1029.
166) Robert Baker, "A Summary of Church History"(Nashville: Broadman Press, 1959, rev. ed. 1994), 229.

1. 존과 찰스 웨슬리의 삶은 목회자의 거듭남이 절대적으로 필요하다는 것을 보여주었다. 그들이 회심하기 전에는 그들의 사역도 비참하게 실패했다. 그러나 그들이 거듭난 다음 (회심을 경험한 후), 그들은 놀라운 성공을 거뒀다.

2. 조지 휘트필드와 웨슬리 형제는 옥외 전도라는 새로운 기술을 시도했다. 오늘날의 전도자들은 그리스도를 효과적으로 전달할 수 있는 새로운 방법들을 연구하고 실험해야 할 것이다.

3. 휘트필드와 웨슬리 형제의 도덕성은 오늘날의 순회전도자들을 위한 좋은 모범을 세웠다. 그들은 수천 명에게 복음을 전한 것뿐만 아니라 그들의 관계에서 도덕이나 경제적인 의혹을 줄 만한 어떤 빌미도 허락지 않았다.

4. 존 웨슬리는 조직화의 가치를 여실히 보여주었다. 비록 조직이 영적이지 못한 관점들이 많이 있다고 하더라도 그는 그 조직이 종교적 열정의 경로가 되도록 돕거나 전도의 결과들을 보존한다고 생각했다. 웨슬리는 감리교의 모임들을 태신자들을 위한 제자훈련과 후속 양육을 준비하는 데 이용했다. 이 세기적 대중전도자들은 그들의 전도운동이 그들의 계획에 어떤 종류든 후속양육 조치가 없으면 효과가 오래가지 않는다는 것을 알았다. 이것은 필요한 것을 성취할 수 있는 어떤 종류의 조직이 있어야 한다는 것을 의미한다.

5. 찰스와 존 웨슬리는 음악을 전도와 회심자들을 가르치는 데 효과적으로 사용했다. 그들은 음악이 전도에서 이용할 수 있는 강력한 매체였다는 것을 알고 있었다. 오늘날의 전도자들은 전도집회에서는 꼭 설교만이 필요한 것이 아니라는 것을 잘 기억하고 있다. 사실 청중은 설교자의 메시지를 잊어버린 한참 후에도 찬송가를 계속 부를 수 있다. 진실로 오늘날 그리스도인의 예배가 웨슬리 형제가 드렸던 예배보다 훨씬 빈곤할 수가 있으며, 이것은 전도에 대해서도 같은 말을 할 수 있을 것이다. 웨슬리 형제와 조지 휘트필드는 대중에게 복음을 그야말로 진정성 있게 가져갔다.

연구를 위한 질문들

1. 영국의 부흥을 가져온 길을 준비한 3가지 운동은 무엇인가?
2. 조지 휘트필드는 전도에 무슨 획기적인 방법을 도입했는가?
3. 경건주의자들은 어떻게 존 웨슬리에게 영향을 주었는가?
4. 존 웨슬리는 어떤 2개의 획기적인 방법을 도입했는가?
5. 존 웨슬리의 신학을 어떻게 요약하겠는가?
6. 찰스 웨슬리는 부흥에 어떤 공헌을 했는가?
7. 웨슬리의 부흥운동은 다른 교단에 어떻게 영향을 주었는가?

제9장 대각성운동과 전도
(The Great Awakening)

1720년과 1744년 사이에 북미의 영국 식민지를 괄목할 만한 부흥운동이 휩쓸고 지나갔다. 역사가들은 이것을 대각성운동(The Great Awakening)이라고 부른다. 이 부흥은 북미의 종교적 그리고 도덕적 특성을 변화시켰고, 이것이 미국 기독교의 본질적인 형태를 만들어냈다. 오늘날의 미국의 전도는 대각성운동의 발자국을 그대로 지니고 있다고 말할 수 있다.

광범위한 역사적 관점에서 보면, 미국의 대각성운동은 대영제국과 북유럽에 영향을 주었던 "일반적 각성운동 (General awakening)"의 한 부분이었다. 윌리엄 스위트 (William Warren Sweet)는 다음과 같이 설명한다.

우리가 경건주의라고 부르는 무엇인가가 식민지의 대각성운동의 심장에 놓여 있다. 경건주의에 의하여, 주요 강조점이 머리의 종교라기보다는 가끔 마음의 종교라고 부르는 곳에 위치한 종교의 유형을 의미한다. 그것은 주로 감정에 호소하는 종교였다고 할 수 있다. 그것의 주된 주제는 개인구원이다. 그 근본적 목적은 남녀 사람들을 개인적 회개를 통해 영혼을 깨우는 데 있다.[167]

일반적 각성운동은 대략 1675년과 1750년 사이에서 3단계로 나눠진다. 첫째 단계는 독일과 네덜란드에서의 경건주의의 발전이었고, 둘째 단계는 미국의 영국 식민지에서의 부흥이었고, 셋째 단계는 지난 장에서 토론한 대영제국에서의 부흥이었다.

---

167) William Warren Sweet, "Revivalism in America"(Nashville: Abingdon Press, 1944), 24-25.

부흥을 위해 필요한 것

특별히 뉴잉글랜드에 종교의 자유를 찾던 열정적인 그리스도인들이 몇 개의 미국 식민도시들에 정착하였지만, 그들의 일상생활을 교회보다는 선술집이 주도하게 되었을 때, 이 사람들의 경건은 1700년대까지 점차 퇴락하였다. 뉴잉글랜드에서조차 많은 사람들이 교회의 회원 자격이나 교회 활동에는 관심이 없었다. 1702년 인크리스 매터(Increase Mather, 유명한 청교도 목사로서 400여 편의 글을 썼다)는 떨면서 "오, 뉴잉글랜드여, 뉴잉글랜드여! 영광이 사라져가고 있다. 영광이 서서히 떠나고 있다"고 통곡했다.168)

뉴잉글랜드에서의 문제의 발단은 부분적으로는 "중간절충서약(half-way covenant)"에 기인했다. 뉴잉글랜드의 청교도 교회들은 장로교인들과 침례교인들 사이의 관행들을 녹여서 중간의 길을 만들어 버렸다. 장로교인들은 유아세례를 믿었고, 침례교인들은 오직 성인에 대한 세례만이 옳다고 믿었다. 청교도들은 교인의 자녀들에게 세례를 주었지만, 부모 양쪽이 모두 성찬을 받는 회원으로서 자기의 개인적인 구원에 대해 간증을 할 수 있는 교인의 자녀들에 한했다. 이 논쟁은 오랫동안 격렬하게 이어졌는데, 어떤 교회는 좀 더 장로교 쪽이고, 어떤 교회는 좀 더 침례교 쪽이었다. 최종적으로 1662년, 교회연합총회에서 중간절충서약(the Half-Way Covenant)을 공표했는데, 이것은 어떤 가족이라도 부모 중 한쪽만 세례를 받으면 그들 자녀에게 유아세례를 줄 수 있게 한 것이다. 이 방법에 의해 구원 받지 못한 많은 사람들이 교회의 회원이 되었다. 자연스럽게 이것은 뉴잉글랜드의 일반 대중의 경건을 점차적으로 하락하게 만들었다.169)

중부와 남부 식민 도시들에서는 상황이 더욱 악화되었다. 대부분의

---

168) Nathan Hatch, Mark Noll, and John Woodbridge, "The Gospel in America"(Grand Rapids: Zondervan Publishing House, 1979), 139.
169) Sidney Ahlstrom, "A Religious History of the American People"(New Haven: Yale University Press, 1972), 158-60.

제9장 대각성운동과 전도   139

식민도시들에서는 상업적으로 모험적 사업(Commercial ventures)을 시작했고, 그 정착민들은 종교적 경건성이라는 것은 흉내조차도 내지 않았다. 그들을 감독하는 감독(Bishop)도 없었고, 성공회 성직자들은 그들의 직무를 소홀히 했고, 교구민들 중 많은 사람들은 목사에게 내야 하는 세금을 내지 않았다. 미국 식민 도시들의 대부분은 종교는 대중적이지 못하고 소수의 사람들만이 관심을 가지는 정도였다. 술주정뱅이, 부도덕, 그리고 하나님과 그의 계명에 대한 무관심 등은 모든 사람에게 너무나 일반적이었다. 식민도시의 목사인 토머스 베이컨(Thomas Bacon)은 그가 관찰한 것에 대해 말하기를 "우리 중에 종교는 마치 부분적으로는 어느 정도 개발되었으나 대부분 야생과 야만적인 나라의 얼굴에 종교라는 옷을 입힌 것과 같다."고 하였다.170)

첫 번째 부흥의 태동

많은 학자들은 말하기를 대각성운동은 프렐링휘센(Theodore J. Frelinghuysen)의 미국 도착과 함께 시작되었다고 한다. 조지 휘트필드가 프렐링휘센에 대해 "그는 예수 그리스도의 훌륭한 군사이며 주님께서 이들 지역을 위해 데려오신 것이라고 믿는 그러한 위대한 일을 시작한 개시자(beginner)이다"라고 말했다.171)

프렐링휘센(Theodore J. Frelinghuysen)

시어도어 프렐링휘센(1691-1747)은 독일에서 태어나 네덜란드에서 교육을 받았다. 그는 신학적 훈련 중에 경건주의적 가르침을 받아들였고 네덜란드의 개혁교회에서 목사 안수를 받았다. 1719년 교회 관계자들이 그를

---

170) Hatch, "The Gospel in America", 139, and Sweet, "Revivalism", 23-24.
171) Hatch, "The Gospel in America", 28, and Winthrop Hudson, "Religion in America"(New York: Charles Scribner's Sons, 1965), 62.

미국의 라리탄 계곡(Raritan valley)에 있는 네 개의 네덜란드 개혁교회들을 담당할 목사로 미국의 뉴저지로 파송했다. 프렐링휘센은 도착하자마자 이들 교회에서 대부분의 교인들이 그리스도인으로서의 헌신에 대해 아주 무관심하며 대부분의 교인들이 자기의 회심에 대한 간증을 하지 못하는 것을 보고 충격을 받았다. 젊은 목사는 강력한 복음주의적 설교, 교인들 가정에서의 개인적 증거, 그들의 삶이 훈련되지 않은 사람들에 대한 수찬 정지(withholding communion) 등을 통해 잘못된 관행들을 고치는 일에 착수했다. 그는 교인들이 회심하는 것을 보고 싶었고, 교회의 회원 자격이 어떤 문화적 규범보다 더 중요하다는 것을 이해하도록 돕기를 원했다. 그는 강단에서 표면상의 종교성은 개인적인 회심을 대치할 수 없다고 선포했다. 더 나아가서 그는 교회의 회원자격은 지옥으로부터 개인을 구원할 수 없다고 선포했다.[172]

프렐링휘센의 활동은 그의 교인들 사이에서 회오리바람을 일으켰는데, 그들은 매주 일요일 짜증나는 칼빈주의 신학에 대한 강의를 듣는 동안 잠을 자는 것이 습관이 된 교인들이었으며, 올바른 교리와 올바른 교인 자격은 구원을 보장한다고 믿는 교인들이었다. 프렐링휘센의 회심과 그리스도인의 생활에 대한 강조는 많은 교인들에게 달갑지 않은 놀람이었고, 많은 교인들은 그의 진솔한 설교와 개인적 대면(Confrontations)에 반대했다. 뉴욕에 있는 네덜란드 개혁교회의 목사들은 프렐링휘센의 사역 방법에 반대했고, 동료 목사들에게도 반대하도록 충동질을 했다. 그러나 그 교회 교인들만은 점점 더 그리스도에게 개인적인 헌신을 하기 시작했으며, 반대하는 행동이나 생각들도 점점 수그러들었다. 1726년에는 부흥의 절정에 도달했고, 다른 네덜란드 개혁교회와 다른 교단으로까지 확산되기 시작했다.[173]

---

[172] Hudson, "Religion in America", 62-63.
[173] Ibid., 64.

테넌트(Gilbert Tennent)

길버트 테넌트(1703-64)는 장로교 목사로서 1726년 뉴저지에 있는 뉴 브런스윅(New Brunswick) 장로교회의 목사가 되었다. 그는 프렐링휘센과 사귀게 되었고 부흥에 대한 열망을 서로 나눴다. 프렐링휘센의 격려로 그는 그의 교회에도 대담하게 회개에 대한 설교를 시작했다. 그는 자기 교인들의 주된 문제가 "건방진 보장"(Presumptuous security)이라고 믿었다. 이것은 교인들이 세례를 받았고, 교리에 대한 교육도 받았고, 교회의 정회원(Full membership of the church)으로 받아들여졌기 때문에 구원은 확정된 것이라고 믿었지만, 그러나 참 구원의 뜻을 이해하지 못하고 있는 상태를 말했다. 그들은 믿음으로 구원을 얻는다는 것은 알았지만, 그 믿음이란 것이 올바른 교리에 동의하는 것을 믿음으로 이해했던 것이다. 그들은 기독교의 교리는 알았으나, 인격적으로 그리스도를 만나지는 못했다. 이 문제를 해결하기 위해서 테넌트는 "구원의 확신(Conviction)"에 대해 설교하기 시작했다. 그는 그의 설교를 듣는 사람들에게 죄를 회개하고 복음을 믿거나 아니면 지옥의 고통을 마음으로 겪어보도록 도전했다. 그는 모든 사람이 그리스도의 용서를 통한 구원의 기쁨을 알기 위해서는 잃어버린 영혼에 대한 공포를 경험하지 않으면 안 된다고 선포했다. 테넌트의 지도력 아래서 부흥은 뉴저지와 뉴욕에 있는 장로교회들을 휩쓸었다.[174]

부흥 사역은 또한 길버트 테넌트 목사의 아버지와 형제들에 의해 받아들여졌다. 그의 아버지 윌리엄 테넌트(William Tennent)는 예일 대학교의 총장으로 거의 발탁될 뻔했다가 탈락된 실망 때문인지, 그는 펜실베이니아의 네샤미니(Neshaminy)에 학원 급의 "작은 신학교(log college)"를 설립하고, 거기서 장로교 목사들에게 건전한 신학과 잃어버린 영혼을 구원하는 일에 적극적으로 관여해야 한다고 가르쳤다. 길버트의 형제들, 존과 윌리엄 주니어 등도 역시 부흥에 참여했지만, 길버트 목사 자신이 공적인 설교

---

174) Ibid., 64.

와 식민 도시들에 널리 배포된 설교집들을 통해 가장 큰 영향을 끼쳤다.175)

뉴잉글랜드의 부흥

뉴잉글랜드의 부흥은 조나단 에드워즈(Jonathan Edwards)의 사역과 관련이 있다고 역사가들은 말한다. 에드워즈는 뛰어난 학자로서 예일 대학을 17세에 졸업했다. 몇 년간 예일 대학에서 강사로 일하다가, 1727년에 매사추세츠의 노샘프턴(Northampton)으로 가서, 거기에 있는 교회에서 외할아버지인 솔로몬 스토다드(Solomon Stoddard)의 사역을 도왔다. 외할아버지가 돌아가신지 2년 후에, 에드워즈는 그 교회의 담임목사가 되었다. 에드워즈는 그 교회의 교인들이 보여주는 낮은 수준의 도덕성에 대해 심각한 우려를 나타냈다. 특히 그는 젊은이들의 도덕성에 대한 우려를 다음과 같은 기록으로 남겼다.

> *많은 사람들이 밤에 돌아다니는 것에 중독되었고, 선술집에 자주 가고, 음탕한 관습들에 중독되어 있었다. 그들은 환락을 위한 잦은 성교와 흥겨움에 들떠서 떠드는 습관 등으로 모이는 것이 그들의 통상적인 생활태도였으며, 그들은 밤의 대부분을 소동 중에 지새웠다.176)*

이러한 문제들을 해결하기 위해서 에드워즈는 젊은이들을 그들의 집으로 방문하기 시작했다. 점차적으로 그는 사람들의 행동이 향상되는 것을 보았고 영적인 문제에 관심이 커지는 것을 보았다. 부흥을 향한 획기적인 발전은 에드워즈의 설교로부터 왔다. 이것은 오히려 놀라운 일이었는데 에드워즈는 사람들이 생각하는 그런 열정적인 부흥 설교자는 아니었기 때문이다. 그의 설교는 교리를 사리에 맞도록 자세하게 설명하는 설교였고, 그 설교는 보통 2시간이었다. 에드워즈는 미리 준비한 원고를 읽었고 몇

---

175) Ibid., 64.
176) Ibid., 64.

가지 간단한 몸짓을 하는 정도였다. 그래도 그 설교는 믿음으로 의롭다 함을 얻는다는 진리에 대한 일련의 설교들이었는데 바로 그것이 노샘프턴 위에 부흥의 불이 떨어지게 했던 것이다. 분명히 에드워즈도 교인들만큼 놀랐지만, 그러나 거기에는 성령께서 역사하시는 운동을 거부하는 것은 없었다. 부흥 기간에 그의 교회는 300명의 사람들이 추가 등록을 했다.177)

에드워즈는 그 부흥의 장면을 그가 쓴 책 "하나님의 놀라운 역사에 대한 충실한 이야기(Faithful Narrative of the Surprising Work of God)"에 다음과 같이 기록했다. 이것은 에드워즈가 노샘프턴 사람들의 반응에 대해 기록한 것이다.

도시에는 늙은이나 젊은이나 영원한 세계의 위대한 일들에 대해 무관심하게 내버려두는 사람은 한 사람도 없었다... 전부터 그랬던 것처럼 영혼들이 예수 그리스도에게 떼 지어서 몰려왔다. 도시는 마치 하나님의 임재가 가득한 것처럼 보였다. 그 전에는 결코 사랑이나 기쁨이 그렇게 넘치지 않았고 고통만 가득했었다. 거의 모든 집마다 놀라운 하나님의 임재의 표시가 있었다.178)

부흥에 대한 소식은 주위에 널리 퍼졌다. 곧 주위에 있는 도시들, 즉 코네티컷과 매사추세츠도 부흥이 휩쓸었다. 마침내 40개 도시가 부흥을 경험했다. 모든 경우에 현지의 지역 목사들이 부흥을 이끌었다. 부흥은 1737년부터 약해지기 시작했으나 1738년까지 넘어갔다. 그럼에도 불구하고 교인들의 헌신의 수준은 전보다 높은 수준에서 유지되었다. 대서양의 양쪽 대륙(주로 미국과 영국)에서 많은 사람들이 에드워즈의 설교집을 읽었고, 비슷한 성령의 능력을 경험하기를 갈망했다.179)

---

177) Hatch, "The Gospel in America", 139-40.
178) Tim Dowley, "Eerdmans' Handbook to the History of Christianity"(Grand Rapids: Eerdmans Publishing Co., 1977), 439.
179) Ahlstrom, "Religious History", 283, and Milton L. Rudnick, "Speaking the Gospel Through the Ages"(St. Louis: Concordia Publishing House, 1984), 129.

아직도 흥미를 자아내는 질문은 남아 있다. - 무엇이 부흥을 가져오게 했는가? 존 웨슬리는 부흥에 대해 "이것은 분명히 하나님께서 하시는 일이며 우리 눈에는 경이로울 뿐이다"라고 말했다. 에드워즈도 이 점에 대해 동의했다. 에드워즈는 부흥은 하나님의 주권적 역사이며, 은혜의 기적이라고 말했다. 사람들이 기도하고 마음의 준비를 할지라도, 축복의 소나기를 보내시는 시간은 하나님께서 결정하신다.

그러나 아직도 에드워즈는 두 개의 예비적 사건에 대해 이야기할 것이 남아 있었다. 첫째는 패스코먹(Pascomuck) 가까운 도시에서 두 사람이 갑자기 죽었는데, 이것은 그 도시의 사람들에게 인간의 생명이라는 것이 부서지기 쉬운 약한 존재라는 것을 상기시켜주는 것이었고, 둘째는 에드워즈가 "그 도시에서 가장 큰 회사의 주인"인 어떤 부인의 극적인 회심이 공동체에 전기를 통하게 했다고 기록하였다. 여기에 추가해서 사람들에게 개인적인 회심의 필요성을 생각나게 한, 에드워즈의 구원을 강조한 설교를 추가할 수 있을 것이다. 에드워즈가 말한 것처럼 "그들의 마음에 와 닿게 하기 위해서 그들의 머릿속에 많은 것을 저장할 필요는 없다"는 사실이 부흥을 가져온 것은 아닐까?[180]

조지 휘트필드와 국가적 부흥

조지 휘트필드는 부흥의 경험으로 식민도시들을 하나로 묶었고, 또한 미국의 대각성운동을 대영제국의 부흥에 연결시켰다. 휘트필드는 "위대한 순회전도자"라는 이름에 걸맞게 영국 전역에서와 미국의 모든 식민도시들에서 민감하게 반응하는 큰 군중들에게 설교했다. 휘트필드는 조지아로부터 메인 주에 이르기까지 설교하면서 미국에서 7번 전도여행을 했다. 윌리엄 스위트(William Warren Sweet)는 말하기를, "그는 아마도 18세기에 영어를 사용하는 세계에서 누구보다도 가장 많은 사람들에게 설교한 사

---

180) Hatch, "The Gospel in America", 139-40, and Sweet, "Revivalism", 30.

람"이라고 했다. 휘트필드는 어디에서든지 자기만이 할 수 있는 부분이 있었기 때문에 미국 식민도시들과 대영제국의 모든 부흥에 참여했다.181)

뉴잉글랜드

휘트필드는 1739년과 1740년 사이에 그의 가장 위대한 성공을 거두었다. 휘트필드는 브리스틀과 런던에서의 옥외 설교 때문에 이미 영국에서 유명해져 있었다. 그는 미국에 도착하면서 중부의 식민도시들에서 성공적인 전도여행을 계속했다.182) 1740년 가을에 일련의 집회에 참석하기 위해 뉴잉글랜드로 여행했다. 뉴잉글랜드의 사람들은 이 젊은 설교가의 설교를 열렬히 듣기 원했다. 왜냐하면 그들은 그의 집회에 대한 신문의 많은 기사들을 읽었고, 또 그의 출판된 설교문들을 읽었기 때문이었다. 무엇을 기준으로 하든지 간에 휘트필드의 뉴잉글랜드 여행은 괄목할 만한 것이었다. 73일 만에 그는 1,300km를 여행하면서 전도설교를 130번이나 해야 했다.183)

휘트필드는 어디를 가든지 큰 군중을 끌어들였다. 그는 가끔 옥외설교를 했는데 그것은 그 많은 군중을 수용할 수 있는 건물이 없었기 때문이었다. 휘트필드의 유명한 목소리도 많은 호기심을 불러일으켰다. 그는 수천 명이 들을 수 있도록 큰 목소리를 낼 수 있었고, 또한 그의 어조에 연민의 정을 자아내는 비애감을 주입할 수 있었다. 사실 어떤 사람은 농담으로 말하기를 휘트필드는 단순히 "메소포타미아(Mesopotamia)"라고 하는 단어 하나를 말해도 군중을 눈물바다로 만들 수 있는 사람이라고 말했다. 휘트필드는 필라델피아에서 그의 설교를 들은 회의주의자인 벤저민 프랭클린을 포함한 사회 각계각층의 사람들을 끌어들였다. 휘트필드가 그 당시

---

181) Sweet, "Revivalism", 32-33.
182) 역자 주: 영국에서 옥외설교로 큰 성공을 거둔 휘트필드가 고아를 돌보는 사역을 위해서 미국으로 가겠다고 하면서 자기 사역을 존 웨슬리에게 인계하고 미국에 간 것은 하나님께서 미국의 부흥을 위해 부르신 하나님의 인도하심이었다고 생각된다.
183) Hatch, "The Gospel in America", 140.

의 거의 모든 다른 설교가들과 차별되는 것은 그의 설교가 즉흥적이었다는 것이다. 정확히 말하면, 그는 준비된 원고를 가지고 설교하지 않았다. 그는 흥미 있는 설교와 모든 교단들을 통합한 호소력 때문에 미국 식민도시들에서 가장 인기 있는 설교자가 되었다.184)

부흥은 많은 명백한 결과들을 만들어냈다. 조나단 에드워즈가 이끌던 초기의 부흥에서는 코네티컷 리버 밸리(Connecticut River valley)에 국한되어 있었으나, 후기의 부흥에서는 뉴잉글랜드 전체가 영향을 받았다. "축복의 소나기가 임했을 때, 거의 모든 사람들이 흠뻑 젖었다."고 에드윈 고스태드(Edwin Gaustad)가 말했다. 뉴잉글랜드 사람들은 판에 박힌 일상적인 종교 생활에서 그리스도에 대한 진정한 헌신으로 바뀌었다. 보스턴의 부흥은 18개월 동안 계속되었고 이 기간 동안에 30개의 종교단체가 새로 조직되었다. 아마도 5만 명이 넘는 새로운 교인이 늘었으며 매주 교회들은 교인들로 가득 찼다. 휘트필드가 보스턴을 떠날 때, 그를 위한 고별 예배에서 그는 2만 명이 넘는 사람들에게 고별설교를 했다. 그는 그를 대신해서 부흥 설교를 계속하도록 그의 친구인 길버트 테넌트를 초청했다.185)

미국 남부 식민지의 상황
미국의 대각성운동은 남부 식민지에도 영향을 끼쳤다. 휘트필드는 뉴잉글랜드에서 했던 것처럼 남부의 여러 도시를 두루 다니며 설교했다. 영적 각성은 남부의 종교적 생활을 근본적으로 변화시켰다. 남부지역에 식민도시들이 세워졌기 때문에 여기에 설립된 영국성공회(영국국교회) 교회가 우위를 점하고 있었다. 그러나 대각성운동은 공격적인 전도와 개인주의를 과감하게 강조했던 침례교와 감리교의 식민도시들에서도 일어났다. 이 교회들은 자기들이 미국 시민이라고 생각하는 중간 내지 낮은 계층에 속하는

---

184) Rudnick, "Speaking the Gospel", 129.
185) Ibid.; Dowley, Eerdmans' Handbook, 439-41; and Hatch, "The Gospel in America", 140.

사람들의 마음에 들었다. 그들의 조직이나 정치 형태는 개척자들이 자라는 데 알맞았기 때문이다.186)

남부에 새로 세워진 침례교회들의 매력과 활력의 좋은 예는 노스캐롤라이나의 샌디 크릭(Sandy Creek)에 있는 교회이다. 샌디 크릭의 위치는 3개의 주요 도로들이 만나는 전략적인 곳이었다. 1755년에 슈발 스턴스(Shubal Stearns), 다니엘 마샬(Daniel Marshall), 그리고 한 침례교 회중이 샌디 크릭에 정착했다. 이 작은 교회는 곧 노스캐롤라이나의 벽촌에 큰 영향을 주었다. 스턴스와 마샬은 거의 모든 정착촌을 다니면서 설교하였고 그들은 가는 곳마다 많은 회심자들을 얻었다. 그들은 그들의 사역비를 받지 않았기 때문에 정착민들의 두터운 신임을 얻었고 몰건 에드워즈(Morgan Edwards)는 교회의 이러한 방법을 통해 나타난 하나님의 역사를 다음과 같이 기록했다.

샌디 크릭 교회는 흩어진 모든 침례교인들의 어머니이다. 말씀은 이 시온(Zion)으로부터 나아갔고, 위대한 것은 그들이 그것을 출판한 사람과 함께 한 것이었다. 17년 동안에 그 가지는 뻗어서 서쪽으로는 큰 미시시피 강까지, 남쪽으로는 조지아까지, 동쪽으로는 바다와 체서피크 만(Chesapeake Bay)까지, 북쪽으로는 포토맥 강(메릴랜드와 웨스트버지니아 사이의 강)까지 확산되었다. 17년 동안에 어머니는 할머니와 증조할머니까지 되어서 교회는 42개의 교회로, 목사는 125명으로 성장했다.187)

샌디 크릭 교회의 업적은 정착한 지역의 인구 밀도가 얼마나 희박한 곳이었다는 것을 감안한다면 더욱 괄목할 만한 성취인 것이었다.

---

186) Sweet, "Revivalism", 35.
187) Quoted in Robert Baker, "A Baptist Source Book" (Nashville: Broadman Press, 1966), 20.

부흥에 반대하는 세력

모든 신앙운동에는 지지하는 사람들이 있고 반대하는 사람들이 있게 마련인데, 대각성운동에서도 예외가 없었다. 많은 기존의 목사들은 외부로부터 오는 설교자들이 자기들의 지역에 들어오는 것에 대해 공포를 느꼈다. 다른 사람들은 단순히 현 상황의 변화에만 반응을 했다. 그러나 어떤 과격한 부흥사들은 지역 목사들을 공개적으로 공격함으로써 갈등을 불러일으켰다. 이러한 하나의 사례가 불안정한 성격을 소유한 순회부흥사 데이븐포트(James Davenport)였다. 그의 거칠고 비판적인 설교는 일반적으로 많은 목사들을 부흥에 반대하도록 자극했다. 이들, 즉 반대하는 사람들을 "올드 라이츠(Old Lights)"라고 불렀는데 이들은 주로 뉴잉글랜드의 회중교회 목사들이었다. 그들은 부흥사들을 "뉴 라이츠(New Lights)"라고 불렀으며 그들에 대해 그들의 들뜬 열광, 감정주의, 무책임한 순회, 그리고 다른 목사들을 비판하는 것 등에 대해 혹평했다. 보스턴의 찰스 천시(Charles Chauncy)가 올드 라이츠의 지도자였다.188)

올드 라이츠나 뉴 라이츠나 둘 다 서로에게 극단적인 언어의 사용은 논쟁의 열기를 더해갔다. 길버트 테넌트의 "회심 없는 목회의 위험성(The Danger of an Unconverted Ministry)"이라는 설교가 특히 올드 라이츠의 분노를 샀다. 휘트필드도 부흥을 반대하는 일부 목사들에게 "죽은 사람이 죽은 회중에게 설교하는 것(Dead men speaking to dead congregation)"이라고 비판했다. 놀라운 일도 아니지만, 많은 올드 라이츠의 목사들은 부흥사들이 자기네 강단에 서는 것을 당연히 거절했다. 부흥을 지지하는 뉴 라이츠의 숫자가 더 많아졌는데도 불구하고 논쟁은 1744년에 정점에 달했고, 급기야는 뉴잉글랜드에서의 부흥을 질식시켜버렸다. 그럼에도 불구하고 남부에서는 부흥이 수년간 더 지속되었다.189)

---

188) Rudnick, "Speaking the Gospel", 129.
189) Hatch, "The Gospel in America", 141.

대각성운동의 결과들

대각성운동은 많은, 그리고 다양한 결과들을 가져왔다.

1. 민주주의 : 부흥은 개인적 결정을 강조하는 것과 회중교회 행정의 발전을 꾀하는 사람들을 통해서 민주주의의 발전을 촉진했다.
2. 식민도시들의 통일 : 대각성운동은 식민도시들을 통일시키는 데 기여했으며 따라서 그들이 서로 알고 이해하는 것을 증진시켰다. 이렇게 함으로써 부흥은 미국에 혁명의 길을 준비시켰다.
3. 개인주의적 신앙 : 영적 각성은 미국 종교역사의 기풍(tone)을 설정했다. 부흥은 개인적 회심의 필요성을 강조하였으며, 이것은 험악한 개인주의자들의 나라를 좋게 개선하는 결과를 가져왔다.
4. 침례교와 감리교 교회들의 급증 : 침례교인들과 감리교인들은 부흥을 지지했으며, 그들 자신이 부흥으로부터 가장 많은 것을 얻었다. 많은 뉴 라이츠들이 올드 라이츠 교회들을 떠나서 부흥 설교자들을 환영하는 분리파 교회(separatist churches)들을 결성했다. 이들 많은 분리파 교회들은 침례교회가 되었다. 예를 들면, 대각성운동 중에 매사추세츠의 침례교회는 6개에서 30개로 증가했고; 코네티컷에서는 4개에서 12개로, 로드아일랜드에서는 11개에서 36개로 증가했다. 이들 두 교단의 교인들은 급증했는데, 그 이유는 그들의 비형식적인(informal) 예배 형식과 전도에서 공격적 접근이 부흥의 추진력과 딱 맞아 떨어졌기 때문이다.190)
5. 많은 회심자들 : 대각성운동 중에 얼마나 많은 사람들이 구원을 받았는지 예측한다는 것은 매우 어려운 일이다. 만일 기록을 했다고 하더라도 대부분은 유실되었을 것이다. 그러나 스위트(Sweet)는 뉴잉글랜드의 대각성운동 중에 4만 명 이상의 새로운 교인이 증가했다고 추산하였다.191)
6. 많은 새 교회들 : 1740년에서 1760년 사이에 150개의 새로운 회중교회가 뉴잉글랜드에 세워졌다. 많은 분리파 교회들과 침례교회들도 세워졌다.192)

---

190) William Warren Sweet, "The Story of Religion in America" (New York: Harper & Brothers, 1950),
191) Sweet, Revivalism", 31.

7. 새 학교들 : 대각성운동의 결과로 여러 개의 교육기관들이 세워졌는데 특별히 목회자들을 훈련하는 학교들이 세워졌다. 이들은 프린스턴(Princeton) 대학과 다트머스(Dartmouth) 대학들을 포함한다.
8. 향상된 도덕성 : 대각성운동은 모든 식민도시들의 사회적 도덕성의 수준을 향상시켰다.
9. 부흥 집회들 : 대각성운동으로 말미암아 부흥집회들이 북미의 가장 보편적인 전도방법이 되었다.193)
10. 설교 : 부흥은 즉흥적 설교라는 새로운 형식의 설교가 보급되었다. 조지 휘트필드가 그것을 도입했고 많은 설교가들이 모방했다.194)

해석과 적용

어떤 의미에서 대각성운동은 식민도시들을 통해서 두 가지 변화를 급격하게 고조(高調)시켰다. 첫 번째 변화는 조지 휘트필드, 길버트 테넌트, 그리고 변덕스런 제임스 데이븐포트 등의 흥분시키는 설교 여행이었다. 많은 순회 설교가들이 그들의 형식을 모방했다. 둘째 변화는 지역 목사들의 전도활동이 증가했다는 것이다. 목사들은 개인전도를 위한 노력을 강화했으며 휘트필드가 한 것처럼 더 열정적인 설교를 하기 시작했다. 첫 번째 변화가 더 주목을 끌었으나 둘째 변화는 더 오래도록 지속적인 효과를 나타냈다. 정규적인 목사들이 부흥의 대부분의 수확을 거둬들였다. 이 사실은 교회 역사의 대부분의 부흥에서 그러했던 것과 같은 현상이다. 휘트필드와 같은 전도자들은 대중을 흥분시키고 대중의 주의를 영적인 문제에 집중시키는 부분에서 중요한 역할을 했지만, 사람들은 회중과 지역 목사들이 줄 수 있는 목사와 개인적인 접촉을 필요로 했다.195)

---

192) Ibid.
193) Hudson, "Religion in America", 59.
194) Ibid.
195) Ahlstrom, "Religious History", 286.

제9장 대각성운동과 전도

대각성운동은 미국 대륙에 새로운 전도방법을 도입했는데 이 방법들 중에는 순회설교, 즉흥적 설교, 그리고 즉흥적 기도 등이다. 이들 방법들은 이전 시대에도 사용되었었으나 이들의 유용성이 대각성운동 중에 재발견되었던 것이다. 휘트필드는 그를 쫓는 셀 수 없이 많은 순회전도자들에게 모범을 보여주었다. 미국 설교자들은 설교자가 청중의 주의를 사로잡고 그들의 감정을 뒤흔드는 휘트필드의 비형식적 설교 형태를 재빠르게 습득했다.196)

부흥은 또한 미국의 기독교 형태(pattern)를 설정했다. 미국 역사를 통해서 종교는 매우 개인적인 것이며, 각자의 문제로 보게 되었다. 부흥집회는 복음을 전달하는 중요한 수단으로 인정받았다. 이것은 아직 오늘날의 많은 교회들에서도 사실이다. 부흥집회는 그 도시에서 가장 좋은 볼거리였을 때, 사용할 수 있는 가장 좋은 방법이었으나, 오늘날의 교회들은 부흥이 과거와 비교해서 필적할 만한 결과를 계속해서 가져올 수 있을지 또는 그렇지 않은지 잘 평가해야 할 것이다.

마지막으로, 부흥은 미국에게 그리스도를 위해 세계를 복음화하려는 비전을 가져다주었다. 이에 대해 윈드롭 허드슨(Winthrop Hudson)의 기록은 다음과 같다.

복음주의적 종교의 이 굽이치는 조류는 미국의 개신교회들이 대륙을 기독교화 하는 거대한 과제를 수행할 수 있도록 대담하게 만드는 활력을 공급했다... 그리고 영국과 미국 양쪽 교회들이 전체 비기독교 세계를 위한 거대한 선교 과제에 힘을 합치도록 이끌었다.197)

---

196) Earle Cairns, "An Endless Line of Splendor"(Wheaton, Ill.: Tyndale House, 1986), 333.
197) Hudson, Religion in America", 60.

연구를 위한 질문들

1. 뉴저지에서 부흥의 중요한 쟁점은 무엇이었는가?
2. 부흥의 원천에 대한 조나단 에드워즈의 관점은 무엇이었는가?
3. 대각성운동에서 조지 휘트필드의 역할은 무엇이었는가?
4. 왜 다른 교단들보다 침례교인과 감리교인들이 부흥에서 더 많은 유익을 얻었는가?
5. 왜 올드 라이츠들이 부흥을 반대했는가?
6. 미국에서 부흥이 기독교에 준 지속적인 효과는 무엇이었는가?

제10장 미국의 개척지 전도
(Evangelism on the American Frontier)

혁명 전쟁 이후 미국의 교회들은 매우 벅찬 도전에 직면했다. 그들은 전 대륙을 복음화할 계획을 가지고 있었다. 개척자들이 서쪽으로 이주했을 때, 교회도 서쪽으로 이동했다. 미국 서부 문명의 첫 번째 징표는 개척자 목사와 적은 수의 교인들이 세운 통나무 교회였다. 이 장의 주제는 교회의 서진(Westward) 확장에 대한 매혹적인 이야기들이다.

감리교 순회 목사들(Circuit Riders)

개척자들 중에서 특히 감리교인들이 전도에 성공했다. 미국 감리교 발전의 중요한 인물은 프란시스 애슈베리(Francis Asbury, 1745-1816) 감독이었다. 영국의 존 웨슬리가 애슈베리를 미국 감리교 감독교회(Methodist Episcopal)의 첫 번째 감독으로 임명했다. 그는 목회에 전념하기 위해서 독신으로 살았으며 조지아에서 메인까지뿐만 아니라 오하이오에서 켄터키까지 감리교 순회(Methodist circuits) 조직들을 방문하면서 여행을 계속했다. 그가 종신 재직권을 가지고 있는 동안 3,000명에 달하는 순회 목사들을 임명했다. 그가 죽을 무렵 감리교인 수는 25만 명에 달했다.[198)]

감리교인들은 개척자들을 전도하는 데 성공했는데, 그 이유는 그들의 교리와 조직이 개척지 상황에 잘 들어맞았기 때문이다. 순회 목사들의 설교는 정착민들 마음에 와 닿았다. 감리교인들은 장로교인들이 가르치는 한정적 은혜와 예정론과는 반대로 값없이 받는 무한정의 은혜와 자유의지에 대해 설교했다. 개척지 감리교인들은 그들의 전도대상자들에게 전하기

---
198) M. Thomas Starkes, "God's Commissioned People" (Nashville: Broadman Press, 1984), 149.

를, 각자가 자기 자신의 운명의 주인이 되는 것은 개인의 권리라고 강조하면서 그리스도를 선택하라고 강력히 권했다. 이 자유의지에 대한 강조는 평등을 높이 보는 새로운 서방의 민주주의를 보완해 주는 것이었다.199)

감리교의 조직은 개척자의 정착에 이상적이라는 것이 증명되었다. 초창기의 모든 감리교 설교자들은 순회설교 사역을 수행했다. 그들은 한 개 이상의 교회에서 설교했고, 정규적인 지방회들(regular circuits)을 따라 여행했으며, 감리교의 모임들인 구역모임들(societies)과 속회들(classes)에서 설교했다. 지방회는 속회의 숫자에 따라 크기가 다양했다. 만일 어떤 곳에 속회가 없으면 순회 목사들은 속회를 세우려고 노력했다. 보통은 한 지방회에 20-30개의 속회들이 있었다.200)

호레이스 감독(Horace Bishop)의 지방회와 함께한 경험은 대부분의 순회 목사들의 전형적인 모습이었다.

나는 한 달에 28번 설교했다. 나는 국가적인 세탁의 날인 금요일 이외에는 아침과 저녁 식사를 같은 장소에서 한 적이 없었다. 나의 말안장에 매달은 주머니의 한쪽은 단어숙어집, 다른 한쪽에는 책 넣은 상자... 내가 약속한 사람들을 만나러가는 길에, 말이 풀을 뜯을 수 있는 장소의 아무 나무 밑에서나 공부했다... 나는 편리한 곳이면 어디서나 잤는데 흙바닥이건 나무를 깐 마룻바닥이건 가리지 않았다.201)

순회 목사들은 자기들이 순회하느라 너무 바쁠 때, 지역의 사역을 수행할 수 있도록 평신도들을 격려하고 설교자로 임명했다. 평신도 설교자들도 개척지에서 감리교를 확산하는 데 큰 역할을 한 것이다. 보통, 믿음의 확실함을 보여 주고 말하는 능력이 있는 젊은이는 실험 설교를 해 보도록 격려를 받았다. 만일 실험 설교의 노력을 교인들이 좋게 생각하면, 순회 목사는

---

199) William Warren Sweet, "The Story of Religion in America"(New York: Harper & Brothers, 1950), 219.
200) Ibid.
201) Ross Phares, "Bible in Pocket, Gun in Hand"(Lincoln: University of Nebraska Press, 1964), 156.

그 젊은이에게 "권사(勸士) 자격증(exhorter's license)"을 주어 설교를 맡겼다. 어떤 권사들은 순회 목사가 되기도 했으나 대부분은 평생을 권사로 봉사했다. 대부분의 평신도 설교자들은 교육을 거의 받지 못했으나 그들은 그 사역을 열정적으로 감당했다. 두 명의 평신도 설교자들, 즉 프란시스 클라크(Francis Clark)와 존 더럼(John Durham)은 켄터키에서 최초로 감리교 속회를 세웠다.202)

감리교의 모든 설교자들은 "감리교 훈련교재 (The Methodist Book of Discipline)"에 나와 있는 설교 방법을 따르려고 노력했다. 이 교재에 따르면, "설교의 가장 좋은 방법은 무엇인가? 1) 구원을 확신시키는 것 (To convince), 2) 그리스도를 믿도록 제시하는 것 (To offer Christ), 3) 결신하도록 초청하는 것 (To invite), 4) 양육하여 세우는 것 (To build up) 등이다. 또 이것을 하기 위해서 모든 설교에서 어떤 대책을 세우는 것이다." 개척지에서 감리교인들이 빠르게 증가한 것은 설교자들이 지시받은 방법들을 얼마나 잘 따랐는지를 증명해 주는 것이다.203)

개척지 사람들은 일반적으로 유급 목회를 믿지 않았다. 모든 설교자는 가난하고 겸손해야 한다고 생각했다. 분명히 감독 애슈베리는 이런 생각을 장려했다. 한 예로 그는 "주여, 설교자들을 가난하게 하여 주옵소서"라는 기도를 했다고 한다. 실상은 그러한 기도가 필요하지 않았다. 분명하게, 순회 목사들은 돈을 바라고 사역에 뛰어들지 않았다. 1800년대 이전의 순회 목사들의 연봉은 $64이었다. 1816년에 연봉은 $100로 올랐다. 그러나 연봉은 허락한 것이지 지불한 금액일 필요는 없었다. 피터 카트라이터는 결혼하지 않은 순회 목사들은 보통 일 년에 $40 정도를 받았다고 보고했고, 결혼한 설교자들은 곧 굶주림에 허덕이게 되었다고 기록했다.204)

---

202) Sweet, "Religion in America", 219.
203) John B. Boles, "The Great Revival"(Lexington: The University of Kentucky Press, 1972), 112.
204) Phares, "Bible in Pocket", 159.

침례교의 농부 설교자들

개척지의 침례교인들은 감리교인들과 같은 조직을 가지고 있지 못했다. 그러나 그들의 단순한 메시지, 감동적인 설교, 유연한 정치 형태 등은 역시 개척자들의 정착지 생활에 적합했다. 미국의 혁명 이후에 침례교인들은 빠르게 증가했다. 이 발전은 농사를 지어서 가족을 보살피는 겸직(Bi-vocational) 목사들이 이끌었다. 이들 농부 목사들은 정규교육은 거의 받지 못했으나, 설교하라는 하나님의 부르심을 받았다는 확신을 가지고 있었으며, 예수 그리스도를 통해서 구원을 받는다는 메시지를 거룩한 담대함(holy boldness)으로 선포했다.

이들 초기의 농부 설교자들은 그들의 사람들과 가깝게 동일시되었으며, 그들의 곁에서 살았고 또한 같이 일했다. 목사나 교인들은 모두 흙바닥으로 된 통나무집에 살았다. 그들은 모두 함께 농지를 개간하고 그루터기들을 뽑아내고 곳간을 지었다. 그들은 옥수수와 콩을 심었고 된서리가 내린 다음에는 돼지들을 잡아 축제를 열었다. 목사들은 사람들의 필요가 또한 자기의 필요였기 때문에 그들의 필요들을 쉽게 이해할 수 있었다.[205]

농부 목사의 좋은 예는 존 테일러(John Taylor)였다. 테일러는 버지니아의 성공회 집안에서 태어났다. 그는 윌리엄 마셜의 목회 사역을 통해 그리스도를 영접했다. 그는 1783년에 그의 부인과 아이들을 다 모아서 납작한 배와 말을 타고 켄터키로 3개월간의 긴 여행을 했다. 마침내 그는 우드워드 군에 정착하여 농장을 개간했고, 그는 몇 사람의 침례교인들과 함께 클리어 클릭 침례교회(Clear Creek Baptist Church)를 개척했다. 그는 그 클리어 클릭 교회에서 9년간 목사로 섬겼다. 그의 농장은 운영이 아주 잘 되어서 그는 그 지역에서 유명 인사가 되었다. 그는 여름마다 설교여행을 떠났고, 켄터키, 웨스트버지니아, 노스캐롤라이나, 그리고 테네시

---

205) Ibid., 155.

에 7개의 교회를 세우는 데 일익을 담당했다. 이들 모든 봉사는 교회로부터 정규 교육이나 재정적 지원을 받지 않고 수행한 결과였다.[206]

대부분의 새로운 침례교회들은 클리어 클릭 침례교회가 한 것처럼 똑같은 방법으로 시작되었다. 한 농부 목사가 새로운 어떤 공동체에 이사 왔을 때, 그는 이웃에 사는 사람들이 혹시 침례교인이 아니었는지 알기 위해 이웃집들을 방문한다. 그 다음 그는 중앙에 위치한 통나무집이나 깨끗하게 정리된 장소에서 주일 예배모임을 시작한다. 보통 처음 교회 건물은 통나무집이었다. 초기 교회들의 이름은 대부분 정착민들이 살고 있는 곳의 시내(개울, creek)의 이름으로부터 취한다. 그래서 테네시나 켄터키 주의 많은 교회들의 이름이 "Old Yellow Creek"이라든가 "Turkey Creek"이라든가" Stinking Creek"이라고 지었다.[207]

농부 목사의 설교는 대개 개척민들이 만족해했다. 설교자들은 예수를 신뢰하는 사람들에게는 달콤한 천국을 약속했고, 예수를 거부하는 자에게는 뜨거운 지옥이 기다린다고 말했다. 그들에게는 애매모호할 시간적 여유가 없었다. 한 사람에게 있어서는 예수 아니면 마귀였다. 세세한 교리적 구별에 흥미가 없었던 개척민에게는 오히려 이 간단한 메시지가 더 매력적이었다. 그들은 담대하게 선포되는 간단한 복음을 좋아했다.

침례교 정치형태 역시 개척지에 적합했다. 각 침례교회는 자주적이었고, 또한 자치적이었다. 이것은 교회들이 할 수 있는 한 빨리 배가할 수 있다는 것을 의미했다. 교회를 설립하는 데 필요한 모든 것은 단지 같은 생각을 가진 그룹의 합의 하나뿐이었다. 회중의 결정 방법에 있어서 침례교의 민주주의적 방식이 또한 서구 사람들의 마음에 들었다. 침례교인들은 안수를 위해서 방대한 교육이 필요치 않았다. 그들은 간단히 사역을 위한 하나님의 부르심을 보여주고, 설교에 은사가 있고, 안수를 받기 위해서 성

---

206) Sweet, Religion in America", 216.
207) Ibid., 217.

경에 대한 기초지식만 좀 있으면 되었다. 이들 간단한 한정적 요건은 개척지 교회들의 늘어나는 숫자의 필요를 채우기 위해서 농부 설교자들이 자연적으로 증가된다는 것을 의미했다. 안수를 위해서 엄격한 요건을 요구하는 교단(장로교 같은 교단)에서는 더딘 속도로 성장하는 것은 당연한 귀결이었다.208)

제2차 대각성운동

제2차 대각성운동은 대략 1800년에서 1830년까지 미합중국을 휩쓸었던 부흥이다. 동부에 있어서의 부흥은 서부개척자들의 부흥과 다른 면이 있었다. 이 동부의 부흥은 몇 가지 면에서 매우 중요하다. 첫째, 대각성운동은 새 국가의 잘못된 이신론(理神論, Deism)을 막는 데 도움을 주었다. 이신론은 하나님께서 세상을 창조하셨다는 것은 믿으나, 그는 인격적으로 거기에 살고 있는 생물들이나 현재의 세상에는 관여하지 않으신다는 학설이다. 이신론은 1780년에서 1800년 사이에 영국과 프랑스에서 매우 인기 있던 철학이다. 이것은 같은 시기에 미국의 지성인들 사이에서도 대단한 인기를 얻었었다. 부흥 역시 새로운 개척지 정착민들의 복음화에 필요한 영적 원동력을 제공하였다. 새로운 서부 도시들에 복음을 전해야 하는 과제는 미국의 성직자에게 창의성과 자원들에 과중한 부담을 주었다. 그들은 믿음의 상태와 개척자들의 도덕성을 염려했다. 제2차 대각성운동은 서부가 기독교화될 것과 야만적인 생활 속으로 떨어지지 않을 것을 보장했다. 마지막으로 대각성운동은 북아메리카의 잃어버린 영혼들을 복음화하는 중요한 방법으로서 부흥집회의 위치를 확보했다.209)

---

208) Robert Baker, "T도 Southern Baptist Convention and Its People"(Nashville: Broadman Press, 1974), 87.
209) Winthrop Hudson, "Religion in America"(New York: Charles Scribner's Sons, 1965), 131-33.

동부의 부흥

제2차 대각성운동은 장로교에서 갑자기 생겨났다. 처음 부흥의 회오리는 버지니아 주 시골 오지의 작은 두 개의 대학에서 시작되었는데, 두 대학은 각각 햄든-시드니(Hampden-Sidney)와 워싱턴 대학이었다. 미국에 있는 대부분의 사람들과 같이 혁명의 어려웠던 시절에는 학생들도 종교적인 생활에는 별로 흥미가 없었다. 그러나 1786년에 햄든-시드니 대학의 학생들이 영적인 일에 큰 관심을 보이기 시작했다. 부흥은 마침내 워싱턴대학으로 확산되었다. 이들 두 대학의 부흥은 개척지에서 지도자의 역할을 감당하며 거기에서 야영집회를 격려했던 한 세대의 장로교 목사들을 만들어 냈다. 이 목사들은 신학적 훈련을 받았고 교회들 안에서 부흥이 일어나는 것을 보기를 열렬히 열망하는 목사들이었다.210)

회중교회 안에서의 부흥은 예일 대학에서 시작되었다. 1795년 티모시 드와이트(Timothy Dwight)가 예일 대학의 총장이 되었을 때, 그는 캠퍼스가 매우 비통한 상황이라는 것을 발견했다. 많은 학생들이 기독교를 공공연하게 조롱하는 불가지론자들이 되어 있었다. 그들은 이원론을 믿었으며 성경을 꾸며낸 이야기라고까지 생각했다. 드와이트 총장은 학과 시간과 교내 예배시간에 학생들과 토론을 시작했고, "신앙심 없는 철학의 본질과 위험성"이라든가 "성경이 정말 하나님의 말씀인가?"라는 제목으로 연속 강의를 했다. 1802년에는 예배시간에 "설명되어진 그리고 입증된 신학"이라는 주제로 일련의 설교를 시작했는데, 거기서 그는 이원론을 반박했다. 변증론의 효과적인 사용을 통해서 그는 학생들의 존경을 이끌어냈다. 1802년에 캠퍼스에서 부흥이 일어났다. 학생들의 3분의 1이 믿음을 고백했으며, 부흥은 다트머스, 윌리엄스, 애머스트 대학들로 확산되었고, 다시 대학들로부터 지역교회들로 확산되었다. 이 대학들의 부흥은 회중교회의

---

210) William Warren Sweet, "REvivalism in America"(Nashville: Abingdon Press, 1944), 119.

리만 비쳐(Lyman Beecher) 같은 부흥적 설교자들의 세대를 열었다. 아도니람 저드슨(Adoniram Judson)과 루터 라이스(Ruther Rice)는 이들 캠퍼스 부흥에 참석했으며 후에 미국의 최초 외국 파송 선교사들이 되었다.211)

서부의 부흥

미국의 인구는 혁명전쟁(1776-1783년) 이후에 서부로 이동했다. 세기의 바뀜은 30년 이내에 인구가 조밀해진 11개 주로 큰 이주가 있었음을 증언했다. 당시의 한 증인은 하루에 236대의 마차가 그가 사는 서부 펜실베이니아의 동네를 지나갔다고 기록했는데, 그들은 다 오하이오로 향하는 행렬이었다. 희망에 찬 정착민들의 서부에서 값싼 땅을 찾기 위한 이주는 겨울 동안에도 계속되었다.212)

이 괄목할 만한 인구의 이동은 몇 가지 문제를 일으켰다. 새로운 땅에는 학교, 교회, 그리고 공공기관도 없었다. 사회질서와 각종 규제의 부족은 많은 사람들을 인간의 기초적인 욕망에 빠지게 만들었다. 한 오하이오의 선교사가 말하기를 "성경, 안식일, 목사들, 교회들의 땅인 코네티컷에서 온 사람들은 지금은 풀려난 죄수들처럼 행동한다."라고 말했다. 뉴잉글랜드에서는 교회예배에 성실히 출석했던 사람들이 "죄 짓는 것이 자유인 이 땅에서는 그리스도를 거부한다."고도 말했다.213)

개척지의 가장 큰 문제는 집에서 만든 위스키였다. 위스키는 정착민들에게 기본 음료가 되어 있었다. 남자나 여자나 어른이나 아이들이나 교회 회원이든 목사들까지도 - 모든 사람들이 위스키를 일상적으로 마셔댔다. 상점들은 문 앞에 열린 작은 통에 위스키를 놔두었고 물건을 사러 온 고객들은 드나들면서 한 잔씩 무상으로 마셨다. 정착민들은 개척지의 집단적 행사들, 즉 칠면조 쏘기, 창고 빠르게 짓기, 옥수수 껍질 벗기기 등의 모든

---

211) Sweet, Religion in America", 226.
212) Sweet, "Revivalism", 112.
213) Ibid., 118.

제10장 미국의 개척지 전도

행사에는 위스키가 무제한 제공되었다. 그러한 결과 알코올 중독은 가장 큰 사회적 문제가 되었고 교회 기강을 허무는 가장 보편적인 원인이었다.214)

1800년의 제2차 대각성운동은 이 혼란스러운 현장을 싹 쓸어버렸다. 부흥은 컴벌랜드 계곡(Cumberland Gap)을 통해서 켄터키와 테네시 주로 넘어왔다. 대니얼 분(Daniel Boone)의 초청으로 바튼 스톤(Barton Stone) 과 제임스 맥그리디(James McGreedy)의 두 장로교 목사가 서부로 왔다. 바튼 스톤은 켄터키의 버본(Bourbon) 군에 있는 케인 릿지 집회소 (Meetinghouse)에서 설교를 시작했다. 맥그리디는 켄터키의 러셀빌 가까이에 정착하기 전에 2년 동안 테네시에서 설교자로 살았다. 맥그리디는 햄든-시드니 대학에서 부흥을 경험했고, 그리고 그는 부흥을 개척지에 가져오길 원했었다.215)

1800년 6월 맥그리디는 그의 교회인 레드 리버 집회소(Red River Meetinghouse)에서 열린 성찬식에 참석하도록 그 지역에 사는 장로교인들을 초청했다. 장로교인들의 많은 숫자는 교회로부터 멀리 떨어진 곳에 살고 있어서 성찬식에 참여할 기회가 매우 적었다. 맥그리디의 불같은 설교와 새벽과 해질녘 기도회에서 부흥이 일어났다. 많은 사람들이 구원을 받았고, 또 많은 사람들이 소생(甦生)했다.216)

첫 번째 진짜 "야영집회"는 그 다음 달 개스퍼 리버(Gasper River)에서 열렸다. 목사들은 야외에서 예배를 시작했고, 사람들은 마차에서 생활했다. 이 개스퍼 리버에서의 집회 형태를 다른 야영집회에서도 쫓아서 시행했다. 사람들은 야영장을 지형에 따라 원형, 사각형, 또는 말발굽형으로 만들었다. 정착민들은 설교자들을 위한 강단을 한 개 또는 여러 개를 만들고 청중들을 위해 널빤지로 청중들이 앉을 자리를 만들었다. "구도자들

---

214) Ibid.
215) Earle Cairns, "An Endless Line of Splendor"(Wheaton, Ill.: Tyndale House, 1986), 100: and Lewis Drummond, The Puritan and Pietistic Tradition, "Review and Expositor",(Fall 1980),491.
216) Cairns, "Endless Line of Splendor", 100.

(Seekers)"을 위해서는 설교자 단상 가까이 칸막이 난간을 세웠다. "Runners"라고 부르는 아이들은 떠돌이 돼지나 개들을 쫓아버리는 일을 담당했다. 설교자들은 예배를 오전 11시, 오후 3시, 그리고 오후 7시에 각각 시작했다. 이 예배들은 먼저 찬양을 하고, 설교한 다음에는 설교자가 사람들에게 그리스도를 영접하도록 강력히 권하는 초청의 시간이 있었다. 설교자들은 매일 아침 기도회를 인도했다. 사람들은 자기들이 먹을 음식을 가지고 와서 먹었고, 잠은 마차에서 자거나 맨땅에서 잤다. 야영집회는 고립된 지역에서 사는 개척지 정착민들에게는 아주 중요한 인간관계 행사의 하나였다.217)

바튼 스톤은 맥그리디의 Red River 집회에 참석하여 깊은 감명을 받았다. 그는 1801년 8월 6일부터 12일까지 켄터키의 패리스(Paris) 근처의 Cane Ridge에서 야영집회를 열었다. 참석자들의 소속은 매우 폭넓게 추측되었는데, 약 2만여 명에 이르렀다. 30여 명의 감리교, 장로교, 그리고 침례교 목사들이 예배를 인도했다. 참석자들은 켄터키, 테네시, 그리고 오하이오에서 왔다. 참석자들이 많았던 이유는 같은 야영장에서 여러 가지 다른 예배들이 동시에 거행되었기 때문이었다.

예배들은 초청과 강력한 권고로 끝마쳤다. 사람들은 육체적으로 그리고 감정적으로 반응했다. 기록된 보고서들에 따르면 사람들은 넘어지고, 구르고, 머리를 뒤흔들고, 개처럼 짖고, 춤을 추고, 노래를 하며, 울고, 큰소리로 웃기도 했다고 기록했다. 이러한 현상을 해석할 때, 누구든지 이 사람들이 위험한 환경에서 살고 있다는 것을 기억해야 할 것이다. 야영집회는 기간은 짧았지만 강렬한 신앙적 경험이었다. 대부분의 목사들은 사람들을 지나치게 격려하지는 않았지만, 그들은 감정이 신앙생활에서 중요한 부분이라는 것을 바로 이해했다. 설교자들은 야영집회에 참석한 사람들에게 성경적, 교리적 지식을 가르치는 기회로 사용했다.218) 장로교인들은 1805

---

217) Ibid., 101.
218) Ibid.

년까지만 야영집회를 열었고, 감리교인들과 침례교인들은 야영집회를 1840년까지 계속했다. 감리교인들은 야영집회를 "감리교 추수기(Methodist harvest time)"라고 불렀다. 애슈베리(Francis Asbury) 감독은 1811년에 400 내지 500회의 야영집회가 열렸다고 추정했다. 1820년에는 아마도 1,000회 이상 열렸을 것이다. 1805년에 애슈베리 감독은 성공적인 야영집회를 통해 많은 사람들이 구원받았다고 다음과 같이 그의 일기장에 기록했다.

> *Duck Creek 야영집회에서 500영혼이, Accomack 야영집회에서 400영혼이 구원받았고, Annamessex chapel의 숲에서 200명의 영혼이, Sosmerset의 Line chapel에서 120영혼이, Todd chapel의 Dorset에서 200영혼이, Carolina의 계간(3개월에 한 번 열리는)집회에서 75영혼이 구원 받았다. 이들 모든 구원의 확신은 회심시키는 은혜(converting grace)를 받은 것이다.219)*

1808년에 애슈베리 감독은 또 오하이오의 Deer Creek에서 열린 야영집회의 결과에 대해서도 기록했다. 그는 "야영집회장에는 23명의 순회 또는 지역 목사들이 현장에 있었다."고 기록했다. 거기에는 대략 125개의 마차와 천막들, 그리고 약 2천 명의 사람들이 있었다.220)

제2차 대각성운동의 결과들

야영집회(camp meetings)는 개척지에서 확실히 몇 가지 방법으로 기독교를 확산하는 데 큰 영향을 주었다.

1. 수천 명이 회심했다. 위에서 말한 것과 같이 야영집회들은 전도자들에게 좋은 추수기(harvest times)들이었다.
2. 수천 명의 사람들이 교회에 등록했고, 일반 성도들의 참석자 수도 증가했다. 1800년과 1802년 사이에 켄터키의 6개의 침례교 협회들(Baptist

---

219) Ibid.
220) Sweet, "Revivalism", 130.

associations)에서 교인수가 4,766명에서 13,569명으로 증가했다. 1800년에서 1805년 사이에 켄터키와 테네시 주에서는 감리교인 수가 3,030명에서 10,158명으로 증가했다. 사우스캐롤라이나에서는 1802년까지 야영집회를 하지 않았으나, 1802년에서 1805년 사이에 감리교인 수가 7,443명에서 16,089명으로 증가했다.

3. 부흥의 결과로 두 개의 교단이 새로 생겼다. "컴벌랜드 장로교회"와 "그리스도의 제자들(Christian Church)"이 그들인데 이들은 두 대각성운동의 결과로 생겨났다.

4. 남부에서 침례교회와 감리교회가 우세한 교회들이 되었다. 장로교회도 야영집회를 시작했으나 곧 이 방법을 중단해 버렸다. 많은 장로교 목사들은 야영집회 예배에서의 감정적 본질을 진정한 믿음으로 보지 않았으며, 오히려 그들은 정확한 교리에 관심이 적은 것을 개탄해했다. 그러나 침례교단과 감리교단에서는 큰 효과를 얻는 야영집회를 계속했고 그들은 평신도 설교자들과 신학교육을 받지 않은 목사들을 사용하여 교회개척의 원동력을 유지할 수 있었다. 1850년대까지 남부의 12개 주에서는 5,298개의 침례교회와 6,061개의 감리교회가 있었고, 장로교회는 1,647개에 그쳤으며, 감독교회파의 성공회 교회는 겨우 408개(이중 315개가 대서양 연안에 위치함)에 불과했다.

5. 부흥은 개척지 사람들의 도덕적 풍조(moral climate)를 변화시켰다. 부흥이후에 사회적 도덕성은 눈에 보일 만큼 향상되었다. 버지니아의 장로교 지도자인 조지 백스터가 1801년 후반기에 서부를 방문하고 그의 친구에게 다음과 같은 서신을 보냈다.

켄터키로 가는 도중에 길에서 정착민으로부터 들었는데, "켄터키를 여행하는 여행자들의 격이 완전히 달라져서, 전에는 방종이었다면 지금은 절제와 근엄함으로 변했습니다."라고 말했다. 실제로 나는 켄터키가 내가 전에 가본 적이 없는 매우 도덕적인 곳이라는 것을 발견했는데, 신성을 모독하는 표현은 거의 듣지 못했고, 종교적 경외심이 지역에 널리 퍼져있는 것 같았고, 약간의 이신론적인 특성을 인정하더라도, 어떤 원인으로부터 부흥이 시작되었든지 간에, 부흥은 분명히 사람들을 좋게 변화시켰다네.[221]

6. 부흥은 개척지 사람들을 문명화시켰다.
7. 개척지의 우세한 신학을 칼빈주의에서 알미니안주의로 바꿔 버렸다. 야영집회의 설교자들은 구원을 선택하는 데 인간의 자유의지를 강조했다. 이 알미니안 교리는 전도에도 영향을 주었다. 대각성운동은 개인전도는 강조하고, 교리적 신조와 신학교육을 덜 강조하는 것을 특색으로 한다.
8. 부흥은 다음 세기를 위한 기독교 윤리적 형태를 설정해 주었다. 신앙부흥적(revivalistic) 교회들은 사회변혁보다는 오히려 죄인인 개인들의 회심에 집중했다. 경건주의자들과 같이 개척지의 설교자들은 변화된 사람이 사회를 변화시키고 대중의 도덕성을 개선한다고 믿었다.222)

해석과 적용

제2차 대각성운동은 미합중국이 기독교 국가가 되는 것을 확실하게 도왔다. 그것은 또한 남부가 복음주의교회가 우세하게 될 것을 보장함으로써 그것을 "바이블 벨트(Bible Belt)"라고 부르게 되었다. 대각성운동은 개척자들을 변화시켰고 개척지를 기독교 요새로 만들었다.

야영집회는 부흥집회를 전도의 중요한 방법으로 강화시켰다. 그들은 또한 미국 전도의 개인주의적인 성격도 강화시켰다. 개척지 설교자들은 그리스도에 대한 개인적 믿음을 공개적으로 고백하도록 집회 중에 개인들을 불러냈다. 이 순서는 그들의 친구들이나 이웃들 앞에서 행해졌으며, 개인으로 하여금 나중에 타락하는 것을 방지하는 효과도 있었다.

야영집회의 감정적 관점은 너무 지나친 주목을 받았다. 감정적 현상은 보편적인 것이지만, 주된 것은 아니었다. 사실 일반적으로 야영집회의 매력은 개척지 교회와 목사들의 본질적이고 일상적인 사역의 침체를 탈피하

---

221) Boles, "Great Revival", 186-87.
222) Ibid., 183-87.

기 위해서 일어난 것이다. 개척지의 모든 복음주의적 교회들은 개인적 회심을 강조했으며 그들은 개인들이 그 결단을 내리도록 노력했는데, 이것은 오늘날의 교회에서도 마찬가지로 위험한 것이다. 너무나 많은 교회들이 그들의 주된 전도방법으로 부흥에만 의존했다. 그것은 마치 그들이 일 년 중에 1-2주간만 전도에 노력하고 나머지 시간에는 전도를 등한시하는 것처럼 보였다. 이것은 확실히 초대교회가 말하는 모습으로부터는 너무 많이 모자라며 잘못된 것 같다.223)

그러나 야영집회는 전도에 있어서 하나의 중요한 인자인 "인간의 감정"에 대해 생각하게 한다. 현대 많은 교회 지도자들은 종교에서 감정적 요소를 신뢰하지 않는다. 이것은 개인생활에서 감정의 중요성을 부정하는 것처럼 보이지만 감정은 사람이 행하는 모든 것에 영향을 준다. 오순절과 은사중심 교회들은 이것을 이해하고 예배에서 감정의 배출구를 마련한다. 당연히, 모든 사람들은 예배에서 다 같은 길을 선택하지 않는다. 사실 사람들은 서로 다른 길을 통해서 그리스도께 나온다. 아직도 교회들은 종교에서 감정적인 요소를 묵살하는 잘못을 저지르고 있다.

서부 개척자들의 기독교 역사는 융통성 있는 방법들의 중요성을 보여주고 있다. 침례교인들과 감리교인들은 개척민들의 필요에 잘 조화하는 융통성이 있었다. 그들은 그들의 방법을 상황에 잘 적응시켰으며, 그래서 그들은 발전하였다. 그리스도를 통한 구원의 메시지는 결코 변하면 안 되지만, 전도 방법은 변화되지 않으면 안 된다.

마지막으로, 개척자들의 경험은 또한 교회개척의 중요성을 예시한다. 새로 정착하는 지역들은 많은 새 교회들을 필요로 한다. 개척지에서 적극적으로 교회개척을 한 교단들은 발전했다. 그것은 오늘날에도 마찬가지여서 역동적인 교단들은 교회개척을 계속하고 있다.

---

223) Sweet, "Revivalism", 132.

제10장 미국의 개척지 전도   167

연구를 위한 질문들

1. 미국의 혁명 이후 인구의 이동이 어떻게 미국 기독교에 영향을 주었는가?
2. 서부의 제2차 대각성운동은 동부와 어떻게 달랐는가?
3. 개척지에서 어떤 인자들이 감리교와 침례교를 발전하게 만들었는가?
4. 야영집회에서 종교적 경험의 특성을 어떻게 진술하겠는가?
5. 야영집회는 미국 기독교에 어떻게 영향을 미쳤는가?

제11장 19세기의 부흥운동

1800년대에는 미국 교회들은 부흥집회를 전도 기술의 표준으로 만들었다. 여행전도자(traveling evangelist) 역시 미국 사람들의 생활에서 흔히 볼 수 있게 되었다. 1800년대의 전도자들은 개척지의 야영집회에서 일어난 시골의 신앙부흥운동을 도시로 가져왔다. 그들은 부흥을 도시 사람들이 받아들일 수 있도록 새로운 옷을 입혔다. 전도자들은 부흥을 제도화하였는데, 즉 하나님의 뜻에 따라 축복을 놀랍도록 부어주시는 것이라기보다는 계획된 행사로 만들었다. 이번 장에서는 19세기에 가장 중요하고 대표적인 두 사람의 전도자들, 찰스 피니와 드와이트 무디(Dwight L. Moody)를 중심으로 다루고자 한다.

찰스 피니 (Charles G. Finny)

피니의 생애

찰스 피니(1792-1875)는 뉴잉글랜드에서 출생했으나 자라기는 온타리오 호수 근처의 뉴욕 헨더슨에서 자랐다. 그는 법관이 되려고 결심했고 뉴욕에서 애덤스의 법전을 읽었다. 그는 장로교 지역교회에서 외관상으로는 찬양대를 인도했다. 1821년에 그는 성경을 공부하기 시작했고 장로교 지역교회 목사인 조지 게일(George Gale) 목사와 성경 가르치는 일을 논의했다. 피니는 어느 날 자기의 구원 문제에 대해 결말짓기로 작정했다. 그는 숲속으로 들어가 거기서 하루 종일 기도했다. 오후 늦게 그는 도시의 자기 집으로 돌아와서도 계속 기도했다. 늦은 저녁에 그는 하나님의 은혜와 죄 사함을 받은 경험을 다음과 같이 기록했다.

> *성령님께서 나의 몸과 영혼을 관통하는 것처럼 내 위에 내려 오셨다. 전기의 파동과도 같은 인상을 주는 것이 계속 나를 관통하는 것을 느낄 수 있었다. 실로 그것은 유동적인 사랑의 파동들이 계속 들어오는 것 같았다. 그런데 나는 그것을 다른 어떤 방법으로도 표현할 수가 없다.*[224]

제11장 19세기의 부흥운동

피니는 그가 새롭게 발견한 믿음에 대해 즉시 증거하기 시작했다. 법률사무소에 한 고객이 찾아왔을 때, 피니는 그에게 다른 법률사무소를 찾아보라고 말하기 일쑤였으며, 그의 관심은 설교자가 되는 것이었다. 그는 조지 게일 목사의 보증으로 1823년에 세인트 로렌스 노회에서 설교 자격증을 받았고, 1824년에 뉴욕 제퍼슨 카운티의 선교사로 임명되었다.225)

피니의 초기 전도 설교는 조금은 동요를 일으켰다. 그가 예정론을 강조하지 않았기 때문에 그의 신학은 당시의 대부분의 장로교인들의 신학과 조금 다른 면이 있었다. 1824년에 피니는 Lydia Andrews와 결혼했고, 그것은 그들 부부가 지역 교회에서 평범하게 섬기는 것처럼 보였다. 1825년 피니의 가족이 뉴욕의 서부 타운에서 새로운 목사직을 맡기 위해서 조지 게일 목사를 방문했을 때, 모든 것이 완전히 변했다. 게일 목사가 피니에게 설교를 부탁했고, 그가 설교했을 때, 그 타운의 사람들이 열광적으로 반응했다. 이 성공으로 피니는 부흥사로서의 진로가 시작되었다.226)

1825년부터 1831년까지 피니는 부흥집회를 뉴욕의 북부와 서부 도시들에서 개최했다. 이 지역에서는 부흥회가 매우 많아서 "성령의 불로 불타버린 지역(burned over district)"이라고 불렀다. 어디서든지 피니가 설교했을 때, 그는 대중의 지지를 받았다. 그의 후리후리한 키와, 맑은 목소리, 꿰뚫는 듯한 눈매, 그리고 열정적인 말투 등은 사람들로부터 사랑을 받기에 충분했다. 그는 큰 군중을 긁어모았으며, 그런 다음 그들이 믿음으로 결단하고 하나님께 그들의 삶을 헌신하도록 도전했다. 피니는 사람들에게 그리스도에게 인격적으로 결단하는 것이 필요하다고 역설했다. 피니가 가장 큰 성공을 거둔 것은 1830-1831년 사이에 뉴욕의 로체스터에서 개최

---

224) V. Raymond Edman, "Finney Lives On "Minneapolis: Bethany Fellowship, 1971), 35-36.
225) James E. Johnson, Charles Grandison Finney: Father of American Revivalism, "Christian History", 20:6-7.
226) Ibid.

한 집회였다. 피니의 설교는 도시 전체에 영향을 주었다. 상점 주인들은 집회에 참석하기 위해서 상점을 닫았으며, 선술집들도 손님이 없어서 문을 닫을 정도였다.227)

로체스터의 집회가 끝나자 피니는 곧 뉴욕시의 Chatham Street 교회의 목사로 부임했다. 뉴욕시에 있는 동안 "신앙부흥강론"(Lectures on Revivals of Religion)이라는 제목으로 출판한 책을 중심으로 일련의 부흥강좌를 개설했다. 이 책은 다음 세대의 부흥사들을 위한 핸드북이 되었다. 1835년 Tappan 형제들을 포함한 피니의 부유한 후원자들은 피니를 위해 브로드웨이 교회를 지었는데, 이 교회는 원형으로 되어 있어서 피니의 꿰뚫는 응시가 모든 사람을 향해 돌아볼 수 있도록 하였다.228)

1835년에 피니는 오하이오의 Oberlin 대학의 교수가 되었다. 그가 교수직을 받아들인 것은 그의 시간을 브로드웨이 교회와 대학으로 나누어 쓰기 위해서였다. 이 계획은 오래가지 않았고 피니는 그의 관심을 점점 대학에 집중했다. 피니는 여러 해 동안 가을과 봄 학기에는 오버린 대학에서 강의를 하고 여름에는 동부에서 부흥회를 인도하는 데 보냈다. 1850년대에는 일련의 부흥회를 인도하기 위해 영국을 두 번 방문했는데 거기서 그는 보통 정도의 성공을 거뒀다.229)

말년에 피니는 장로교회를 떠나서 오하이오 오버린의 회중교회 목사가 되었다. 그는 대부분의 시간을 대학 강의와 그의 교회에서 설교에 전념했다. 그는 Asa Mahan과 함께 "그리스도인의 완전론(Christian perfectionism)"의 교리를 개발했고, 피니의 말년의 설교는 주로 이 주제에 관한 것이었다. 그는 또한 미국의 노예제도 폐지운동에 강력한 주모자가

---

227) Ibid. and William G. McLoughlin, "Revivals, Awakenings, and Reform"(Chicago: University of Chicago Press, 1978), 123.
228) Johnson, Charles Grandison Finney, 8.
229) Ibid.

되었다. 이들 두 가지 관심은 조금은 그의 부흥 설교를 손상시켰으며, 그가 전에 성공했던 보스턴과 로체스터에서조차도, 나중에는 부흥에 성공하지 못하고 실망스런 결과를 가져왔다. 아마도 그의 완전론에 대한 설교는 관중을 혼란스럽게 했을 것이다. 피니는 1875년 그가 죽을 때까지 오버린에서 설교와 가르치는 일을 계속했다.230)

피니의 메시지

피니는 그의 시대에 뉴잉글랜드 칼빈주의를 강력하게 비판했다. 견고한 칼빈주의자들은 하나님의 주권과 죄인들을 구원하기 위한 하나님의 택정(예정론)을 강조했다. 피니는 칼빈주의를 "케케묵은 허구 소설(Old fiction)"이라고 불렀으며, 그는 인간의 자유의지를 강조하는 개인신학을 발전시켰다. 개인은 그리스도를 선택하거나 거절할 수 있는 자유를 가지고 있다고 믿었다. 천국이나 지옥에 가는 것을 선택하는 것도 개인에게 달린 것이라고 믿었다. 피니는 그리스도를 거부하는 것에 대한 참을성이 적었다. 그래서 그는 죄인들이 "할 수 없다고 하는 것은 그의 의지가 하지 않겠다는 것이다. 개인의 의지는 자유로운 것이며, 죄와 거룩함은 마음의 자발적인 행동들이다"라고까지 말했다.231)

피니는 오래 전에 기록된 신조들과 고백록들을 믿지 않았다. 그는 신조들은 상식적인 것과 인간의 경험에게 길을 주어버린 것이라고 말했다. 그는 사람들에게 아담의 죄가 그들에게 영향을 준다는 것을 말하지 않았고, 그 대신에 그들 자신의 죄를 고치라고만 도전했다. 그는 전적 부패(Total depravity)를 부정하고 사람들은 그들 자신의 이기심과 육체적 욕망에 묶여 있는 것이라고 주장했다.232) 피니는 그의 회상록에서 그가 그의 초기 부흥회에서 설교했던 교리들을 다음과 같이 요약하였다.

---

230) Ibid.
231) McLoughlin, "Revival, Awakening, and Reform", 125.
232) Johnson, Charles Grandison Finney, 9.

*총체적 도덕, 갱생하지 않은 사람의 자발적 부패는, 진리를 통해서 성령의 능력에 의한 근본적인 마음의 변화가 필요하다. 이것은 우리 주 예수 그리스도의 신성과 인간애에 의한 것이며, 모든 인류가 동일하게 원하는 것은 그의 대속적 속죄뿐인데, 이것은 하나님의 선물이요 성령의 능력에 의한 것이며, 구원의 조건으로는 거룩함 안에 지속적인 회개, 믿음, 믿음으로 의롭게 됨, 그리고 믿음에 의한 성화이다.*233)

피니의 설교는 놀라울 만큼 직설적이었다. 그는 일상 회화의 구어체로, 개인적인 특유의 스타일로 설교했다. 이것은 그 시대에 새로운 접근 방법이었다. 그는 가끔 강단에서 각각 죄인들의 이름을 불렀다.

오! 하나님, 사악한 사람, 마음이 굳은 죄인의 마음을 크게 감동시켜 주시고... 오! 하나님, 어려움, 고통, 불행 등을 날려버리고 이 밤에 침실에 들게 하옵소서... 전능하신 하나님 그가 지옥을 떨쳐버리게 하옵소서!

물론, 개인의 이름을 부르는 것은 작은 도시에서는 죄인에게 회개하도록 하는 상당한 압박을 가하는 것이었다. 대부분의 죄인들은 하나님과 화평을 누리기 위해 앞에 마련된 "구원을 갈망하는 의자(anxious bench)"로 나왔다.234)

피니의 방법들

피니는 전도 방법과 교회의 부흥에 대한 개념을 완전히 바꿔버렸다. 조나단 에드워즈와 조지 휘트필드는 부흥은 하나님께서 각성시킨 그리스도인들에게 부어주시는 하나님의 은혜(God's blessings)라고 믿었다. 시간과 기회는 하나님의 손에 달려 있으며, 인간은 그것에 영향을 줄 수 있는 것은 아무것도 없다. 설교자는 단순히 하나님의 도구일 뿐이다. 하나님께서 성

---

233) William Warren Sweet, "Revivalism in America"(Nashville: Abingdon, 1944), 136.
234) McLoughlin, "Revival, Awakening, and Reform", 125.

자들(Saints)을 소생시키시고 죄인들을 회심시키신다고 하였다. 그러나 이와는 현저하게 대조적으로, 피니는 가르치기를 "부흥은 기적이 아니며 어떤 의미에서도 기적에 의존하지 않는다. 그것은 순전히 구성하는 방법들의 올바른 사용에 의한 철학적 결과이다."라고 말했다. 에드워즈와 휘트필드가 부흥이란 하나님의 역사하심이라는 칼빈주의적 관점을 강조한 반면에, 피니는 인간의 행동에 중점을 둔 알미니안주의적 접근을 취했다.235)

피니는 도시에 대중전도(Mass Evangelism)를 도입함으로써 전도에 또 하나의 변화를 가져왔다. 그는 현대적 대중전도의 아이디어를 도입했으며 도시 지역에 효과적으로 도입했다. 비판자들은 피니의 진보된 방법을 "새 방책들(New Measures)"이라고 불렀으며, 이 혁신들은 많은 논쟁을 일으켰다. 그의 방책 중의 하나는 "오래 끄는 집회(Protracted meeting)"이다. 피니의 초기 전도집회는 보통 3-4일 동안 계속되었다. 예배는 매일 아침과 오후와 저녁에 거행되었다. 보통 집회 중에는 도시 전체가 문을 닫았고, 집회들은 가끔 천막, 극장, 강당, 또는 큰 교회에서 열렸다. 부흥이 도시로 들어올 때, 기획하는 사람들은 일정을 바꾸지 않으면 안 되었다. 왜냐하면, 상인들은 그들의 경쟁자들이 문을 닫지 않는데 자기들의 상점 문을 3-4일간 닫을 수가 없었다. 그래서 피니는 그의 대부분의 집회를 야간에 "오래 끄는" 집회를 시작하여 3-4주일 동안 야간에만 계속했다. 또한, 대부분의 부흥사들은 특정한 교단을 위한 예배를 인도했지만, 피니는 "연합 집회(Union meeting)"로 대중화하여 도시의 모든 교회들이 함께 참여하여 대회를 후원하도록 하였다.236)

피니는 다른 많은 방법들도 사용했는데 지금은 일상화되었지만 그의 시대에는 놀랍도록 혁신적인 것들이었다. 그는 기도하는 그룹을 조직했는

---

235) Nathan O. Hatch, Mark Noll, and John Woodbridge, The Gospel in America (Grand Rapids: Zondervan Publishing House, 1979), 141; and William G. McLoughlin, Modern Revivalism (New York: Ronald Press, 1959), 11.
236) Mcloughlin, "Revivals, Awakenings, and Reform", 127.

데, 그들은 그의 도착을 위해 기도했다. 일반 성도 도우미들은 광고지를 우송하고, 그의 운동을 널리 알리기 위해서 신문에 광고를 실었다. 그는 사역자들과 활동적인 일반 성도들을 훈련시켰는데, 이것은 집회 장소의 앞자리에 있는 "구원을 갈망하는 의자(anxious bench)"에 앉아 있는 죄인들을 상담하기 위함이었다. 그는 가가호호 방문하여 사람들에게 복음을 전하고 그들을 예배에 참석하도록 초청했다. 그의 집회에서 음악을 지도하기 위해 유명한 음악가를 고용했으며, 현대적인 음악을 사용하도록 격려했고, 성가대들도 훈련을 시켰다. 피니의 아내는 여성들만을 위한 특별 예배를 인도했으며, 피니는 여성들에게 집회에서 큰소리로 기도하는 것을 허용했다. 후에 전도자들이 피니의 방법들을 다듬기는 했으나 대부분은 그의 표본을 많이 답습했다.237)

피니의 전도집회 결과들

찰스 피니는 그의 시대에 가장 위대한 전도자였다. 그는 제2차 대각성운동으로부터 현대까지 다리를 놓았다. 그의 전도운동은 후의 전도자들에게 모델이 되었다. 사람들은 적절한 표현으로 그를 "현대 부흥의 아버지"라고 불렀다. 학자들은 그의 사역 동안에 50만 명이 예수 그리스도 안에서 믿음을 고백했다고 추산했다.238)

피니는 많은 사람들이 그의 전도사역을 통해 그리스도를 영접하는 것을 보았다. 그는 또한 많은 그의 회심자들이 그리스도인 활동가들이 된 것을 자랑으로 여겼다. 피니의 회심자들은 제2차 대각성운동 때 결성된 많은 기독교 협회들을 후원하였다. 이 단체들 중에는 미국 전도지 소책자 협회(American Tract Society), 미국 성서 협회(American Bible Society), 미국 주일학교 연합회(the American Sunday School Union), 그리고 그 외 여러 협회들이 있다. 피니의 회심자들은 또한 금주운동과 노예폐지운동

---

237) Ibid.
238) Johnson, Charles Grandison Finney, 9.

제11장 19세기의 부흥운동   175

에도 적극적으로 활동했다. 피니는 이 긍정적이고 그의 사역으로부터 장기적인 결과의 기쁨을 맛보도록 충분히 장수했다.239) 피니는 어떻게 해서 그렇게 성공적인 전도자가 되었을까? 의심할 것 없이 다음의 이유들이 기여했다고 본다.

1. 피니는 사람들을 구원하기 위한 강한 절박한 심정을 가지고 있었다.
2. 피니는 그의 생각과 설교에서 성경을 제일의 위치에 놓았다.
3. 피니는 매일 기도하는 데 몇 시간씩을 보냈는데, 주로 이른 아침에 기도했다.
4. 피니는 설교를 일상생활에 연관시켰다. 그가 이것을 할 수 있었던 것은 매일 지역 공동체를 방문했기 때문이다.
5. 피니는 심판에 대해 설교하는 전직 변호사였다. 그는 각 개인에게 구원을 받아들이거나 거절할 수 있다고 말했으나, 각자가 결정하지 않으면 안 된다고 주장했다.240)

드와이트 무디(Dwight L. Moody)

무디는 1800년대의 가장 위대한 부흥사였다. 그는 전도에 대한 새로운 열정과 새로운 방법들을 가져왔다. 무디는 도시의 군중들을 이해했고 그들에게 전도하기 위한 전도방법들을 개발했다. 무디는 피니의 방법들을 발판으로 삼았고 피니의 대중전도 방법을 취하여 그 위에 더 높은 성공의 탑을 세웠다.

무디는 특히 도시에서 "부흥집회(revival meeting)"와 동의어인 "연합집회 (Union meeting)"를 만들었다. 연합집회는 기본적인 복음 메시지를 강조했으며, 교단의 차이점들을 강조하지 않았다. 보통 전도자들은 공동체 내의 모든 복음주의적 교회들의 동의와 협력을 얻으려고 시도했다. 무디는

---
239) Sweet, "Revivalism", 160.
240) Edman, "Finney Lives On", 11-12.

이것을 매우 성공적으로 했으며, 목사들과 부유한 일반 성도들의 열렬한 지지를 받았다. 그러한 결과 그는 가끔 만 명의 군중에게 설교했다. 어떤 학자는 무디는 1억 명 이상의 사람들에게 복음을 전했다고 추산한다.241)

무디의 생애 (Moody's Life)

Dwight L. Moody(1837-1899)는 빅토리아 여왕 시대의 산물이었고, 그는 빅토리아 여왕이 보여주었던 종교적, 사회적 가치를 많이 보존하였다. 무디가 살았던 시대는 많은 사회적 그리고 지적인 발전을 가져온 시대에 걸쳐 살았다. 그러나 무디는 많은 청중에게 이전 시대의 단순한 가치와 생각으로 돌아가기를 열망하도록 이끌었다.

그의 고향인 매사추세츠의 노스필드 사람들 중에는 그가 어느 날 세계적으로 유명한 전도자가 되리라고 예견한 사람은 아무도 없었다. 그의 아버지는 작은 농장에서 아홉 아이들을 키우는 짐을 그의 어머니 벳시에게 남겨두고, 무디가 네 살밖에 안 되었을 때 돌아가셨다. 그의 가정은 매우 가난했으며 무디는 종교적으로나 세상적으로나 거의 교육을 받지 못했다. 그는 초등학교 5학년 정도의 교육을 받았을 뿐 대학이나 신학교에는 근처에도 가보지 못했다. 비록 유명한 설교자가 된 이후에도 그의 설교는 그의 낮은 교육의 모습을 그대로 드러냈다. 그는 소박하게 시작했지만, 서민들에게 인기 있는 사람이 되었다. 그는 결코 그의 대중친화성이나 기본적인 겸손을 잃지 않았다.242)

무디는 노스필드 농장 생활의 암담한 미래 때문에 절망하여 열일곱 살 되던 해에 가출하여 보스턴으로 갔다. 그는 삼촌의 구두 가게에서 점원으로 일했다. 그는 사회적 그리고 교육적 활동을 경험하기 위해 YMCA에 가입했다. 무디는 보스턴의 활기찬 사회생활이 즐거웠고, 농장으로는 절대

---

241) McLoughlin, "Modern Revivalism", 154; David Maas, The Life and Times of D. L. Moody,"Christian History 25:5; Kevin Miller, Delightfully Unconventional, "Christian History 25:2
242) Maas, "Life and Times of D. L. Moody", 6.

제11장 19세기의 부흥운동

돌아가지 않겠다고 다짐했다. 그는 어머니에게 "저는 아무것도 없는 그곳에 돌아가지 않겠어요."라는 편지를 썼다.243)

직업을 얻기 위해 무디는 그의 삼촌에게 교회에 정기적으로 참석하기로 약속했다. 그는 약속을 잘 지켜서 Mount Vernon 회중교회에 출석하기 시작했다. 그는 젊은이들을 위한 주일학교에 참석했고, 교사였던 에드워드 킴볼이 1855년 4월 21일 이 젊은 무디에게 흥미를 느껴 무디에게 구원에 대해 간증을 이야기하기로 작정했다. 킴볼은 구두 가게로 가서 무디에게 복음을 전했다. 킴볼은 그때 일을 회상하여 다음과 같은 글을 남겼다.

나는 무디에게 그를 사랑하셨고, 또 그의 사랑을 원하시는, 그래서 당신은 그의 사랑을 받아야 할 그리스도를 영접하라고 말했다. 젊은이는 빛을 위하여 바로 준비된 사람이었고 그는 그 빛에 무너졌다. 무디는 보스턴의 신발가게 뒤에서 곧바로 그의 자신과 그의 삶을 그리스도에게 드렸다.244)

무디는 회심 이후에 곧 Mount vernon 교회에 회원 신청을 했다. 회원 관리 위원회는 무디의 영성과 교리적 믿음에 대해 질문을 했다. 무디는 대부분의 질문들에 대해 툴툴거리며 단음절로 짧게 대답했다. 마지막으로 위원장이 물었다. 무디 씨, 그리스도께서 당신을 포함해서 우리 모두에게 무슨 일을 하셨고, 우리를 사랑하기 위한 그의 호칭은 무엇입니까? 무디는 "모르겠습니다. 내가 생각하기에 그리스도는 우리를 위해서 좋은 일을 했다고 생각합니다. 그러나 내가 아는 한 그는 특별한 일을 하지 않았다고 생각합니다."라고 대답했다. 당신이 상상할 수 있는 것처럼 위원회는 무디에게 회원 자격을 주지 않았고, 그 대신 두 명의 친절한 집사들에게 무디에게 신앙에 대해 가르쳐주도록 과제를 주었다. 다음 해에 무디는 다시 회원 신청을 해서 회원으로 받아들여졌다.245)

---

243) John C. Pollock, "Moody: A Biographical Portrait"(Grand Rapids: Zondervan Publishing House, 1963), 9-11.
244) Ibid., 13.

1856년에 무디는 그의 사촌인 프랭크와 합치기 위해 시카고로 갔다. 무디는 신발 가게에 취직했고 곧 그는 업계에서 주목을 받기 시작했다. 그는 시카고의 분주히 움직이는 환경을 좋아했고 그의 저금을 땅에 투자했다. 그는 Plymouth 교회에 등록했고 그가 아는 점원들을 앉히기 위해 교회에 있는 4개의 좌석을 빌렸다.246)

무디는 1858년에 개인적으로 North Market Hall에 주일학교를 세웠다. 1861년에 그는 주일학교와 YMCA 활동에 전념하기 위해 사업을 포기했다. 시카고 YMCA는 그를 회장으로 임명했고, 그는 효과적인 전도자이며 효과적인 자금동원가임이 입증됐다. 무디는 호의적인 사업가들, 존 파웰과 사이러스 맥코믹 같은 사람들에게 그의 신실성과 적극성 때문에 좋은 인상을 받아서 큰 후원금을 약속받기도 했다. 남북전쟁이 시작되었을 때, 무디는 군대 야영지에서 군목으로 자원하여 봉사했다.247)

1864년 무디는 오늘날 무디기념교회(Moody Memorial Church)로 알려진 일리노이 스트리트 독립교회를 세웠다. 그는 계속해서 시카고 YMCA를 이끌었으며 미국과 영국의 YMCA 대회에서 인기 있는 연사로 활약했다. 1871년의 시카고 대화재 때, 그의 교회와 자기 집과 YMCA 사무실까지 모두 불타버렸다. 이들의 소실로 그는 잠시 동안 의기소침했었으나 그는 마침내 위원회 모임이나 자금 모금보다는 설교에 전념하기로 했다. 1871년부터 1899년까지 무디는 그의 대부분의 시간을 특히 대도시 중심의 순회전도에 전념했다.248)

1873년에 무디와 그의 찬양인도자 아이라 생키(Ira Sankey)는 영국과 스코틀랜드에서 함께 전도집회를 열었다. 그들은 대중매체의 관심을 많이 끌었기 때문에 세계적으로 유명한 전도자가 되어 미국으로 돌아왔다. 미국 모든 대도시의 운영위원회들은 자기네들의 도시에서 전도집회를 열어주

---

245) Ibid., 14-15.
246) Ibid., 19.
247) Maas, "Life and Times of D. L. Moody", 6.
248) Ibid., 7.

도록 무디를 초청했다. 1875년부터 1878년까지 무디와 생키는 전국의 거의 모든 도시에서 전도대회를 인도했다. 참석인원에 대해 전문가들은 뉴욕에서 1,500,000명, 필라델피아에서는 1,050,000명 이상이 모였다고 추정했다. 물론 이들 중의 많은 사람들은 반복해서 참석했다.249)

그는 죽을 때까지 전도집회를 계속했지만, 1879년에는 초점을 전도에서 교육으로 다시 정했다. 1879년에 여성을 위한 노스필드 신학교를, 1881년에는 남자 아이들을 위한 마운트 헬몬 학교를 세웠다. 1880년에는 노스필드에서 여름성경협의회를 개최하기 시작했다. 학생자원운동(SVM, The Student Volunteer Movement, 대학생들이 이끈 선교운동)은 1886년 여름에 노스필드에서 시작되었다. 이 집회에서 100명의 대학생들이 졸업 후에 해외 선교사로 나가겠다고 헌신했다. 무디는 1886년에 시카고 전도협회를 결성했는데, 이 협회는 후에 무디성경학교(The Moody Bible Institute)가 되었다. 무디는 그의 성경학교에서 학생들에게 실천적인 훈련을 하고 싶었다. 그래서 1894년에 종교서적판매협회(Colportage Association)를 시작했다. 협회는 성경과 신앙서적들을 판매하기 위해 학생들을 말이 끄는 "복음 마차(Gospel Wagons)"를 태워 내보냈다.250)

1899년 11월에 무디는 캔자스 시에서 전도집회를 인도하던 중에 병에 걸렸다. 그의 친구들이 그를 특별 열차로 시카고의 집으로 데려왔다. 무디의 체력은 12월 22일까지 천천히 쇠약해졌다. 그날 그의 아들 Will Moody는 그의 아버지가 하는 말을 들었다. "땅은 물러가고, 하늘이 내 앞에 열린다! 아니야, 이것은 꿈이 아니야, Will아, 이것은 아름답다. 이것은 마치 비몽사몽 상태야. 이것이 만일 죽음이라면 그것은 기분 좋은 것이다. 하나님께서 나를 부르고 계셔서 나는 가야만 한다. 나를 불러내지 마라!" 수분 후에 무디는 숨을 거뒀다. 그의 죽음은 그가 1899년 8월에 뉴욕

---

249) Ibid., 8.; McLoughlin, "Modern Revivalism", 265.
250) McLoughlin, "Modern Revivalism", 272; Maas, "Life and Times of D. L. Moody", 8.

에서 예상했던 대로 이루어졌다. 그의 예상은;

> 언젠가는 신문에서 무디가 죽었다는 기사를 읽을 것이다. 그 말을 한 마디도 믿지 말라. 순간에 나는 지금보다 더 생기 넘치게 살아 있을 것이다.... 나는 육신적으로는 1837년에 출생했다. 그리고 영적으로는 1855년에 탄생했다. "육신적으로 탄생한 나는 죽게 될 것이다. 그러나 영적으로 태어난 나는 영원히 살 것이다."251)

무디의 메시지

드와이트 무디는 예수 그리스도와 인격적 관계를 강조하는 단순한 복음 메시지로 설교했다. 한 번은 "기독교는 규범이 아니고, 신조도 아니고, 교리도 아니고, 느낌도 아니며, 받은 인상도 아니다. 그러나 그것은 인격이다."라고 말했다. 무디는 그의 책임이 사람들을 그리스도께 소개하는 것이라는 것을 발견했다. 신학적인 훈련을 받지 않은 그는 교리적 가르침은 다른 사람에게 남겨두었다.252)

무디는 어떤 기회에 자기는 어떤 신학도 가지고 있지 않다고 말했다. 어떤 비평가가 "나는 당신과 솔직하게 터놓고 싶다. 무디 씨, 당신의 신학을 내가 믿지 않는다는 것을 당신이 알기를 원한다."고 말했다. 그때 무디는 "나의 신학? 내가 어떤 신학이라는 것을 가지고 있는지 몰랐다. 당신이 내게 나의 신학이 무엇인지 말해주지 않겠소?"라고 대답했다.253)

실제로, 무디는 그의 신학을 가지고 있었다. 그는 근본적으로 성서주의자였다. 그의 모든 교리적 믿음은 성경에 기초를 두었다. 그는 많은 책을 읽지 않았지만, 스펄전(Charles Haddon Spurgeon)의 책을 즐겨 읽었다. 사람들은 그를 "제1의 근본주의자(first fundamentalist)"라고 부를 수 있을 것이며 그것이 정확한 설명일 것이다. 무디는 다윈의 진화론과 성경의

---

251) Pollock, "Moody", 314-317.
252) McLoughlin, "Modern Revivalism," 250.
253) Stanley Gundry, The Three Rs of Moody's Theology, "Christian History" 25:16-19.

고등비평(higher criticism of the Bible)을 반대했다. 그는 다비(J. N. Darby)와 스코필드(C. I. Scofield)의 세대주의적 전천년설(Dispensational premillennialism)을 받아들였다. 무디는 전천년설을 포용한 첫 번째 유명한 전도자였다. 대부분의 그의 전임자들은 후천년주의자 (Postmillennialists)들이었다. 무디는 구체적인 종말론을 발전시키지 않았지만, 그러나 그는 세계는 악화되어가고 인류를 위한 단 하나의 희망은 그리스도의 재림이라고 믿었다.254)

무디의 신학은 3R로 요약할 수 있다. 3R은 Ruin(타락), Redeem(구원), 그리고 Regeneration(거듭남)을 말한다. 그는 인류는 "전적 타락으로 멸망했다"고 믿었다. 무디는 사람의 인성 전악(人性 全惡) 또는 전적 부패(Total depravity)를 강력히 믿었다. 무디는 말하기를 "나는 이 세상을 난파선이라고 생각한다. 하나님께서는 내게 구명선을 주시면서 '무디야, 네가 할 수 있는 대로 사람들을 마음껏 구원하라'고 말씀하셨다"고 말했다. 무디는 또한 인류는 "피에 의해서 구원받았다"고 믿었다. 그는 예수 그리스도의 피의 속죄를 계속해서 설교했다. 무디는 죄 중에 잃어버린 영혼들을 대속에 의해 구원하도록 정하신 죄인들을 사랑하신 하나님의 사랑을 강조했다. 마지막으로, 무디는 그리스도인들은 "성령으로 거듭났다"는 것을 믿었다. 무디는 그의 청중들을 강압적으로 초청하거나 조작하지 않았다. 그는 성령께서 사람들을 확신시키고, 회심시키고, 회개하게 하시고, 믿게 하시도록 기다렸다. 무디는 말하기를 "모든 죽은 영혼들을 살리는 것은 성령의 능력에 의해 생명으로 살리지 않으면 안 된다. 우리는 구도자들을 천국 속으로 강제로 밀어 넣을 수는 없다. 성령께서 다시 살리셔야만 (quicken) 한다."고 말했다. 이 3R은 무디의 믿음들을 나타내지만, 그러나 그는 사람이 무엇을 믿느냐 하는 것보다 사람이 누구를 믿느냐 하는 것에 더 관심을 가졌다.255)

---

254) Ibid.; McLoughlin, "Revival, Awakening, and Reform", 143.

무디의 전도방법

무디는 전도 사역을 마치 큰 사업으로 만들었다. 이것은 전도가 단순히 그의 직업이었다는 것을 말하는 것이 아니고, 오히려 무디가 사업의 원리들을 처음으로 전도에 적용했다는 것이다. 무디는 성공한 사업가로서 그가 상업에서 배운 교훈들을 전도에 적용했다. 사업가는 그의 상담을 위한 모든 준비를 지원한다. 무디의 독창적인 기술은 도시 전체를 위한 집회를 가능케 했다는 것이다. 피니는 뉴욕과 보스턴에서 효과적으로 설교했다고 하지만, 피니의 가장 큰 성공은 작은 도시에서였고, 무디는 대도시들에 집중했다. 그는 "물은 산 위에서 밑으로 흐르는데, 가장 높은 산들은 대도시들이다. 만일 우리가 그들을 휘저을 수 있다면 우리는 나라 전체를 휘젓게 될 것이다."라고 말했다.256)

전도운동 조직 : 무디의 전도운동은 보통 다음 순서에 따라 행해졌다.

1. 무디에게 그들의 도시에서 집회를 해주도록 목사 위원회와 저명한 일반 성도들이 함께 초청을 했다.
2. 운영위원회를 조직하여 운영위원회로 하여금 재정, 기도, 초청, 광고, 음악, 기타 등을 준비하기 위한 산하 위원회의 위원들을 임명하게 했다.
3. 안내자, 찬양대원들, 봉사자들(상담원들)은 사전에 미리 훈련시킨다.
4. 위원회는 큰 강당을 임대하거나 "임시 성막 (Temporary tabernacle)을 세웠다.
5. 무디와 그의 팀원들은 하루에 세 번 집회를 갖는다.: 아침의 영감 예배, 정오의 기도회, 그리고 저녁 설교 예배가 있다. 무디의 휴식을 위해서 토요일에는 어떤 집회도 없었다.
6. 무디는 재정 지원을 위해 어떤 공개적인 호소도 하지 않았다. 그는 모금 활동 일체를 위원회에 맡기고 스스로는 검소한 생활을 유지했다.257)

---

255) Gundry, "The Three Rs of Moody's Theology", 17-19.
256) William Moody, "D. L. Moody"(New York: Macmillan Co., 1930), 194.

전도의 혁신들

무디는 부흥을 위한 몇 가지 혁신적인 일들을 도입했다. 첫째, 그는 전도운동을 널리 광고했다. 어떤 사람들은 무디의 이런 행동을 비판했으나, 그는 이런 말로 받아냈다. "어떤 성직자들은 그들의 예배를 광고하는 것은 품위 없는 것이라고 생각한다. 그러나 내 생각에는 텅 빈 의자들을 놓고 설교하는 것이 더 품위 없는 것이라고 생각한다."고 대답했다. 둘째, 무디는 미국의 전도에서 "구도자의 방(Inquirers room)"을 도입했다. 피니는 구도자들을 강당의 앞자리에 마련된 "구원을 갈망하는 의자"에 앉게 했다. 무디는 갈망하는 의자 대신에 구원에 대해서 더 알고 싶어서 질문하고 싶어 하는 사람들을 위해 "구도자의 방"을 준비했고 개인봉사자들이 그들과 상담하기 위해 거기서 기다리게 했다.258) 셋째, 무디의 후기 전도사역에서 무디의 조수들은 "결심 카드"를 준비했다. 개인봉사자들에게 그 카드에 구도자들의 이름, 주소, 그리고 신앙경력을 쓰도록 가르쳐서 그 카드를 예배 전에 봉사자들에게 나눠주었다. 이것은 의미 있는 발전을 가져왔는데, 왜냐하면 이 카드는 지역교회 목사들에게 구도자들을 방문할 수 있게 하였고, 집회의 결과를 정확하게 기록으로 남기는 것을 가능케 했다.259)

아마도 무디의 가장 큰 혁신은 집회에서 음악을 효과적으로 사용한 것일 것이다. 무디는 그들의 경력에 따라서 서로 다른 몇 종류의 음악가들을 사용했다. 그러나 그의 전도에서 가장 활동적이었던 1870년대에는 아이라 생키와 함께 일했다. 생키의 찬양은 많은 사람들을 집회로 끌어들였다. 실제로, 소박한 무디는 자랑삼아 이야기하기를 "사람들은 생키가 노래하는 것을 듣기 위해 몰려왔고, 그리고 그 다음에 나는 복음의 그물로 그들을 낚았다"라고 말했다. 보통 전도운동 관리위원회는 이 슬로건을 가지고 광고를 하곤 했다. 즉 "무디는 복음을 설교하고 생키는 복음을 노래한다." 등으로...260)

---

257) McLoughlin, "Modern Revivalism", 231.
258) Ibid., 222.
259) Ibid., 264.

집회에서는 보통 3가지 종류의 노래를 불렀는데, 저녁 집회를 시작할 때는 생키가 30분간 회중의 음악을 인도했다. 다음은 찬양대가 특별송을 몇 가지 부르고, 예배 전에 생키가 그의 펌프 오르간을 타면서 독창을 했다. 생키는 많은 복음송의 가사를 썼으며 찬송들을 대중화시켰다. 아마도 가장 인기 있는 찬송은 아이라 생키가 직접 작곡한 "양 아흔 아홉 마리는 (191장)"일 것이다. 무디가 좋아하는 찬송은 "스쳐 지나가시는 나사렛 예수님 (Jesus Nazareth Passeth by)"이었다. 마지막 설교가 끝나갈 때, 사람들이 "구도자의 방"으로 가도록 격려하기 위해 생키가 초청하는 찬양을 인도했다.261)

무디의 설교는 그 간결성으로 유명했다. 그는 보통 상점 점원들도 이해할 수 있는 그렇게 간단한 말로 설교했다. 그의 영어 문법은 형편없었으나, 무디는 간단하고 짧은 문장과 마음에 와 닿는 많은 예화들을 사용하여 그의 메시지를 명확하게 만들었다. 무디의 신실성이 그의 설교를 통해 빛났으며, 그는 가끔 강단에서 울곤 했다. 무디는 타고난 이야기꾼이었고, 그의 많은 메시지는 단순히 성경 이야기들을 되풀이하여 이야기하고 그것을 당시의 생활에 적용하는 것이었다. 무디는 농담을 좋아했고 가끔은 설교에 유머를 사용했다. 일반적으로 무디는 시국에 관한 메시지는 오히려 엉성한 개요로만 제시했다. 그는 그의 집회에서 돌발적이거나 그들을 낙담하게 하는 것은 좋아하지 않았다.262)

무디의 전도결과

윌리엄 스위트(William Warren Sweet)는 무디를 1800년대에 가장 위대한 전도자로 기록했다.263) 그의 전도운동에서 100,000명 이상을 그리스도께 인도하여 결신케 했다. 이것은 라디오나 텔레비전이 없었던 시대의 결

---

260) Ibid., 233-34.
261) Ibid.
262) Ibid., 239-40.
263) McLoughlin, "Modern Revivalism", 263.

과로서는 괄목할 만한 성과였다. 무디는 가장 큰 집회들을 뉴욕, 시카고, 보스턴, 필라델피아, 샌프란시스코, 글래스고, 그리고 런던에서 개최하였다. 다음 표는 무디의 초기 부흥에서 회심한 대략적 숫자이다.264)

도시들	기간	최저치	최대치
Edinburgh	8주간	1,500	7,000
Glasgow	6주간	3,200	3,500
London	22주간	3,000	7,000
Brooklyn	4주간	1,000	2,000
Philadelphia	10주간	3,500	12,000
New York	10주간	3,500	8,000
Chicago	10주간	2,500	10,000

그의 후기에는 무디는 중심지의 천막들보다는 큰 교회에서 집회를 열었다. 이 변경은 돈은 절약되었지만 군중의 수를 제한했으며 홍보 효과와 일반적인 열광이 떨어졌다. 많은 청중은 무디가 진화론과 성경의 고등비평을 거절했기 때문에 더욱 그를 옹호했다.265)

다른 유명한 전도자들

무디의 명성에는 미치지 못했지만, 1800년대 후반의 여러 유명한 전도자들이 있었다.

1. Rodney "Gipsy" Smith (1860-1947)는 영국의 전도자로서 그의 사역을 윌리엄 부스(William Booth)의 구세군(Salvation Army)과 함께 시작했다. 그는 여러 번의 미국 전도여행을 했으며 대서

---
264) McLoughlin, "Modern Revivalism", 263.
265) Ibid.

양의 양쪽 대륙에서 폭넓은 인지도를 얻었다.

2. Henry Moorhouse (1840-1880)는 그의 효과적인 설교뿐만 아니라 그의 깊은 영성 때문에 유명했다. 그는 무디에게 성령께 의존하는 법을 가르침으로써 그에게 영향을 끼쳤다.

3. J. Wilbur Chapman(1859-1918)은 유명한 장로교 목사이면서 전도자였다. 그는 무디와 잠시 함께 사역했다. 그는 Billy Sunday의 멘토로 잘 알려졌다.

4. Sam Jones(1847-1906)는 잘 알려진 감리교 목사로서 전도팀의 개념을 개발했다. 그의 팀은 독주자, 개인적 비서, 설교를 기록하는 속기사 기자, 성가대 지도자, 협력 전도자, 그리고 젊은이 담당 등을 포함했다. 그는 그리스도인이 되기 전에는 조지아에서 법률가로서 일했고, 그의 유머가 넘치는 예화와 남부 유머는 그를 남부와 중서부에서 큰 인기를 얻게 했다.[266]

해석과 적용

많은 여행전도자들이 1800년대에 미국과 영국을 교차하며 사역했지만, 피니와 무디가 사역 현장을 주도했다. 피니의 부흥집회는 미국에서 전도의 중요한 방법이 되었다. 그의 부흥 강좌들은 미국 전도자들의 핸드북이 되었다. 그것은 하나님의 주권보다는 부흥의 방법을 강조했다. 피니는 올바른 방법을 적당하게 잘 적용하면 좋은 결과를 가져온다고 주장했다. 그러나 조나단 에드워즈는 피니의 주장을 얼빠진 소리라고 비판했다.

무디는 부흥집회를 대도시로 가져왔다. 그는 복음주의자들에게 도시 지역에서의 전도운동의 실시방법을 가르쳤다. 무디는 또한 전도운동에서 일반 성도들을 참여시키는 방법을 보여주었다. 그의 교단을 초월한 접근은

---

266) Ibid., 302.

제11장 19세기의 부흥운동

모든 개신교 교회들의 지지를 받아 연합집회를 가능하게 만들었다.

연구를 위한 질문들

1. 피니의 부흥 개념은 에드워즈의 그것과 어떻게 다른가?
2. 피니는 신앙부흥운동에 어떤 새로운 방법을 도입했는가?
3. 피니와 무디의 신학은 어떤 공통점을 가지고 있었는가?
4. 무디는 신앙부흥운동에 어떤 새로운 방법들을 도입했는가?
5. 어떻게 해서 무디는 그렇게 성공할 수 있었는가?

제12장 20세기의 부흥운동

1917년 4월 7일, 3천 명의 시민들이 빌리 선데이(Billy Sunday)를 환영하기 위해서 뉴욕 기차역에 모였다. 다음날 유명한 전도자의 설교를 듣기 위해서 2만여 명의 시민들이 브로드웨이에 특별히 세운 임시 막사(Tabernacle)에 모였다. 확성기의 도움도 없이 선데이는 "나는 지금까지 20년간 설교를 해 왔는데, 조금은 오래된 도시인 뉴욕이 이렇게 활력이 넘치고, 생강과, 타바스코 (매운 고추 조미료의 일종), 그리고 박하가 이렇게 많은 도시를 처음 보았다."고 말했다. 군중은 이에 호응하여 환호성을 질렀다. 어떤 행사인데 빌리 선데이에게 이 순간의 성공을 가져다주었는가? 어떤 힘이 그의 생애와 사역을 만든 것일까?[267]

빌리. 선데이(Billy Sunday)

선데이의 생애

많은 도시 전도자들이 드와이트 무디의 뒤를 이었는데 이들은 토레이(R. A. Torrey), 윌버 채프먼(J. Wilbur Chapman), 쌤 존스(Sam Jones), 조지 스튜어트(George Stewart), 비더울프(W. E. Biederwolf), 그리고 빌리 선데이(Billy Sunday) 등이다. 그들은 어떤 면에서 모두 무디를 모방했다. 그들은 모두 보수주의적 신학을 믿었고, 누구든지 알아들을 수 있도록 쉬운 말로 단순한 복음을 설교했다. 그들은 무디가 했던 것처럼 전도용으로 노래하는 사람들, 독창을 하는 사람들과 자원하는 음악인들의 웅장한 성가대 등을 사용했다. 그들은 집회를 홍보하고 수행하기 위해서 모든 정성을 들

---

267) William L. Coleman, "Billy Sunday: A Style Meant for His Time and Place", "Christianity Today", 17 December 1976, 14.

제12장 20세기의 부흥운동

여서 조직들을 만들었으므로, 이러한 집회 비용은 계속 올라갔다. 가끔 전도자들은 오기 전에 어떤 특정한 금액의 모금을 요구하기도 했다. 20세기 초 최고 수준의 위대한 전도자는 빌리 선데이였다. 그는 전도운동의 홍보와 조직을 위해 기업적 기술을 완벽하게 사용했다. 활동 시기에 그는 8,000만 명에게 전도했다고 주장했다.268)

Billy Sunday(1862-1935)는 아이오와의 아메스 가까운 농장에서 태어났다. 그의 아버지는 빈곤한 가정을 뒤에 남겨놓고 일찍 죽었다. 어머니는 실의에 빠져 열 살 때 선데이를 고아원에 맡겼으나 십대 때, 고아원을 나와서 청부업자의 조수로 일했다. 그는 정규적인 교육을 받은 일이 없었다. 빌리는 빈터에서 하는 야구를 시작했는데, 그는 자기가 야구에 특별한 재능이 있음을 발견했다. 1883년에 Chicago White Stockings 팀에 발탁되어 직업 야구선수가 되었다. 그는 그 당시로서는 어마어마한 금액인 월 $500의 급료를 받으며, 시카고 팀의 스타가 되었다.

선데이는 1886년에 거리에서 사역하는 Pacific Garden Mission의 전도 사역자들에 의해서 그리스도를 영접하게 되었고, YMCA에 가입하여 성경공부와 개인전도에 열성적이었다. 성공적인 전도를 할 수 있게 되자 그는 전도 사역을 위해서 야구를 그만두었다. 시카고 YMCA와 한동안 함께 일한 후에, 선데이는 유명한 전도자인 J. Wilbur Chapman의 조수가 되었고, 그의 전도운동에 몇 번 참가하여 함께 일했다. 1896년에 선데이는 "석유 순회 전도사역"(kerosene Circuit, 당시에 시골에는 전기가 없어서 석유등을 사용했기 때문에 이 지역을 순회하면서 전도설교를 했다고 해서 붙여진 이름)에서 설교를 하면서 중서부의 작은 도시들에서 자기가 이끄는 전도집회를 열기 시작했다. 그는 교회, 천막, 창고, 그리고 나무로 만든 임시 막사(wooden tabernacles) 등에서 설교했다.269)

---

268) William Warren Sweet, "Revivalism in America"(Nashville: Abingdon Press, 1944), 170-71.
269) William G. McLoughlin, "Revivals, Awakening, and Reform"

그렇다고 빌리 선데이가 갑자기 성공한 것은 아니었다. 그는 그의 기술이 완전해지고 명성을 얻을 때까지 몇 년 동안의 어두운 기간을 견디어 내야 했다. 점차적으로 선데이는 그가 원했던 것처럼 알려지기 시작했다. 그리스도, 도덕성, 힘든 일, 알코올의 해악, 그리고 애국심 등을 주제로 한 그의 메시지는 미국인의 민감한 감정을 사로잡았다. 그는 1905년부터 1920년까지 가장 큰 인기를 누렸다. 밤마다 15,000 내지 20,000명의 시민들이 특수하게 건축한 임시 막사에 몰려들었다. 많은 사람들이 그의 "톱밥 오솔길 걷기"(Hit the sawdust trail) 초청을 받아들여야만 구원을 받았다는 징표를 얻었다. 이것은 단순히 임시 막사의 톱밥으로 덮인 통로를 밟고 걸어와서 그 끝에 서 있는 빌리 선데이와 악수하고, 결신 카드에 서명하고, 옆에 서 있던 조수로부터 "앞으로 나온 사람은 하나님의 아들이 되었고 영생을 얻은 것"이라고 쓴 소책자를 받았다. 선데이는 이것이 우리 선조들의 오랜 믿음이라고 선포했다. 그는 예일 대학의 예배실(chapel)에서 설교했고, 루스벨트 및 윌슨 대통령과 식사를 같이 하기도 했다. 선데이는 1908년에서 1920년 사이에 백만 불 이상의 "사랑의 헌금"(love offerings)을 받았다.270)

선데이의 인기도가 최고에 달한 것은 세계 제1차 대전 동안이었다. 그의 국기 휘날리는 애국심(flag-waving Patriotism)은 전쟁 중인 국가에 호소하며 인기를 얻었으나, 그의 인기는 전쟁 후에 내려가기 시작했다. 그것은 그의 사치스러운 생활습관에 대한 비판이 그의 메시지를 손상시켰기 때문이었다. 더욱이 포효하는 이십 대의 세상적인 매력이 대중적 관심을 흡수해 버렸다. 영화관과 라디오가 개발되었을 때, 여행전도자는 더 이상 도시의 가장 좋은 볼거리가 아니었다. 선데이의 개인적인 생활에 대한 스캔들은 없었으나, 말썽 많은 세 아들의 생활이 아버지를 실망시켰다. 더군

(Chicago: The University of Chicago Press, 1978), 146.
270) Grant Wacker, All American Apostles, "Christianity Today," 24 June 1991, 36.

다나 선데이와 그의 메시지는 변화하는 시대에 적응하지 못했다. 1935년 그가 죽을 때까지 전도 설교를 계속했으나, 그의 말기의 전도집회들은 대부분 미국 중심부의 작은 도시들에서 실시되었다.271)

선데이의 메시지

빌리 선데이의 설교 메시지는 단순했다. 그의 메시지는 그리스도를 통한 구원의 주제들, 구시대의 신앙생활, 음주의 비극적인 영향들, 그리고 미국의 애국심 등에 관한 것을 다루었다. 선데이는 정규적인 신학교육을 받지 못했고, 그의 청중들을 결코 신학적 강의로 짐을 지우지는 않았다. 그는 기독교를 가장 낮은 계층의 사람들의 최소공분모(Lowest common denominator)인 일반 대중으로 낮추려고 노력했으므로 보통 사람들이라면 그의 메시지를 쉽게 알아들을 수 있었다.272)

선데이는 하나님께서 인류를 구원하시기 위하여 그리스도를 십자가 위에서 죽게 하심으로 죗값을 치르게 하셨다고 선포했다. 구원을 받아들이지 않는 사람들은 그리스도가 그의 피로 사서 하나님께 드리는 것을 거절하는 것이라고 말했다. 선데이는 "당신이 거절했을 때, 당신은 하나님께 공정한 거래의 기회를 드리지 않는 것이다"라고 청중들이 부담을 느끼도록 말했다. 개인이 구원 받기 위해서 꼭 거쳐야 할 모든 행동은 "톱밥 통로 (회심의 길)를 걷는 것" 뿐이었다. 선데이는 이것이 우리 선조들의 옛날 신앙이라고 선포했다.273)

빌리 선데이는 가끔 품위(decency)에 대해서 설교했다. 그리고 그때에는 품위 있는 행동을 구원과 동일시했다. 그는 "사람이 품위가 있으면 그는 그리스도인이고, 그가 만일 그리스도인이 아니면 그는 품위를 주장할

---

271) Ibid.
272) Ibid.
273) William G. McLoughlin, "Modern Revivalism"(New York: Ronald Press, 1959), 410.

권리를 상실한 사람이다"라고 말했다. 다른 경우의 예는, "당신은 그리스도인이 되는 것이 옳은 것이고 용기 있는 것이라고 믿습니까? 그렇다면 톱밥 통로로 내려오십시오. 만일 그렇지 않으면 당신이 있는 그 자리에 그냥 머무르십시오."라고 선포했다. 또 다른 어떤 밤에는 "내려오세요. 와서 술을 제키고 저의 손을 잡으세요. 예수 그리스도를 위해서, 그리고 당신의 애국심을 나타내기 위해서"라고 말했다.274)

빌리 선데이는 "술 마시는 것에 대한 설교"(booze sermon)를 다른 어떤 것보다 많이 했다. 그는 술 제조 산업에 대한 강한 그리고 불변의 증오를 표현했다. 선데이는 뉴욕 시민에게 말하기를 "위스키는 정확히 자기 자리에 있다. 그러나 그 장소는 지옥이다. 나는 모든 사람이 술을 가능한 한 빨리 지옥에 던져버리는 것을 보기 원합니다."라는 식으로 실감나게 극적인 금주운동을 펼쳤다. 금주에 대한 설교 뒤에는 Homer Rodeheaver가 인도하는 노래 "De Brewer의 Big Hosses Can't Run Over Me"라는 노래를 군중과 함께 부르곤 했다.275)

빌리 선데이는 애국심을 고취시키는 설교를 자주 했는데, 기독교를 "미국인의 생활방식"과 동일한 것으로 간주했다. 선데이에게는 그리스도인이 되는 것과 선한 미국인이 되는 것은 동의어(synonymous)였다. 그 다음에는 밴드가 연주를 하고 군중이 "아메리카"를 부르는 동안, 선데이는 강단 위에 뛰어 올라가서 미국 국기를 흔들곤 했다.276)

선데이의 전도방법

빌리 선데이는 무디의 방법을 많이 따랐고 그것들을 더욱 확장했다. 무디는 그의 전도집회를 신문에 게재했으나, 선데이는 홍보회사를 이용했다. 그는 전문가들로 팀을 만들어서 "선데이 팀"이라고 불렀으며, 그는 선전을 위해 팀을 데리고 길로 나갔다. 그의 가장 유명한 조수는 당시에 가장 유명

---

274) Ibid., 411.
275) Coleman
276) Ibid., 15.

한 가스펠 송 음악가로 알려진 Homer Rodeheaver 였다. Rodeheaver는 성가대 지휘자, 독창자, 트럼본 주자, 전도집회 사회자로 봉사했다.277)

선데이의 부흥집회는 보통 6주 내지 10주간이었는데 이때 사용되는 비용은 도시의 크기에 따라서 $30,000에서 $200,000불이었다. 대부분의 헌금은 밤에 내는 헌금이었으며 이 돈은 집회 행사비로 사용되었으나 마지막 저녁의 헌금은 선데이 개인이 취하게 되어 있었다. 이것은 널리 홍보되어 있었기 때문에 그가 한참 인기가 좋을 때에는 많은 액수의 송별 헌금(farewell offerings)을 받았다. 예를 들면 캔자스 시의 집회 때는 $32,000을 받았다. 그의 선발대 팀은 대개 집회를 위한 임시 막사를 도시의 중앙에 세우도록 준비했으며, 그 유명한 톱밥 통로는 먼지와 잡음을 흡수하기 위해서 마룻바닥에 설치했다. 선데이가 집회를 여는 동안에는 후원하는 교회들은 부흥집회가 끝날 때까지 예배를 드리지 않도록 요청했다.278)

선데이는 강단 위에서 운동선수같이 흉내 내는 것으로부터 많은 명성을 얻었다. 예전의 직업 야구선수 생활이 그의 몸의 균형을 잘 유지하게 해 주었으며, 그는 가끔 강단에서 팔 굽혀 펴기(push-ups)를 하면서 설교를 하곤 했다. 많은 사람들이 선데이의 설교를 들으러 오는 것처럼 인기 있는 선데이의 행동하는 모습을 보기 위해서도 왔다. 그는 강단의 좌에서 우로 뛰어가기도 하고, 어떤 때는 야구시합에서 홈에 슬라이딩하면서 들어오는 모습을 연출하기도 했다. 그는 의자를 들어서 마귀를 위협하는 시늉도 하고, 도박을 공격하기 위해 강대상에 뛰어오르기도 했다. 그는 가끔 재주넘기를 보여주기도 했다. 놀랍게도 이런 행동들을 그의 말년까지 계속했다. 뉴욕 트리뷴지의 드라마 평론가인 Heywood Broun은 빌리 선데이가 미국의 유명한 연예인 George M. Cohan보다 더 볼 만한 쇼를 한다고 논평을 했다. 선데이의 행동은 좀 기분을 상하게 하는 부분도 있었지만, 그의 행동들은 새로운 사람들을 밤마다 몰려오게 만들었다.279)

---

277) McLoughlin, "Revivals, Awakening, and Reform", 146.
278) McLoughlin, "Modern Revivalism", 423.
279) Ibid., 426.

선데이의 전도결과

뉴욕 타임스지는 빌리 선데이에 대해 "미국뿐만 아니라 세계적으로도 유례가 없었던 가장 위대한 강압적이고 집단적으로 회심시킨 기독교 전도자이다."라는 기사를 썼다. 선데이는 일억 명에 달하는 청중을 살리는 설교를 했다고 주장했고, 그는 적어도 백만 명 이상이 생명을 얻는 "톱밥 통로(회심의 길)를 밟았다"고 추산했다. 그는 40년 동안의 전도사역 중에 거의 300번 이상의 부흥집회를 개최했다. 그는 20개의 가장 생산적인 부흥집회에서 593,004명의 사람들이 앞으로 나와서 자기와 악수를 했다(구원을 얻었다)고 주장했다. 예를 들면, 그의 유명했던 1917년의 뉴욕 전도집회에서 톱밥 통로를 밟은 사람들의 수가 98,264명이었다. 비록 한 번 이상 통로를 밟은 사람들이 있었다손 치더라도 그 숫자는 괄목할 만한 것이었다.[280]

선데이는 그의 전성기 동안에 위대한 성공을 만끽했다. 왜냐하면, 그의 다채로운 개성과, 기름을 잘 친 부흥 기계, 그리고 중간층에 잘 다가가는 그의 숙련된 솜씨 등이 빛났기 때문이었다. 그는 중간층의 감정과 불만들을 잘 표현했다. 중간층의 많은 사람들이 사회복음과 성경적 고등비평에 불편해하고 있었다. 빌리 선데이는 이들 관심사들에 대해 이야기했고, 소박한 시간들을 회상하게 했다. 그는 "옛날 신앙"(Old-time religion)을 좋아하는 사람들에게 긍정적으로 이야기했다. 많은 목사들은 빌리 선데이의 메시지와 전도집회에 사용하는 그의 방법들을 받아들이는 데 어려움을 겪고 있었으면서도 선데이의 집회에 협력했는데 왜냐하면 자기들은 세속주의와의 전쟁에서 패배하고 있다고 생각했기 때문이었다.[281]

마침내 흑평이 선데이의 인기를 깎아 내렸다. 1916년 베리(Joseph Berry)가 선데이에 대한 비판들을 목록을 작성하여 잡지에 실었는데, 그가 반대하는 쟁점들은; (1) 목사들과 교인들에 대한 인신공격, (2) 전도자들의 역할에 대한 칭찬과 후원하는 목사들의 인식의 부족을 탓함, (3) 구도자들

---

280) Ibid., 415-16.
281) Ibid.

에게 "구원을 확신시키기 위해 빌리와 악수하는 방법"(The shake-my-hand method), (4) 통계 숫자에 대한 지나친 강조와 그들의 지나친 과장, (5) 매 예배 때마다 대표단 방문과 함께 주어지는 부흥사들에 대한 감사 선물의 "저속한 전시적 표현", (6) 그의 "작별 헌금"을 받기 위해 사용하는 고압적인 방법 등이었다.282)

선데이에 대한 가장 심각한 혹평은 그가 전도집회로부터 벌어들이는 돈이었다. 그는 호화로운 생활습관을 숨기려 하지 않았다. 1918년에 그는 은행 저금 잔고가 백만 달러가 넘는다고 자랑했으며, 그의 자랑은 그의 풍선의 바람을 빼버렸다. 그의 금전적인 성공은 그를 가장 성실하게 후원했던 중류층의 사람들과 사이가 벌어지게 만들었다.283)

빌리 그래함(Billy Graham)

빌리 그래함의 생애

빌리 선데이와 마찬가지로 빌리 그래함의 생애도 농가에서 시작되었다. 낙농가의 아들로서 빌리는 노스캐롤라이나 샬럿(Charlotte)의 바로 외곽에서 성장했다. 1934년에 한 친구의 설득으로 Mordecai Ham이 실시하는 전도집회에 참석했다. 결심을 위해 며칠 동안의 몸부림을 친 후, 빌리는 톱밥 통로를 지나서 그리스도를 영접했다. 수주일 후에 빌리는 그의 고등학교에서 성경클럽을 조직했고, 전도집회에서 경험한 자기 간증을 하기 시작했다.284)

1936년에 그의 친구들의 격려에 힘입어 빌리 그래함은 테네시 클리블랜드에 있는 밥 존스 대학에 입학했다. 두 차례의 인플루엔자를 앓은 다음, 가족들은 그의 건강을 염려하여 그를 탬파에 있는 플로리다 성경학교

---

282) Joseph Berry, "Criticisms of Present Day Evangelism", "Zion's Herald", 19 January 1916, 74.
283) McLoughlin, "Modern Revivalism", 447.
284) John Pollock, Billy Graham, "The Authorized Biography (Grand Rapids: Zondervan Publishing House, 1967), 7-9.

(Florida Bible Institute)로 전학하도록 설득했다. 빌리가 전학가려고 계획했다는 소식을 밥 존스 대학이 알고 그의 전학을 단념시키려고 그에게 경고하기까지 했다.

> 빌리, 만일 네가 여기를 떠나서 너의 삶을 작은 시골 성경학교에 던져 버린다면, 너는 좋은 기회를 다시는 잡을 수 없을 거야. 그곳에 가면 네가 아무리 노력해도 시골 오지의 불쌍한 시골 목사밖에는 될 수 없을 것이라고 경고했다.[285]

탬파에 머무는 동안, 빌리는 설교와 그 지역에서 활동적인 사역을 하도록 하나님께서 부르셨다는 것을 느꼈다. 그는 젊은이 집회에서 좋은 결과를 얻는 경험을 했다. 1938년 그는 침례를 신청해서 남침례교 교인이 되었고, 1939년에는 그 교단에서 목사 안수를 받았다.[286]

1940년에 빌리 그래함은 시카고 근교의 위튼 대학(Wheaton College)에 등록했다. 거기서 중국에서 사역하는 미국 선교사의 딸인 Ruth Bell을 만났다. 그들은 1943년에 결혼했고, 빌리는 군목으로 근무했다. 군에서는 그에게 신학교에 가서 공부를 더 하든지 목사로서 경력을 더 쌓는 것이 좋겠다고 충고했다. 그는 시카고 근교의 목사직을 수락했고, 당시 북침례 신학교(Northern Baptist Seminary)의 교수인 Torrey Johnson이 지역 라디오 방송국의 "Songs in the Night" 프로그램을 맡아줄 것을 제안했다. 빌리는 지역방송국 행정담당관, George Beverley Shea를 설득하여 프로그램 제작과 음악 프로그램을 담당하게 되었다. 그들은 곧 상당히 큰 청중을 확보했다.[287]

1944년 Torrey Johnson은 빌리에게 더 큰 기회를 주었다. 존슨은 Chicagoland Youth for Christ라는 단체를 조직하여 U.S.O. Center(미국

---

285) Ibid., 12.
286) Ibid., 23.
287) Ibid., 30-31.

위문협회) 옆의 극장을 빌렸다. 존슨은 빌리에게 첫 전도집회의 설교를 맡아달라고 부탁했다. 2천 명 이상의 현역군인들이 참석했고 42명이 그리스도를 영접했다. 그 후 곧 빌리는 군목 근무를 받아들였으나, 유행성 이하선염에 걸려 6주 동안 병상에 눕게 되었다. 존슨은 군목 사역과 교회에서 설교하는 일을 그만두고 붐이 일어나고 있는 Youth for Christ 사역에 전적으로 헌신하도록 설득했다.288)

빌리는 그 후 5년 동안 YFC(Youth For Christ)의 북미 지부를 조직하는 일과 청년 집회에서 설교하는 일로 동분서주하였다. 그는 가끔 5,000여 명의 젊은이들이 모인 집회에서 설교했다. Cliff Barrows가 집회 일을 도왔는데 그는 후에 빌리의 음악담당 지휘자 및 집회의 사회자로 활약했다.289)

1949년 빌리 그래함은 그의 첫 전도집회를 로스앤젤레스에서 개최했다. 연예계 명사들과 조직 폭력배들이 그리스도를 영접했을 때, 그는 국가적인 관심을 끌게 되었다. William Randolph Hearst는 그가 소유한 신문사의 편집인들에게 "그래함을 부풀려라(puff Graham)!"라는 유명한 전보를 보냈다. 그래함은 곧 국가적인 명성을 얻었다. 1950년에 그는 미니애폴리스에 본부를 둔 빌리 그래함 전도협회(The Billy Graham Evangelistic Association)를 조직했다. 1954년에 영국 런던에서 괄목할 만한 전도집회를 개최했으며 그는 엘리자베스 여왕의 초대를 받기도 했다. 햇수를 더해 가면서 그는 미국의 모든 주요 도시들과 세계의 대부분의 주요 도시들에서 전도집회를 개최했다.290)

그래함의 방법(Graham's Method)

빌리 그래함은 전도팀을 조직했으며 그의 집회 방법은 빌리 선데이가 했던 것과 같은 방법이었다. 사실, 한동안 선데이와 함께 일했던 선발대 사람들

---

288) Ibid., 32-33.
289) McLoughlin, "Modern Revivalism", 487.
290) Sherwood Wirt, Billy Graham, "New 20th-Century Encyclopedia of Religious Knowledge"(Grand Rapids: Baker Book House, 1971), 368.

을 기용했다. 그러나 그래함은 선데이가 돈을 취급하는 방법으로부터 교훈을 얻었다. 전도사역 초기부터 그는 자기를 포함한 그의 모든 팀 멤버들을 연봉으로 지급할 것을 주장했고, 그가 받는 기부금, 헌금, 사례금 등 모든 수입은 전도협회로 들어갔고, 전도협회가 적당한 급료를 지급하도록 했다. 그의 재정적 투명성과 도덕적 순수성은 어떤 스캔들에도 빌미를 주지 않았다.

영화 필름 : 1950년 7월 빌리는 오리건의 포틀랜드에서 전도집회를 열었다. 이때까지 빌리는 옷깃에 다는 마이크로폰과 확성기 이외에는 어떤 새로운 기술을 도입하지 않았었다. 그러나 포틀랜드의 집회를 하기 전에 그래함 팀은 종교영화 제작자인 Rich Ross에게 전도집회의 다큐멘터리 영화 제작을 요청했다. 이 영화 "Mid-Century Crusade"는 교회와 미국 전역의 종교단체들에서 방영되었다. 이것은 작은 도시와 마을에서까지 빌리 그래함을 볼 수 있게 만들었고, 이 영화를 전도대회를 계획하는 도시에서 전도집회 홍보용으로 사용했다. 영화 사역이 매우 성공적이었기 때문에 결국에는, 지금 "World Wide Pictures"라고 부르는 그들 자신의 영화사를 설립하기에 이르렀다. 이 회사는 전도대회 다큐멘터리 이외에도 전도를 주제로 한 몇 개의 픽션(소설) 영화도 제작했다. 빌리 그래함 조직에서는 코리 텐 붐의 이야기인 "The Hiding Place"를 포함해서 모두 100여 편의 영화를 제작했다.[291]

팀 : 포틀랜드 전도집회를 치르고 난 후 몇 년 동안에 빌리는 그의 팀을 35개까지 확장시켰다. 아직도 중심 멤버들; 협력 전도자 Grady Wilson, 찬양인도와 사회를 맡은 Cliff Barrows, 독창연주자 George Beverly Shea 등은 그대로 남아 있다. 그래함의 성격을 평가하는 하나의 잣대는 그의 조수들(Assistants)의 충성을 40년 동안 유지한 그의 능력이었다.[292]

---

291) McLoughlin, "Modern Revivalism", 492.
292) Ibid., 495.

라디오와 텔레비전 : 1950년에 Walter F. Bennett 상담회사는 빌리에게 전국 라디오 프로그램을 시작하라고 권고했다. 그래함은 경비 때문에 망설였지만, 그러나 마지막에 후원자들이 방송 시작에 충분한 자금을 기부해 주어서 라디오 프로그램을 시작하기로 했다. 그 프로그램은 즉시 큰 청중을 끌어들였으며, 1958년 "결단의 시간(The Hour of Decision)"이라는 프로그램은 매주 2,000만 명이 청취했다. 이 청취자들이 전도협회 전체 운영에 필요한 대부분의 재정을 기부했다. 그 후에 팀은 가끔 그들의 전도 대회 현장을 텔레비전으로 중계했다.293)

저서들 : 빌리 그래함은 또한 그의 저서를 통해서 많은 영혼들을 감동시켰다. 그는 1952년도에 신문 칼럼을 쓰기 시작했는데, 1975년까지 "나의 답변(My Answer)"이라는 기사는 200개 신문에 게재했다. 1956년에 빌리는 "Christianity Today"를 창간하는 복음주의 기독교인 그룹에 참여했다. 1960년에는 그의 복음주의 협회가 "결단(Decision)"이라는 잡지사를 세웠으며, 그 발행부수는 1984년에 2백만 부에 이르렀다. 그래함의 단행본들도 인기가 있었다. 그의 처음 저서인 "하나님과의 화해 (Peace with God)"는 100만 부 이상 팔렸다. 성공적인 다른 책들은; "중생하는 법 (How to Be Born Again)", "불타는 세계(World Aflame)", "다가오는 발굽 소리(Approaching Hoofbeats)", "Angels, Angels, Angels"등이다.294)

훈련 : 빌리는 영감을 받았고 다른 사람들이 전도할 수 있도록 훈련시키는 일을 중요하게 생각했다. 각 그래함 전도운동 본부들은 목사들과 신학생들을 훈련시키는 "전도 학교(School of Evangelism)"를 운영한 것이 특징이다. 이에 추가해서, 그래함은 3개의 국제회의를 후원했는데, 이들은; 베를린(1966), 로잔(1974), 그리고 암스테르담(1986) 국제회의 등이

---

293) Ibid., 492-93.
294) William Packard, "Evangelism in America"(New York: Paragon House, 1988), 226-27.

다. 이들 회의는 전도와 교회의 전도사역을 발전시키는 방법을 토론하는데 중점을 둔 복음주의 공동체를 돕는 것이었다.295)

후속 양육 : 비록 빌리 그래함이 대중 매체를 활용하는 큰 능력을 보여 주었지만, 아마도 그의 가장 큰 공헌은 "후속 양육" 분야일 것이다. 초기에 그래함 팀은 솔직하게 많은 순회전도자들이 받았던 것처럼 다음과 같은 비판을 받지 않을 수 없었는데, 그 예를 들면: "지금부터 6개월 후에 '회심자'들은 어디에 있는가?" 전도운동에서 많은 사람들이 믿겠다고 앞으로 나온 것은 인정했으나, 그 팀은 후속 양육에 문제가 있다는 것을 인정했다. 팀원들은 그들 자신이 구도자들을 상담했고, 구도자들에게 성경을 읽고, 기도하고, 간증을 나누고 지역 교회에 등록하도록 격려했다. 이러한 접근 방법은 전도집회에서 결신하는 사람들이 점점 더 많아지면서 적당한 방법이 아님이 드러났다.296)

최종적으로, 빌리 그래함은 "나는 가장 중요한 단계는 후속 양육 단계라는 결론에 도달했다"고 말했다. 적절한 후속 양육이 되지 않는다면 전도운동의 많은 노력은 허사가 될 것이다. 이 문제를 해결하기 위해 팀은 내비게이터의 창시자이며, 군 장병들과 학생들을 위해 목회 사역을 실시한 도슨 트로트맨(Dowson Trotman)에게 눈을 돌렸다. 트로트맨과 그의 동료 사역자들, Charles Riggs와 Lorne Sanny 등이 빌리의 전도운동을 위해 후속 양육 체계를 만들어 주기로 약속했다. 그들이 제작한 체계는 몇 단계로 이루어졌다. 첫째, 초청하는 동안 구도자들과 이야기할 많은 수의 상담원들을 모집하고 훈련시켰다. 둘째, 그들은 또한 새로운 회심자들이 그들의 결신을 이해하고 그리스도 안에서 성장을 시작하는 데 도움이 되는 인쇄물을 제작했다. 셋째, 그들은 전도운동을 벌였던 도시에 사무실을 차렸다. 이 사무실은 전도집회가 끝난 후 6개월 동안 후속 양육을 위해 협력했고, 회심자들이 지역교회와 연결될 수 있도록 지역교회 목사들과 함께 일

---

295) Douglas, "Graham"
296) Pollock. "Billy Graham", 103.

했다. 이 노력들은 다른 전도자들에게 좋은 모범이 되었다.297)

그래함 사역의 평가

빌리 그래함은 전도자들과 전도사역 지도자들을 위한 모델을 제공했다. 그의 성격이나 신실성은 비난을 받지 않을 만큼 초월적이었다. 그의 세계 교회운동 정신과 한 사회 안의 인종적 문제에 대한 긍정적 생각은 기독교 통합에 도움을 주었다. 그는 말할 것도 없이 미국 복음주의자들의 원로 정치가라고 할 수 있다. 그의 성취는 긴 설명이 필요 없이 웅변적으로 보여 주었다. 아직도 묻지 않으면 안 될 질문이 있는데, 그것은 전도운동에 의한 전도가 얼마나 효과적인가 하는 것이다. 아쉽게도 그 대답은 "반드시 생각하는 것만큼 효과적이지 못하다"이다.

전도운동에 참석하는 대부분의 사람들은 이미 신자가 대부분이었다. 교회들은 자기 교인들을 버스로 실어 나르고, 지역교회 목사들은 교인들로 구장이나 경기장을 채우도록 강력한 권고를 받는다. 그래함의 전도운동원들의 조심스런 조사에 의하면 결신을 하는 대부분의 사람들은 지역교회의 이미 신자들이었다. 물론 이것은 그들이 중생하지 않았다는 것을 의미하는 것은 아니다. 다만, 빌리 그래함의 전도집회의 결과에 의한 교회 성장이 매우 적었다는 것을 의미한다. 예를 들면, 1956년 스코틀랜드의 글래스고에서 있었던 그래함의 전도집회에서 팀은 52,253명이 예수를 믿겠다고 결신했다고 공표했으나, 단지 3,802명(약 7%)의 사람들만이 실제로 교회에 등록했다. 전도협회에서 발표한 토론토 전도집회의 결과도 구도자 8,161명 중에서 902명만이 지역교회에 등록하거나 등록할 예정이라고 했다. 그래함 팀은 회심한 사람들의 60%가 기존 교인들이라는 것을 인정했다. 그들은 이 당황스런 결과의 원인이 지역교회의 후속 양육의 부실 때문이라고 여겼다.298)

그렇다면 우리는 대중전도에 대해 어떻게 결론을 지어야 할까? 대중

---

297) Ibid., 104-7.
298) McLoughlin, "Modern Revivalism", 516-18.

전도는 대중을 흥분시키는 것이며, 많은 선전효과가 사람들을 끌어들이는 것으로밖에 볼 수 없는가? 최선의 방책은 전도집회에 의한 전도를 "씨 뿌리는 모판"의 시도(試圖)로 보는 것이다. 이것은 그리스도의 복음을 대중에게 나타내는 좋은 방법일 수 있다. 이것은 또한 지역교회 목사들을 연합시키고 교인들을 자극하는 데 도움이 된다. 그러나 이것이 잃어버린 영혼을 구원하려는 교회의 정상적인 교육 전도, 방문 전도, 친교 전도, 그리고 가정성경공부를 대치해서는 안 된다. 대중전도가 어떤 문을 열 수는 있으나, 지역 그리스도인들에게 전도의 기회가 돌아가도록 하지 않으면 안 된다.

부흥 사역의 평가

미국의 부흥사역은 유명하게 만든 몇 가지 요인이 함께 작용했다.

1. 부흥 설교자들이 "그리스도를 영접하도록 개인적 결단"을 요구하는 것은 개인주의적인 미국인의 마음에 꼭 들어맞았다.

2. 많은 지역교회 목사들이 신학적으로 노선이 다른 부흥사들도 후원했다. 왜냐하면 전도결과를 자신들이 가져가기 때문이다. 간단히 말해서 이것이 미국의 실용주의(American pragmatism)이다.

3. 부흥은 마음의 신앙심을 활성화했다. 이 강조는 경건주의적 전통을 유지하는 미국 기독교에 잘 들어맞았다.

4. 성공적인 전도자들은 좋은 볼거리를 제공했다. 즉, 도시에서 부흥운동은 가장 좋은 볼거리였고, 더군다나 그것은 공짜였다. 텔레비전의 출현으로 부흥 집회의 매력도 크게 줄어들었다.[299]

부흥운동의 한 가지 부정적 관점은 많은 교회들이 그들의 전도활동을 부흥의 단기간에 제한하였고 또 제한한다는 것이다. 그들은 그 해(year)의 나머지 기간 동안에는 전도활동을 소홀히 했다는 것이다. 사실, 많은 미국

---

299) Richard Quebedeaux, I Found It: "The Story of Bill Bright"(New York: Harper & Row, 1979), 82-83.

인들에게 부흥과 전도는 동의어(同義語)가 되어버렸다는 것이 부정적인 관점이라고 하겠다.

위대한 부흥사들은 예수 그리스도에 대한 좋은 뉴스를 많은 사람들에게 알게 하였는데, 특히 도시에 사는 사람들에게는 부흥집회가 아니면 들을 기회가 없었다. 아마도 그들의 방법들은 발전시킬 수도 있었겠지만, 어쨌든 그들은 무엇인가는 했다. 부흥사들은 도시 안에서 조직적인 교회로부터 멀어지게 된 많은 사람들에게 전도했다. 전도자들은 도덕적 표준을 상승시켰다. Billy Sunday는 금주운동에 찬성하도록 영향을 주었고, Billy Graham은 그의 전도운동의 통합을 주장함으로써 서로 다른 종족 사이의 관계를 향상시키는 데 기여했다.300)

해석과 적용

빌리 선데이는 그의 전성기에는 큰 대중이 따라다녔으나 사역의 말기에는 그 자신이 풍자만화의 주인공이 되었다. 그가 보여준 강단 위에서의 지나친 활극과 돈을 사랑함이 많은 사람들, 특히 미국의 지식층 사람들에게 전도자들에 대한 이미지와 여론을 추락시켰다.

Billy Graham은 대중전도를 다시 존경할 만하게 만드는 데 상당한 기여를 했다. 나무랄 데 없는 가정생활과 돈 관리로 뒤따라오는 다른 사람들에게 모범을 제공했다는 것은 기독교의 미래를 위해서 대단히 중요한 일을 했다고 생각한다. 그의 대중매체의 이용 기술 또한 다른 사역자들이 모방할 수 있는 좋은 모범을 세웠다. 그의 이름은 "전도자" 하면 "빌리 그래함"이라는 동의어가 되도록 했다. 대중전도에서 긴 안목의 효과에 대한 중대한 질문은 아직 남아 있다. 최악의 경우로, 어떤 사람들은 대중전도는 돈 낭비요, 지역교회를 혼란시키는 것으로 본다. 잘해야 그것은 효과적

---

300) Sweet, "Revivalism", 171.

으로 씨를 뿌리는 방법일 뿐인데, 전격적인 광고의 공세 효과로 생각할지도 모른다. 지각 있는 교회 지도자라면 대중 전도에 투입된 시간, 경비, 노력 등은 비용 대 효율을 신중이 평가해야 할 것이다.

연구를 위한 질문들

1. 어떤 요인들이 빌리 선데이의 인기를 높이게 만들었는가?
2. 어떤 요소들이 빌리 선데이의 인기를 떨어뜨렸는가?
3. 빌리 그래함은 어떤 혁신적인 것들을 대중전도에 도입했는가?
4. 대중전도에서 후속 양육이 왜 그렇게 중요한가?
5. 대중전도의 가치에 대한 당신 개인의 의견은 어떠한가?

제13장 청년 전도운동

  기독교 역사를 통틀어서 교회는 청년에 대한 관심이 대단히 부족했다는 것을 인정해야 한다. 교회는 청년들을 위한 전도에 특별한 노력을 기울이지 않았으며, 청년들도 어른들과 똑같은 상황에서 똑같은 방법으로 전도했다. 그나마 관심 있는 목사들은 청년들에게도 나이 많은 사람들에게 한 것과 똑같은 이야기를 했다. 청년들을 위한 야영집회에서조차도 열정적인 전도자들은 청년들에게 어른들에게 하듯이 설교했다. 그러나 1800년대에는 관심 있는 기독교인들의 그룹들이 젊은이들을 전도하기 위해 특별한 노력을 기울이기 시작했다.

YMCA(기독청년회)
(The Young Men's Christian Association)

  1844년 영국의 조지 윌리엄스가 기독청년회(YMCA)를 설립했다. 그는 도시에 있는 청년들을 목표로 사역했다. YMCA는 전도, 기도, 그리고 성경공부를 활성화했다. 이 운동은 1851년에 캐나다와 미국으로 확산되었다. 1856년에 미시간 대학교와 버지니아 대학교 학생들이 대학 내 YMCA의 지부를 세웠다. 또한 1851년 영국에서는 YMCA와 똑같은 목적을 가지고 기독여성청년회(YWCA)가 조직되었다.
  Luther Wishard가 미국 YMCA 초대 전국 사무총장이 되었을 때, 크게 활성화되었다. Wishard는 흩어져 있는 지부들을 연합시키기 위해 열심히 노력했다. 1888년에 John R. Mott가 Wishard를 승계했다. Wishard와 Mott는 모두 학생들의 회심을 위해서 그리고 회심자들이 기독교 봉사에 헌신하도록 모색했다. Mott는 전도와 제자도에 대한 정상적인 강조에 세계선교에 대한 관심을 추가했다.

SVM (학생자원운동)
(The Student Volunteer Movement)

YMCA와 신학교 간 협력운동이 1888년 노스필드에서 해외 선교를 위한 학생자원운동을 위해서 통합했다. SVM의 첫째가는 목적은 선교사역을 하려는 대학생들을 모집하는 것이었다. 마침내 175,000명의 대학생들이 해외 선교사가 되기 위해 기도하겠다는 서약서에 서명했으며, 최종적으로 21,000명이 선교사로 봉사했다. SVM은 "이 세대에 세계복음화를 완성하자!"는 것이 그들의 표어였다. SVM은 어떤 대학에서는 학생의 50%가 참가할 정도로 인기가 높았다.

SVM은 1920년까지 계속해서 그 숫자와 영향력이 증가했으나, 그 해 이후로 급격히 내려갔고, 1940년에는 세계선교에서 그들의 힘을 완전히 잃어버리게 되었다. 이 대표적인 학생운동이 감소한 이유는 여러 가지가 있다. 첫째, 잦은 지도자의 바뀜이 이 운동의 탄력을 잃는 원인이 되었다. 둘째, 1930년대의 경제적 공황이 심각한 재정적 어려움을 겪게 했으며, 셋째, 많은 운동원들이 성경의 권위를 파괴시키는 성경적 고등비평을 받아들였다. 넷째, 많은 SVM 회원들이 운동의 첫째가는 관심사로 사회개혁이 전도를 대신해야 한다고 주장했다. 마지막으로 다섯째, 일부 사람들은 SVM이 서방 제국주의를 상징하며 그것을 영구화시킨다고 우려했다.[301]

각 교단의 학생 사역들

1900년 미국의 기독교 교단들은 주립대학의 숫자들이 증가하는 것을 인지했다. 교단들은 이들 젊은이들에게 봉사하기 위해 모색했고 학생 센터

---

[301] William H. Breahm, "Factors in the Development of the Student Volunteer Movement for Foreign Missions"(Ph.D. diss., University of Chicago, 1941), 13.

들을 중심으로 한 전도를 모색했다. 감리교단이 1913년 일리노이 대학에 그러한 센터를 처음으로 설립했다. 다른 교단들도 연달아 그들의 표본을 따랐고 전국에 학생 사역을 시작하게 되었다. Wesley 재단(감리교단), Westminster 재단(장로교단), 캔터베리 하우스(감독교회 교단), Roger Williams 재단(미국 침례교단), 침례교 학생연합(남침례교단), 그리고 Lutheran Campus Ministry 등이다.

보통 후원하는 교단이 센터를 지도할 목사를 임명했고 교단의 예산으로 담당 목사들을 지원했다. 어떤 학생 센터는 단순히 이미 기독교인이 된 학생들의 종교적 활동을 지원했다. 그러나 다른 사역 단체들, 예를 들면 침례교단에서 지원하는 단체들은 캠퍼스 부흥회, 기숙사 내 성경공부, 그리고 신앙 수련회 등을 통해서 대학생 전도를 추구했다.

Inter-Varsity Christian Fellowship(IVCF)
(한국에는 한국기독교학생회 [IVF])

YMCA와 마찬가지로 IVCF도 1928년에 영국에서 시작하여 대서양을 건너 미국에 상륙했다. 1940년에 미국에는 Inter-Varsity 법인이 설립되었는데, 이 기관은 대학 캠퍼스에서 활동했고 그들은 전도, 제자도, 그리고 선교를 위한 노력에 중점을 두었다.302)

1946년 IVCF는 토론토에서 열린 학생선교대회를 후원했다. 1948년에는 이 대회가 Urbana에 있는 일리노이 대학의 캠퍼스로 옮겨왔다. 그때부터 수천 명의 대학생들이 매 삼년마다 Urbana에 모여서 선교의 성경적 기초를 공부하고 선교사역을 위한 기회들에 대해서 공부하기 위해 모였다.

오늘날 Inter-Varsity는 미국의 대학 캠퍼스에 750개의 지부를 가지

---

302) Keith and Gladys Hunt, Student Organizations, "New 20th Century Encyclopedia of Religious Knowledge"(Grand Rapids: Baker Book House, 1991), 787-89. See also David M. Howard, "Student Power in World Evangelism"(Downers Grove, Ill.: Inter-Varsity Press, 1970).

고 있다. Inter-Varsity는 효과적인 친교전도와 변증론에 대해 명성을 얻고 있다. 이 조직은 이러한 명성을 Paul Little, J. I. Packer, John Stott 등 복음주의의 뛰어난 분들의 캠퍼스 강의들을 후원하고 Inter-Varsity Press 를 통한 좋은 책들을 출간함으로써 그들의 목적을 달성해 나가고 있다.

CCC(Campus Crusade for Christ)
(대학생 선교회)

북미에서 대학 입학생 수는 세계 제2차 대전 후에 급격히 증가했다. 군인들의 제대와 새로운 "제대군인 원호법(GI Bill)"시행으로 많은 사람들이 대학에 등록할 수 있게 되었다. 이들 학생들을 전도해야 할 필요성의 감지는 많은 선교단체 조직을 설립하도록 촉발했다. 이들 중에서 가장 크고 잘 알려진 단체는 CCC이다.

Bill Bright가 1951년에 CCC(Campus Crusade for Christ)를 설립했다. Bright는 "하나님께서 대위임령을 이 시대에 완수하는 것을 돕기 위해서 너의 생명을 투자하라고 명령하셨다. 특히 이 사역을 그리스도를 위해 세계의 대학생들을 전도하고 제자화함으로써 이루라고 명령하셨다"고 증언했다. Bright는 성공적으로 잘 나가는 그의 기업도 팔고, 졸업이 얼마 남지 않은 Fuller 신학교도 그만뒀다. 그는 UCLA campus 부근에 집을 빌려 학생을 위한 전도사역을 시작했다. 첫 번째 CCC의 이사들은 Henrietta Mears, Billy Graham, Dawson Trotman(내비게이터의 창시자), 그리고 J. Edwin Orr 등이었다. 몇 달 이내에 학생회장과 십종경기의 세계 챔피언 Rafer Johnson을 포함하여 250명의 학생들이 예수 그리스도를 믿기로 결신했다.[303]

일 년 이내에 Campus Crusade는 서해안을 따라 다른 대학들에 그 사역을 확장했다. 1960년에 15개 주, 40개 campus에서 사역자들이 109명

---

303) Richard Quebedeaux, I Found It: "The Story of Bill Bright and Campus Crusade"(New York: Harper & Row, 1979), 16-18.

에 달했으며 한국과 파키스탄에서도 사역이 시작되었다. 같은 해에, 지금은 없어진 Arrowhead Springs라는 호텔 휴양지를 CCC가 인수했다. 이 시설은 큰 본부 사무실과 훈련 시설을 제공했다. 1978년에는 그 소유지에 대위임령 신학교(The Great Commission School of Theology)를 세웠다. 시작부터 CCC는 공격적인 전도에 헌신할 것을 가르쳤다. Bill Bright가 말한 것 같이;

공격적인 전도는 단순히 성령의 능력으로 그리스도를 전하는 데 주도권을 가지고 나누며, 결과는 하나님께 맡기는 것이다. 우리는 특별히 주의해야 하는데, 공격적인 전도는 공격하는 것을 의미하지 않는다. 그것은 공격적인 태세를 취한다는 것이다. 우리는 어디를 가든지 가서 그리스도에 대해서 듣고자 하는 사람 누구에게든지 복음을 전한다는 것이다.304)

CCC는 그의 역사를 통해서 이 접근법을 고수했다. CCC는 IVCF (Inter-Varsity Christian Fellowship)가 사용하는 친교전도가 아니고, 공격적이고(그렇지만 무례하지 않은) 직면적(confrontational) 전도를 한다. 친교전도(생활전도라고도 한다)는 오랫동안 좋은 관계를 맺고 신뢰를 쌓아서 절친한 배경에서 자연적으로 또는 태연하게 복음을 나눌 수 있는 방법이다. CCC도 친교전도를 사용하지만, 그들의 주된 방법은 소책자 "사영리"(The Four Spiritual Laws)를 가지고 복음을 나누는 것이다.

Bill Bright는 공격적인 전도를 설명하는 데 세 가지 형용사를 사용한다. 그것은 "물리적(Physical)"이라는 단어로 사람들에게 다가가는 것을 포함한다. 또한 그것은 "말(verbal)"로 하는 것인데 왜냐하면 구원의 메시지는 명확하게 말로 표현되어야 하기 때문이며, 또한 그것은 "의지적(volitional)"이라는 단어로 증거는 대상자로부터 의지적인 반응을 구하는 것이기 때문이다.

---

304) Ibid., 91.

CCC는 각 대학에서 네 단계 전략을 가지고 접근했다.

1단계 : "침투(penetration)." 간부가 지도자로서의 가능성이 있는 학생을 찾는다. 이 단계의 목표는 학생 지도자들의 핵심 그룹을 개발하기 위한 것이다.

2단계 : "집중(concentration)." 간부와 학생지도자들이 한 개의 campus 그룹을 복음으로 포화시킨다. 보통 이것은 대학교 일학년 학급이다. 전도된 일학년생을 간부가 시간을 가지고 제자화하고 지도자급으로 훈련시킨다. 그들은 또한 이들 제자화된 학생들이 캠퍼스 조직에서도 지도자가 되도록 격려한다.

3단계 : "포화(saturation)." CCC 회원들이 전체 학생에게 구원의 계획(복음)을 전달하는 것을 말한다.

4단계 : "계속(continuation)." 간부는 학생모임보다 그리스도의 요구가 앞선다는 것을 유지하도록 노력한다. CCC는 간부가 Four Spiritual Law에 대해 들어보지 못한 학생을 찾을 수 없을 때, 학교 내 모든 그룹을 접촉했을 때, 조사 결과 대부분의 학생들이 그리스도인이 되는 법을 아는 것으로 나왔을 때, 그 학교를 복음으로 포화시킨 것으로 간주한다.

CCC는 그의 방법론에서 큰 창의력을 보여주었다. 그들의 대학생 전도(Campus Evangelism)의 기본적 접근방법은: 개인에게 증거할 때는 1:1 (one-to-one) 전도, 기숙사별로 증거할 때는 그룹으로, 그리고 대중 프로그램 등이 있었다. 그러나 이들 일반적인 접근 방법은 불신자들에게 매혹적인 프로그램으로 보완되었다. 이것들 중에는 운동 활동, 지방을 돌아다니면서 대학팀과 은퇴 선수들의 농구팀과의 경기를 주선하고, 중간 휴식 시간에 간증을 한다. CCC는 효과적인 변증가인 Josh McDowell의 사역을 위한 출장을 후원하며, 또한 자기의 유망한 흥행업을 내려놓고 그리스도를 증거하는 데 헌신한 마술사 Andre Kole 같은 사람들의 여행경비도 후원했다. CCC는 또한 80,000명의 참가자들을 모집한 Dallas의 Explo'72 전도대회나, 30만 명의 학생들을 모집한 한국 서울에서의 Explo'74 같은 전도대회도 후원했다.

1970년 CCC는 대학의 campus를 넘어서 세계의 도시들에 눈을 돌렸다. 북미를 시작으로 CCC는 복음으로 도시권을 포화시키기 위해 "Here's Life" 전도운동도 후원했다. 이 운동은 전화 상담이나 복음제시에 반응을 보인 사람들을 방문하기 위해 상담원을 파견하는 것 등을 포함했다.

학생 선교단체 사역의 한 가지 공통적인 비판은 지역교회와 협력이 부족하다는 것이었다. 일부 지역교회 목사들의 관점은 이러한 선교활동이 지역교회와 보완적이지 못하고 경쟁적이었다는 것이다. 그래서 Bill Bright는 모든 CCC 간부들에게 지역교회에 참여하고 학생들도 그렇게 하도록 격려하라고 요구했다. 또 Bright는 CCC는 교회의 종으로서의 역할을 해야 된다는 것이었다. CCC는 지역교회의 배경이 아니면 세례 베푸는 것과 성찬식을 거행하지 않는다.

YFC (Youth For Christ)

Inter-Varsity와 CCC가 대학생들에게 전도하는 길을 찾고 있을 때, 다른 그리스도인들은 고등학생들에게 복음을 전하는 선교단체를 설립했다. 가장 먼저 시작한 단체가 "Young Life"였다. 이 조직은 영국에서 시작했고, Jim Rayburn이 1937년에 텍사스의 댈러스로 가져왔다. 세계 제2차 대전의 분쟁은 청소년 범죄의 증가를 가져왔다. 이에 대한 반응으로, 1940년대에는 여러 조직들이 설립되었다. 1940년에 와이어첸(Jack Wyrtzen)은 뉴욕의 Times Square에서 토요일 밤 집회를 시작했다. 그의 "Word of Life Hour" 이야기는 라디오 청취자를 제외하고도 매주 천여 명의 청소년들을 유치했다. 후에 그가 Madison Square Garden에서 가진 집회에서는 20,000명 이상이 모였다.

와이어첸의 성공은 다른 사람들에게 영감을 불어넣었다. 1943년까지는 토요일 밤 청소년 집회가 전국으로 퍼져서 어디서나 찾아볼 수 있었다. 1944년 시카고의 Midwest Bible 교회의 존슨(Torrey Johnson)목사는 "Chicagoland Youth for Christ"를 시작했다. 이것의 성공이 결국 1945년 "Youth For Christ, International"을 설립하게 되었다. Torrey Johnson은 Youth For Christ의 목적을 4가지로 말했는데, (1) 북미의 모든 도시마다 예수 그리스도의 복음을 전하기 위하여, (2) 도시 전체를 아우르는 부흥집회를 실시하기 위하여, (3) 사람들에게 이 세상의 잃어버린 영혼의 상황을 알도록 돕기 위하여, (4) 한 세대 안에 전 세계를 복음화하기 위하여, 등이다.305)

Billy Graham은 여행전도자와 새로운 조직을 위한 프로모터로 일했다. 그의 비범한 통솔력은 새로운 조직이 급성장하는 데 기여했다. YFC (Youth For Christ)도 복음주의적 기업가들과 Hearst 신문 지국들의 도움을 받았다.

Bob Cook이 1948년에 YFC의 회장이 되었는데 그는 상당한 조직운영의 기술을 발휘했다. 1950년에 YFC는 고등학교 성경클럽(Campus Life)을 조직했는데 이것은 보다 효과적으로 고등학생들을 전도하기 위함이었다. "Campus Life"도 또한 여름 야영 프로그램을 시작했다. YFC는 1951년까지 59개국에서 집회를 열었다. 또 YFC는 1986년에 미국에서 1,065개의 Campus Life 그룹을 가지게 되었고, 56개국에서 사역이 계속되고 있었다. YFC는 또한 청소년들을 목표로 한 매력적인 잡지 "Campus Life"를 출판했다.

근래에 와서 YFC는 경제적인 어려움과 지도자 인물난으로 어려움을

---

305) Mel Hall, "Youth For Christ"(Grand Rapids: Zondervan Publishing House, 1947), 130.

겪고 있다. YFC는 또한 Baby Boomer 시대가 지나감에 따라 청소년의 수가 감소하기 때문에 따라오는 회원 수의 감소로 어려움을 겪고 있다. 그러나 YFC 조직은 청소년 감금 센터들과 미국의 해외 사역의 성장에 힘입어 아직은 긍지를 가지고 이 사역을 해 나갈 수 있다. YFC는 1990년도에 그들의 노력에 힘입어 22,000명의 결신자를 기록했다고 발표했다. YFC는 미국의 청소년의 필요에 비추어 그들 자신을 재정비하고 새로운 출발을 할 수 있도록 안간힘을 기울이고 있다.

주일학교 전도(Sunday School Evangelism)

선교단체(para-church)는 흥미 있는 조사를 했다. 그들은 분명히 청소년 전도에 상당한 기여를 했다고 하지만, 그러나 유서 깊은 주일학교도 많은 청소년들에게 전도했다는 것이다.

주일학교의 유래

레이크스(Robert Raikes, 1736-1811)가 1780년 영국의 글로스터(Gloucester)에서 처음으로 주일학교를 시작했다. 헌신된 사회 개혁가인 Raikes는 노동자 집안의 아이들이 겪는 절망적인 삶을 개선하기 위해서 그의 사설 학교를 설립했다. Raikes는 아이들에게 읽기, 쓰기, 그리고 신앙을 가르쳤다. 영국 국교회의 반대에도 불구하고 주일학교는 계속 늘어갔다. Raikes가 죽은 1811년 영국 전체에서 40만 명의 어린이들이 주일학교에 출석했다.[306]

미국의 첫 번째 주일학교는 1785년 버지니아에서 시작했다. 주일학교 숫자는 계속 늘어 갔으나, 가장 큰 증가는 1824년 미국 주일학교연합회가 설립된 해에 최고에 달했다. 이것은 제2차 대각성운동의 결과로 생겨난 여러 주요 기관 중의 하나이다. 초기의 많은 주일학교들은 교회와 분리하

---

306) C. B. Eavey, "History of Christian Education"(Chicago: Moody Press, 1964), 225-27.

여 운영되었다. 어떤 목사들은 일반 성도들이 성경을 가르칠 수 있다는 것이 의심스러웠기 때문에 교회에서 주일학교를 운영하는 것에 반대한 적도 있었다.

점차적으로 교단들이 주일학교에 의한 교회의 성장 가능성을 보기 시작했다. 감리교와 침례교가 주일학교를 교회 프로그램에 포함시키기 시작했고 다른 교단들도 그들의 본보기를 따랐다. 미국 주일학교연합회는 그 지역 전반에 걸쳐서 주일학교를 설립함으로써 미시시피 계곡을 복음화하는 데 전념했다. 주일학교연합회는 이 목표를 달성하기 위해 80명의 선교사를 파송했다. 이들 중에서 가장 유명한 선교사는 Stephen Paxson이었는데, 그는 Robert Raikes라는 이름을 가진 그의 말을 타고 주일학교를 시작하면서 일리노이와 인디애나 주를 통과하여 여행을 했다. 그의 사역기간 동안에 1,314개의 주일학교를 세웠고 83,000명의 젊은이들이 등록했다. 학자들은 미시시피 계곡의 전체 교회의 5분의 4는 주일학교로부터 시작했고, 일 년에 17,000명이 결신했다고 추산했다.307) 1900년경부터 주요 교단들의 주일학교 등록 숫자는 감소하기 시작했는데, 이는 많은 교회들이 주일학교를 단순히 자기 교인들의 자녀를 위한 신앙교육으로 보았기 때문이었다. 그러나 더 보수적인 교회나 교단들이 주일학교를 전도기관으로 개발하기 시작했다. 남침례교단의 주일학교 위원회는 주일학교를 지역교회의 전도용 무기로 승격시켰다.

플레이크의 공식

Arthur Flake는 남침례교단 안에 주일학교 발전을 위한 전략적 지도부를 준비했다. 그는 1920년에 주일학교위원회의 주일학교 행정부서의 새로운 부서장으로 임명되었다. Flake는 곧 주일학교 성장의 원리를 개발하였고 그것은 대중화되었다. 그의 책 "표준적 주일학교 세우기(Building a

---

307) Elmer Towns, Sunday School Movement, "New 20th Century Encyclopedia of Religious Knowledge" (Grand Rapids: Baker Book House, 1991), 796-98.

Standard Sunday School)"를 통해서, 주일학교 성장을 위한 다섯 가지 공식을 발표했다.

1. 대상자를 찾으라. 플레이크는 교회가 대상자를 찾아서 명부를 작성할 것을 격려했다.
2, 조직을 확장하라. 주일학교의 새로운 반(class)이 기존의 반들보다 빠르게 성장하기 때문에 플레이크는 주일학교의 새로운 반을 시작하는 것이 전체 성장을 촉진한다는 것을 발견했다.
3. 사역자들을 훈련시켜라. 플레이크는 주일학교 성장을 위해서 새 반을 맡을 새 교사를 모집하여 훈련하는 계획을 세우라고 교회에 조언했다.
4. 공간을 확보하라. 플레이크는 주일학교 성장을 위해서 교회가 새 반과 출석인원의 증가를 감안하여 공간을 마련하도록 당부했다.
5. 사람들을 쫓아가라. 플레이크는 방문을 강조했고, 성장을 위해서 주일학교 사역자들이 대상자를 방문하지 않는다면, 계획을 세우는 것은 노력의 낭비라고 주장했다.

수천의 교회들이 플레이크의 공식을 따름으로써 빠른 성장을 경험했다. 사실, 플레이크의 간단한 원리들은 남침례교단에서 주일학교 지도자들을 위한 "5계명(Five Commandments)"이 되었다.[308]

침례교인들은 주일학교를 전도를 위한 중요한 도구로 만들었다. 1945년 J. N. Barnette는 "지난 25년간 모든 교회 교인들의 약 85%가, 세례에 의하든지 편지에 의하든지, 주일학교의 등록된 명부로부터 나왔다... 주일학교는 잃어버린 영혼에게 전도할 목적으로 조직되고 운영되었다."고 기록했다.[309]

남침례교인들은 일반적으로는 조직 쪽에 점수를 많이 주고, 특별하게

---

308) H. E. Ingram, Arthur Flake, "Encyclopedia of Southern Baptists"
309) J. N. Barnette, "The Place of Sunday School in Evangelism"
    (Nashville: Convention Press, 1945), 24, 26.

는 플레이크의 원리들을 그들의 주일학교 성장의 중요 요인들로 보려는 경향이 있었다. 그러나 Elmer Towns는 조직의 역할의 점수를 깎고, 그 대신에 목사의 전도에 대한 열정, 교사들의 헌신, 성경에 대한 헌신 등을 중요한 요소들로 생각했다. 조직 하나만으로는 성장 요인으로 간주할 수 없으나, 플레이크의 공식은 남침례교인들을 열정으로 이끌기 위한 간단하면서도 효과적인 접근방법이었다고 말했다.310)

1970년대에는 괄목할 만한 주일학교의 성장을 가져왔다. 1968년에는 평균 학생수가 2,000명이 넘는 주일학교가 교단 평균 12개밖에 없었으나, 1981에는 이러한 교회가 교단 평균 49개에 달했다. 몇 가지의 요인이 이 발전에 기여했다고 보는데. 첫째, 1970년대는 근본주의를 위한 10년간이었다. 근본주의 교회들이 이 기간 동안에 급증했고, 이들은 주일학교 출석을 강조했다. 예를 들면, 1981년에 인디애나 주의 하몬드 제일침례교회는 그 해 평균 15,000명을 넘었다. 교회 버스의 운행도 또한 주일학교 학생들의 출석을 증가시켰다. 출석 아동이 많은 주일학교를 가진 몇몇 교회 목사들은 이로 인해 명성을 얻기도 했다.

해석과 적용

대부분의 교회역사를 통해서 청년들을 전도하려는 특별한 노력이 없었으나, 1800년대에 들어와 큰 변화를 가져 왔다. 이 기간에 청년들을 전도하기 위해 주일학교와 YMCA가 세워졌다. 청년 사역은 제2차 세계대전 동안과 그 이후에 급격히 증가했다. 이들 기관의 설립자들은 교회가 남겨둔 틈새를 메우기 위하여 고등학생과 대학생들을 전도하려고 노력했다. 의심할 것도 없이 이들 기관들은 훌륭한 일을 해 냈지만, 그러나 지역교회들이 청년 전도에 비효과적이고 비협조적이었다는 인상을 지워버릴 수는

---

310) Elmer Towns, "The Complete Book of Church Growth" (Wheaton, Ill.: Tyndale House, 1981), 26.

없다. 교회가 전도의 주도권을 회복하든가, 그렇지 못하면, 교회가 책임을 선교단체에 떠넘겨야 할 것으로 보인다.

그들, 즉 선교단체 조직들 편에서 지역 교회와 좀 더 밀접한 관계를 보여줄 필요가 있다. 그들은 교회의 종이 되어야 한다고 말하지만, 그러나 이 정신의 실제적인 유익한 점들을 찾아보기는 어렵다. 선교기관들은 무척 인상적인 회심의 숫자를 보고하지만, 얼마나 많은 회심자들이 지역교회의 활동적인 장년 교인이 되는지는 보고된 바가 없다.

연구를 위한 질문들

1. 왜 선교단체 조직들이 청년 전도의 주도권을 갖게 되었는가?
2. 무엇이 교단의 캠퍼스 사역을 촉발시켰는가?
3. 주일학교 성장을 위한 플레이크의 공식이란 무엇인가?
4. 선교단체 사역자들의 공통적인 근본 문제는 무엇인가?

제14장 개인전도

그리스도인들은 기독교 역사를 통해 계속해서 주님을 증거해 왔다. 앞의 장들에서 초대교회 그리스도인들은 어떻게 가는 데마다 그들의 믿음을 전했는지 설명했다. 이들 첫 세기의 증인들은 한 친구가 다른 친구에게 새로운 식당을 소개하듯이 자연스럽게 그들의 믿음을 증거했다. 또한 모라비안들도 그들이 어디를 여행하든지 적극적으로 전도했다. 이러한 종류의 전도는 매우 자연스런 전도였다. 아무도 그것을 계획하지 않았으며 교회 달력에 "방문하는 밤"이라고 적어두지도 않았다. 교회가 개인전도의 정규적인 프로그램을 조직하거나 실시한 것은 교회 역사에서 비교적 최근의 일이다.

초기의 노력들

무디(Dwight L. Moody)는 1870년대에 그의 전도운동의 일환으로 가가호호 방문전도 방법을 사용했다. 1800년대의 다른 전도자들도 이 방법을 때때로 사용했다. 그러나 이 방법을 널리 사용한 것은 단지 1900년대에 들어와서부터이다.

1913년 인디애나폴리스 시의 목사들은 빌리 선데이를 그들의 도시에 초청하지 않기로 결정했고, 그 대신 3년에 걸쳐서 도시 전체를 방문하여 전도하기로 결정했다. 이 사역에 동참하는 교회들로부터 모집된 자원봉사자들은 도시 전체를 가가호호 방문했다. 노력의 결과로 목사들은 새로운 회원이 20,000명이나 증가했다고 발표했다. 이와 비슷하게, 1914년에는 세인트루이스의 교회연맹은 "한 사람이 한사람을 전도하는 운동(One-to-Win-One Campaign)"을 시행했다. 이 전도운동은 첫째 단계에서 전도대상자를 찾기 위한 종교 인구조사를 실시할 자원봉사자를 모집했다. 둘째 단계에서 목사들은 자원봉사자에게 불신자들을 어떻게 방문하고 전도할지 그 방법을 훈련시켰다. 봉사자들은 대상자들에게 참가 교회들 중의 한 교회에 출석하겠다는 서약서에 서명해주도록 요청했다. 목사들은 서약서에 서명한 사람들을 방문했다. 교회연맹은 이 운동의 결과로 10,000명의 새로운 회원들이 지역교회에 출석했다고 주장했다. 이 운동의 성공은 다른 도시들에서도 이와 같은 방법을 사용하도록 영감을 불어넣었다.311)

자연히, 전문적인 전도자들도 이 운동들의 성공을 눈여겨보았다. Earl A. Kernahan은 방문전도를 정교한 방법으로 개선했다. 그는 여러 도시의 목사협회들에게 자기가 전도운동을 조직해주겠다고 약속했다. Kernahan은 빌리 선데이가 한 것과 같이 협력하는 교회들을 결속했다. 그는 목사들에게 전도운동을 위하여 일반성도 자원봉사자들을 모집하도록 요청했다. 자원봉사자들이 모였을 때, Kernahan은 그들을 격려하는 연설을 하고, 활력 있는 찬송을 부르게 하고, 전도기술을 가르치고, 가가호호 방문하도록 두 사람씩 짝을 지어 파송했다.

Kernahan은 각 방문 팀에게 몇 가지의 "전도대상자 카드(prospect cards)"를 나눠주고 방문자들에게 그들의 방문 결과를 이들 카드에 적어서 제출하도록 지시했다. 교회에 출석하기로 동의한 대상자들은 "결신 카드(Decision Card)"에 사인을 했고 교회에 출석할 날짜도 적었다. 방문자들이 그 다음날 저녁에 임무를 위해서 나올 때, 방문결과를 기록한 대상자 카드들을 Kernahan이나 그의 동료의 한사람에게 제출했다. Kernahan은 그 카드들을 검사하여 어려운 문제들을 따로 정리했다. 그 다음에 그는 방문자들을 격려하며 방문자들이 당면한 문제들에 대한 해답을 가르쳐 주었다. 사역자들이 모든 대상자들을 방문하고 나면 전도운동도 끝난다. 교

---

311) William G. Mcloughlin, "Modern Revivalism"(New York: Ronald Press, 1959), 456.

회 출석을 약속한 사람들이 교회 출석을 했는지 확인하기 위해 그들을 방문하는 것은 사역자들의 책임이다.312) Kernahan은 많은 전도운동에서 괄목할 만한 성공을 거두었다고 주장했다. 그는 1923년에서 1929년까지 7년 동안에 그의 지도 아래 자원봉사자들이 370,750명을 방문했다고 보고했으며, 이들 중에서 185,867명이 그리스도를 영접했다고 주장했다. 이들 중에서 얼마나 많은 사람들이 결신을 했는지 또는 단순히 교회에 출석만 했는지는 확실치 않다. 그럼에도 불구하고 그의 전도운동은 많은 사람들을 교회로 인도했다.313)

남침례교회의 전도

20세기에 남침례교회 교인들은 전도를 위해 훌륭한 일을 했다. 1900년대 초기에 남침례교회 교인들은 그들의 전도의 사명을 대부분 부흥집회와 주일학교를 통해서 실천했다. 남침례교회는 1946년 C. E. Matthews가 텍사스 침례교 총회의 전도국장을 사임하고 침례교회의 국내선교위원회의 같은 자리(전도국장)로 옮겼을 때 모든 것이 변했다. 몇 달 동안 그는 총회를 위한 전도 계획을 개발했고, 그 계획을 그의 책 "The Southern Baptist Program of Evangelism"에서 상세히 설명했다.314)

동시적 전도운동

Matthews는 모든 침례교 주(州) 총회는 전도부를 신설하고, 지역 협의회들은 동시적 전도운동을 실시하고, 교회 안의 모든 조직은 전도를 최우선적으로 관심을 갖도록 촉구했다. Matthews가 하달한 공문 내용은 다음과 같다.

---

312) Ibid., 458.
313) Ibid.
314) Ronald W. Johnson, Proposals for Balanced Evangelism in the Local Church, "Review and Expositor 90"(Winter 1993), 54.

제14장 개인전도

> 우리는 영혼구원을 훈련된 사역자들의 엄선된 그룹에 의해서만 실시하는 것을 추천하지 않으며, 우리의 주일학교, 여전도 연합회, 훈련 연합회, 그리고 형제 연합회 등의 모든 회원들에 의해 실시할 것을 촉구한다. 이것은 교회의 멤버십을 가진 모든 교인을 포함해야 한다... 교회가 해야 할 일인 영혼구원(soul-winning)은 한 영혼의 구원(The salvation of a soul)으로 끝나는 것이 아니라 교회에서 그리스도인의 모든 봉사를 통해 생명을 구하는 것이다.315)

총회는 Matthews 의 추천들을 승인했고, 이 원칙의 실행은 남침례교를 크게 성장시켰다. 남침례교는 1948년에 처음으로 연간 침례자 수가 300,000명을 기록했다고 보고했다. 1955년에는 침례자 수가 416,867명에 달했으며, 1947-55년 사이 9년 동안의 총 침례자수는 3백만 명을 넘었다고 보고했다.316) 1960년대에 와서 남침례교는 Matthews의 원칙에서 멀어지기 시작했고, 침례자 수도 줄어들었다. 침례자 수가 감소한 이유는 교회의 모든 프로그램들에서 전도를 강조하는 것을 멈췄기 때문이었다. 비록 교회 지도자들이 전도에 대해서 많은 이야기를 했지만 전보다는 덜 했다는 것이 된다.

평신도 전도학교들

침례자 수의 감소와 전도에 대한 열정의 상실은 국내 선교위원회의 직원들에게 경종을 울렸다. 이에 대한 반응으로, 그들은 교회 회원들이 전도에 참여하도록 하는 새로운 프로그램을 개발했다. 국내선교위원회와 주(州) 전도부는 전국에 걸쳐서 평신도 전도학교를 개설하도록 촉구했다. 이들 전도학교에서는 평신도들에게 전도하는 법을 가르치기 위해서 "지금 전도에 참가하기"(WIN: Witness Involvement Now)라는 자료를 사용했다.

---

315) C. E. Matthews, "The Southern Baptist Program of Evangelism"(Atlanta: Home Mission Board, 1949), 3.
316) C. E. Willibanks, "What Hath God Wrought Through C. E. Matthews"(Atlanta: Home Mission Board, 1957), 123.

이 자료는 소책자 "충만하고 의미 있는 삶을 사는 방법"(How to Have a Full and Meaningful Life의 사용법에 중점을 두었는데, 이것은 주로 CCC에서 사용하는 "사영리"(Four Spiritual Laws)와 비슷한 것이었다. 전도학교에 참여하는 사람들은 그들의 간증을 제시하는 법과, 사람들을 구원으로 인도하는 소책자 사용법에 대해 배웠는데 훈련은 참가자들의 전도방문 실습으로 끝났다.

평신도 전도학교는 그들의 원하는 결과를 확실하게 성취했다. 1972년에 남침례교는 연간 침례자 수 445,725명을 보고했는데 이 숫자는 총회 역사상 최고치이다. 불행하게도 남침례교단은 그의 추진력을 유지하지 못하고 침례자수는 감소하기 시작했다. 그래서 국내선교위원회는 교단의 전도 프로그램의 활력을 되찾기 위해서 새로운 프로그램을 개발했다. 국내선교위원회는 전도폭발(Evangelism Explosion)의 성공에 강한 인상을 받고 "지속적 전도훈련"(Continuing Witness Training)이라는 새로운 훈련과정을 개발했다. 공공연히 전도폭발을 본뜬 이 프로그램은 두 시간씩 13번의 훈련을 실시하며 실제로 정규적으로 전도하러 나갔다. 이 자료는 훌륭했지만 교회 지도자들은 13주 과정의 훈련에 헌신하는 사람들을 모집하는 데 어려움을 겪었다.

CCC(Campus Crusade for Christ)

1950년대에 대학생 전도운동이 "사영리"(The Four Spiritual Laws) 소책자를 사용해서 대학 캠퍼스의 개인전도에 큰 성공을 거뒀다. 목사들이 CCC가 성공하는 것을 보고, 많은 교회들이 이 자료를 사용하여 전도할 수 있도록 훈련시켜줄 것을 요청함에 따라 CCC는 1957년에 평신도 사역 프로그램을 시작했다. 이것은 1971년에 "평신도 전도학교"(The Lay Institute for Evangelism)로 발전했다. 이 학교의 목적은 교회에서 평신도들을 배가시키는 프로그램을 시작하기 위한 것이었다. CCC의 창시자인

Bill Bright와 그의 직원들은 평신도들이 불신자들에게 전도하고, 회심자들의 믿음을 세워주고, 그들을 다시 복음전도자로 세상에 파송할 수 있게 되기를 희망했다.

1972년 CCC는 댈러스에서 "Explo'72"라는 이름으로 개최하는 전도대회를 후원했다. 이 대회는 여러 전도협의회들을 포함했는데, Cotton Bowl stadium에서 열린 밤 대회, 음악 연주회, 그리고 도시 전체를 목표로 한 가가호호 방문전도 프로그램 등이다. 이 대회는 크게 성공한 것으로 드러났는데 대회에는 8,000명이 참가해서 5,000명의 결신자를 얻었다.

"Explo'72"의 성공에 힘을 얻은 Bright와 그의 직원들은 "미국, 여기에 생명이 있다"(Here's Life, America)라고 부르는 국가적인 전도활동을 계획했다. 이들은 1976년에 지역교회들과 협력해서 미합중국 내에 있는 모든 사람들에게 복음제시하기를 원했다. 이 목표는 성취가 불가능한 같이 보였으나, 1976년도에 CCC는 미국과 캐나다의 165개 도시에서 "Here's Life" 전도운동을 펼쳤다. 이 운동은 수백만 명의 사람들에게 "나는 찾았다!"(I Found It!)라는 구호를 빌보드, 텔레비전, 자동차의 범퍼 스티커, 그리고 신문 광고 등을 통해 선전했다.

제2단계는 지역교회들을 통해 전도 상담을 하기 위해 전화를 걸 사람들을 모집하는 것이었다. 모집된 자원봉사자들은 훈련을 받은 후, 지역 전화번호부를 가지고 전화를 걸어서 "사영리"(The Four Spiritual Laws)에 대해서 말씀드려도 되겠느냐고 물었다. 자원봉사자들은 전화 상담에서 그리스도를 영접하고 결신 기도를 한 사람들을 방문했고, 후속양육을 위한 책자를 전해주고 그들의 가까운 지역에서 하는 성경공부 그룹에 나올 것을 격려했다. 물론 지역 목사들은 결신자들이 결국에는 가까운 지역교회에 출석하게 되기를 희망했다.

첫눈에 보기에도 "Here's Life" 전도운동의 통계 숫자는 매우 인상적이었다. 1976년에 11,826개의 지역교회에서 자원한 봉사자들은 육백오십만 명에게 전화 상담을 했고, 536,824명이 그리스도를 영접했다고 보고했다. 더욱이 60,000명이 전도훈련에서 마련한 성경공부 그룹에 등록했다. 또한 CCC는 전도대회를 위해 특별히 마련한 텔레비전 프로를 5천만 명이 시청했다고 추산했다.317)

전도운동의 통계수치는 좋아 보였지만, 교회 성장 전문가들의 비판을 피하지는 못했다. Win Ahn은 회심자들 중에서 실제로 교회에 출석하는 사람들은 매우 적었다고 지적했다. 예를 들면, 캐나다의 Edmonton에서는 이 운동에 참여한 63개의 교회에서 1,700명의 사역자들에 의해 1,009명이 그리스도를 영접했다고 기록했다. 그러나 이 사람들 중에서 오직 250명만이 성경공부 그룹에 실제로 참석했고, 전도운동의 결과로 교회에 등록한 사람은 한 사람도 없었다고 보고했다. 인디애나폴리스에서는 823명의 자원봉사자들이 28,976번의 전화를 걸었는데, 이 전화 상담으로 1,665명이 그리스도를 영접했다. 그러나 단지 242명만이 성경공부 모임에 참석했고, 55명만이 교회에 등록했다. 이 55명 중에서 23명은 다른 교회에서 수평이동 한 것이었으므로 이 지역에서의 실질적인 전도효과는 32명뿐이었다고 보고했다.318)

포화전도 (Saturation Evangelism)

Kenneth Strachan은 포화전도 또는 심층전도(Evangelism-in-Depth)라고도 부르는 전도를 시작했다. Strachan은 한때 코스타리카의 선교사로도 사역했는데, 1950년부터 그가 죽은 1965년까지 라틴아메리카선교회의 회장직을 맡고 있었다. Dr. Strachan은 주어진 나라의 모든 그리스도인들을 동원하여 그들의 나라 전체를 전도하는 비전을 가지고 있었다. 그는 그 나라의 모든 그리스도인 공동체를 동원해서 주어진 지역을 융단폭격 식으로 총체적으로 전도하기를 원했다. 이 목표를 성취하기 위해서

---

317) Here's Life, "Christianity Today", 4 February 1977, 522-23.
318) Win Ahn, Here' Life, "Church Growth America"(January 1977), 4.

Strachan은 4단계로 전개되는 국가적인 전도운동을 계획했다. 제1단계는 거국적으로 선교사들과 교회 지도자들을 초청하여 그들이 열정적으로 협력하도록 비전을 나누는 대회를 시작한다. 제2단계는 동원 단계이다. 이 시기에는 전국적으로 기도 그룹을 조직하고, 기도 그룹이 가동되기 시작하면, 그 나라의 모든 믿는 사람들에게 불신자들을 방문하고 전도하는 기술을 훈련하기 위한 대회를 연다. 이 계획은 지역교회 회원들이 그들의 이웃을 모두 방문하는 가가호호 방문전도(door-to-door witnessing)할 것을 강조한다. 제3단계에서는 인구 밀집지역을 중심으로 퍼레이드와 동시적 전도운동을(simultaneous crusades) 실시한다. 이 전도운동은 모든 협력하는 교회들이 후원하는 연합 집회였다. 제4단계는 양육 단계였다. 이 단계에서는 지역 전도운동에서 결신한 결신자들을 계속 방문하고 그들을 제자화하는 단계이다.319)

Strachan 은 최초로 이 프로그램을 중남미(Cental and South America)에서 실시했다. 그와 그의 동역자들은 1960년과 1968년 사이에 10개의 전도운동을 실시했다. 그중 몇 개의 결과를 다음 표에 열거했다. 이 표에서 "순 증가(net gain)"는 그 해에 실시한 전도운동에서 결신한 숫자에서 전도운동이 없었던 보통 해의 합리적인 결신자 수를 뺀 숫자이다.

국가별	결신자 수	순 증가
Nicaragua	2,604	624
Guatemala	20,000	4,800
Bolivia	19,212	4,608
Peru	25,000	6,000
Costa Rica	3,153	756
Venezuela	17,791	4,280
Columbia	22,000	2,832

---

319) George Peters, "Saturation Evangelism"(Grand Rapids: Zondervan Publishing House, 1970), 55-56.

회고해보면, 포화전도는 결신자를 얻는 데 성공적인 것이 증명되었으나 교회 회원은 적은 숫자밖에 증가시키지 못했다. 오랫동안 댈러스 신학교의 선교학 교수였던 Dr. George Peters는 전도운동은 실질적인 교회 성장을 가져오지는 못했다고 말했다. 왜 결신자 숫자와 교회 등록 숫자가 일치하지 않았는가? Peters는 이 문제에 대해 몇 가지 이유가 있다고 설명했다. 첫째, 많은 사람들이 불완전한 회심을 했다는 것이다. 이들은 어떤 확신에 노출되었거나 약간의 흥미를 느꼈을 뿐, 결코 중생에 이르지는 못했다는 것이다. 둘째, 어떤 사람들은 그들의 동기 부여에 혼동을 가져왔다. 셋째, 어떤 가톨릭교도들은 결신을 했지만, 가족들의 반대로 교회에 나오지 못했다. 넷째, 교회가 후속양육을 위한 준비가 덜 되었다. 다섯째, 전도운동을 통해서 회심자들이 지역교회에 들어오는 통로가 되는 효과적인 방법이 없었다.320)

Strachan은 위대하고 귀중한 비전을 입안했다. 그는 매우 큰 꿈을 꾸었으나, 불행하게도 그가 계획한 모든 국가적인 전도운동이 끝나기 전에 주님의 부르심을 받았다. 만일 그가 살아 있었다면, 교회 성장을 증진시키는 방향으로 변화를 꾀했을지도 모를 일이다.

전도폭발 (Evangelism Explosion)

D. James Kennedy는 플로리다에 있는 장로교회 목사로서 전도폭발을 교회 프로그램으로 구상하고 개발했다. Kennedy는 원래 목회를 할 사람 같지 않았다. 그가 주님을 영접하기 전인 1955년에 그는 Authur Murray 댄스 교습소에서 사람들을 지도하며 지냈다. 케네디는 Donald Gray Barnhouse의 라디오 방송 메시지를 듣고 그리스도를 영접했다. Kennedy는 곧 지역 장로교회에 출석하다가 졸업을 위해 대학으로 돌아갔다. 그는 1959년에 콜롬비아 신학교를 졸업하고 목사 안수를 받은 후, 플

---

320) Ibid., 74-75.

제14장 개인전도

로리다에서 코랄 릿지 장로교회(Coral Ridge Presbyterian Church)를 개척했다.

케네디가 코랄 릿지 교회를 시작한다는 광고를 신문에 냈을 때, 45명의 교인들이 초등학교 교실에 모였다. 10개월 후에 출석 인원은 17명으로 줄었고, 케네디의 첫 번째 전도를 위한 노력은 비참하게 끝나는 큰 좌절을 경험했다. 그러던 중 조지아의 Decatur에 있는 한 목사로부터 일련의 전도 집회를 인도해 달라는 초청을 받았다. 케네디가 개인전도가 불가능하다는 것이 드러난 후에, 그를 초청한 목사가 10일 동안에 54명을 영접케 하는 아주 효과적인 개인전도방법을 확실하게 보여주었다.321)

케네디가 Fort Lauderdale로 돌아온 후, 그는 자신이 전도하러 나가기 시작했다. 많은 사람들이 복음에 반응을 보였으나, 그는 곧 자기 자신만이 많은 사람을 전도할 수 있다는 것을 깨달았다. 그는 여러 가지 종류의 전도 훈련반을 조직하여 전도하러 내보냈으나 훈련생들은 아무도 회심을 시키지 못했다. 그는 평신도들이 전도교실에 참석했으나 두려움 때문에 전도하지 못한다는 것을 알았다. 마지막에 케네디는 자기가 어떻게 전도방법을 배웠는지 기억해 냈다. 한 번은 그가 훈련생들을 데리고 나가서 자기가 전도하는 전도현장을 보여주었을 때, 그의 프로그램은 로켓이 발사되어 이륙하는 것 같은 결과를 얻기 시작했다.

케네디는 다른 사람들을 전도현장에서 훈련시킬 수 있도록 몇 사람의 훈련생들을 무장시킴으로써 자기의 사역을 배가시킬 수 있다고 판단했다. 훈련생들은 열정적으로 반응했으나, 그들은 목사에게 복음제시 내용을 종이 위에 써주기를 원했다. 케네디는 그가 한 달 동안 전도하면서 말한 것들을 기록했다. 이것이 전도폭발이 완성되는 기본적인 자료가 되었다. 전도폭발의 자료들이 케네디의 기본 원리들을 만들어 냈다.

---

321) D. James Kennedy, "Evangelism Explosion"(Wheaton, Ill.: Tyndale House Publishers, 1970), 8-9.

1. 교회는 그리스도에 의해서 전 세계에 복음을 전하라는 명령을 받은 지체이다.
2. 목회자와 마찬가지로 평신도들도 전도훈련을 받아야 한다.
3. 목회자는 그들 자신이 평신도들을 무장시키는 자로서 먼저 섬겨야 한다는 것을 알아야 한다.
4. 전도는 가르침 또는 배우는(taught) 것이라기보다 붙잡는 (caught) 것이다.
5. 한 영혼을 구원하는 것보다 영혼구원 하는 방법을 훈련하는 것이 더욱 중요하다.
6. 현장전도훈련(On-the-job training)이 반드시 필요하다.[322]

케네디의 훈련계획에서는 훈련생들은 4개월 반 동안 매주 훈련 시간에 반드시 참석해야 한다. 그들은 매주 표준 복음제시의 한 부분을 암기해야 한다. 훈련 시간에는 30분간은 교실에서 강의를 듣고, 그 다음은 훈련자와 함께 전도하러 나간다. 그들은 처음에는 단지 관찰만 하지만, 다음에는 복음제시의 일부분을 직접 해야 한다. 전체 복음제시의 핵심은 두 가지 진단질문에 있다. 즉, "당신은 당신의 신앙생활 중에 오늘이라도 이 세상을 떠난다면 천국에 들어갈 것을 확신하고 계십니까?" 그리고 "당신이 오늘 이 세상을 떠나서 하나님 앞에 서게 되었다고 가정해 봅시다. 만일 하나님께서 '내가 너를 나의 천국에 들어오게 할 이유가 무엇이겠느냐'고 물으신다면 무엇이라고 대답하시겠습니까?"라는 질문이다. 이 기본적인 두 가지 진단질문은 전도대상자들의 마음에 호기심을 불러일으키며 복음제시 내용은 이 두 질문에 대한 대답을 알게 해 주는 것이 핵심이다.

1971년까지 케네디는 이 질문들을 물을 사람들 500명을 훈련시켰고, 코랄 릿지 장로교회는 2,500명으로 성장했다. 1977년에는 전체 회원이

---

[322] Ibid., 2-7.

4,500명으로 늘어났다. 전도폭발은 매우 유명해졌으며, 미국 전역에서 목사들이 "EE(Evangelism Explosion)" 방법으로 훈련받기 위해 이 교회로 몰려왔다. 나중에는 전도폭발은 전 세계적으로 확산되었고, 훈련자들은 다른 많은 나라들로 이 프로그램을 세워주기 위해 보내졌다.323)

생활전도 (Life-style Evangelism)

생활전도는 1980년대에 북미의 복음주의자들 사이에 대중화되었다. 생활전도(가끔 친교전도 [friendship evangelism]라고도 한다)의 가장 유명한 대변자는 Joseph C. Aldrich이었는데, 그는 Multnomah 성경학교의 교장이었다. 그의 책들과 테이프들은 매우 인기가 높았다.

생활전도는 복음의 메시지를 믿기 전에 증거하는 사람을 신뢰해야 한다는 전제(premise)에 기초한다. 알드리치는 그의 책을 읽는 독자들에게 모든 새로운 회심자의 80%가 그리스도인의 친구나 친척들 때문에 그리스도께 나오게 되었다는 것을 상기시킨다. 그러므로 그는 그리스도인들은 잃어버린 영혼에게 친구가 되지 않으면 안 된다고 주장한다. 알드리치는 그리스도인의 거룩한 생활모습이 잃어버린 사람들을 끌어당길 것이며 질문하는 단계로 나오게 하는 것이라고 믿었다.324)

알드리치는 지적하기를 대부분의 그리스도인들은 불신자 친구들이 없다. 그리고 이와 비슷하게, 대부분의 불신자들은 그리스도인 친구들이 없다. 그래서 이들 두 그룹은 소통이 거의 없으며, 불신자들은 그리스도인의 생활모습이나 메시지에 노출되는 일이 매우 적다. 믿는 사람들이 불신자들에게 노출되는 것은 마음을 끌리게 하며, 생활모습으로 불신자들을 돌보는 것은 극적으로 복음증거를 할 수 있는 기회가 된다고 믿었다.

---

323) Ibid., iii.
324) Joseph C. Aldrich, Life-style Evangelism: Winning Through Win-someness, "Christianity Today, 7 January 1983, 13.

알드리치의 전도에 대한 관점은 무엇을 하는 것(doing)보다 존재(being)를 보여주는 것이다. 그는 전도는 어떤 프로젝트나 프로그램이라기보다는 점진적인 과정이라고 보았다. 믿는 사람들은 불신자들을 그리스도에게로 이끌기 위해서 그들의 이웃들과 의도적으로 관계를 발전시켜나가는 것을 보고 싶어 한다. 불신자들이 그리스도인들의 좋은 성격이나 남을 도와주는 것을 보면, 그들도 역시 그리스도인들이 되기를 원하게 될 것이라고 생각했다.

첫눈에 보아도 이것은 "존재전도(presence evangelism)"처럼 보이는데, 존재전도는 한 사람이 어떤 사람에게 그리스도를 따르도록 영향을 주기 위해 그리스도인의 존재와 신뢰를 유지하는 것이다. 그러나 알드리치의 접근 방법은 이것보다 훨씬 더 의도적으로 접근한다. 그는 자기의 이웃 사람들을 위해 기도하는 것과, 친교를 맺기 위해서 친절을 베푸는 것은 결과적으로 회심으로 인도하게 된다고 제안하였다. 그의 아이디어는 사람들이 그리스도를 영접하게 될 것이라는 희망을 가지고 사람들과 의도적으로 친구가 되는 것이다. 그의 접근 방법은 부분적으로 바울의 선언에 근거하고 있다. 즉 "여러 사람에게 내가 여러 모양이 된 것은 아무쪼록 몇몇 사람들을 구원코자 함이니"(고전 9:22).

알드리치는 전도는 경작을 포함하는 과정이라고 믿었는데, 그것은 친교를 맺는 것을 의미하며, 성경의 진리들을 나누는 것은 씨앗을 심는 것을 의미하며, 그리스도인이 결신을 호소할 때, 수확하는 것이다. 이것을 성취하기 위해서는 알드리치는 다음의 실제적인 단계들을 제안한다.

1. 당신의 이웃을 위해 기도하고 당신을 필요한 사람들에게 인도해 주시도록 하나님께 계속 간구하라.
2. 당신의 가정을 이웃 가정들에게 개방해서 기대를 가지고 사회적 관계를 시작하라.
3. 비정규적인 모임을 통해 친구관계를 구축하라.

4. 운동이나 취미들에서 공동 관심사를 개발하라.
5. 다른 사람들의 필요에 민감하라.
6. 당신의 친구들이 흥미를 가질 크리스천 프로그램이나 행사들에 당신의 친구들을 초대할 기회를 찾으라.
7. 너무 빨리 가지 마라. 당신의 친구들의 질문에 대답하고 신중하게 진행하라.325)

알드리치는 그의 방법이 그리스도인들이 자연적으로, 그리고 다른 접근들에서 오는 스트레스나 두려움 없이 그들의 믿음을 나누는 것을 허용하게 될 것이라고 믿었다. 생활전도를 다루고 있는 많은 책들과, 세미나들과, 테이프들과, 그리고 비디오 등이 복음적 공동체에서 호소력 있는 그의 접근 방법이 어떻게 증명되었는지를 보여준다.

해석과 적용

초대교회 시대의 평신도들은 자연스럽게 전도했으나, 오늘날에는 교회 회원들이 전도하도록 동기부여를 하는 데 목사들은 온 힘을 기울이고 있다. 무엇이 본래 생활 방식이었던 전도를 교회가 촉진하는 프로그램으로까지 되도록 만들었는가? 두 개의 사실이 이 장에서 눈에 띈다.

(1) 개인적인 접촉과 후속 양육이 불가피하다. 많은 개인전도 방법이 씨뿌림은 잘 제공한다. 그러나 회심자들은 단지 그리스도인들이 그들과 의미 있는 개인적인 접촉이 있을 때에만 교회의 조직원이 될 것이다. 케네디가 전도는 가르치는 것이라기보다는 붙잡는 것(More caught than taught)이라고 한 말이 매우 타당하게 느껴지는 대목이다. 대부분의 믿는 사람들은 불신자들을 방문하는 것을 두려워하며, 이 소심하고 수줍어하는 것은 오직 현장 훈련(On-the-job training)을 통해서만 극

---
325) Ibid., 16-17.

복될 수 있다. 아직도 케네디의 접근방법은 단독주택과 열려진 아파트 단지 같은 지역에서 더 효과적일 것 같다. 미국 사람들은 점점 더 안전 의식이 더욱 강화되기 때문에 가가호호 방문전도는 점점 더 어려워질 것이다.

(2) 대부분의 사람들은 개인적인 친숙함을 통해서 그리스도와 교회 앞에 나온다. 유명한 선교신학자 Donald McGavran의 주장처럼, 우리는 새롭게 회심한 자들을 "하나님의 다리(the bridge of God)"로 볼 필요가 있으며, 불신자들의 네트워크나 인터넷에 우리를 인도하는 사람들로 볼 필요가 있다. 비록 첫 단계에서는 어른 회심자를 얻기 위함일지라도 그는 다리 역할을 하게 된다. 이것은 어떤 종류의 의도적인 개인전도를 요구하게 될 것이다.

연구를 위한 질문들

1. Earl Kernahan의 방문전도 방법의 어떤 관점들을 아직도 우리가 교회의 방문 프로그램에 사용하고 있는가?
2. 무엇이 남침례교 교단을 위한 C. E. Matthews의 전도 프로그램의 핵심 부분인가?
3. 무엇이 "Here's Life" 전도운동과 전도의 공통된 실패 요인이었는가?
4. James Kennedy가 말한 전도의 기본 원리들은 무엇인가?
5. 무엇이 생활전도의 기본적 추진력인가?
6. 어떤 개인전도 방법이 당신에게 가장 매력적인가? 당신은 왜 그것을 좋아하는가?

제15장 대중매체 전도 (Media Evangelism)

20세기 교회는 대중매체에 매혹되는 모습을 보여주었다. 마치 마틴 루터가 새로 발명된 인쇄기를 사용하여 독일 대중이 그의 종교개혁 활동에 협력하도록 한 것과 같이, 현대 전도자들은 구원의 메시지를 방영하기 위해 라디오와 텔레비전을 사용했다.

초기의 라디오 전도

첫 번째로 교회 예배를 공공방송망을 통해 방송한 것은 1921년 1월 2일로서, 그때는 갈보리 감독교회의 저녁 기도회를 펜실베이니아 피츠버그의 KDKA가 방송했을 때였다. 1922년 시카고 시장, Thompson (1915-1923과 1927-1931년 시카고 시장을 역임함)이 시카고 시청의 옥상에 라디오 방송국을 세우고, 대중 방송을 하도록 초청했다. 지역교회 목사이며 전도자인 폴 레이더(Paul Rader)가 그 초청을 받아들여 전도 프로그램을 제작하기 시작했다. 이것이 아마도 첫 전도용 라디오 프로그램이었을 것이다.326)

오늘날 많은 사람들이 전도 방송이 비교적 최근에 시작됐다고 잘못 알고 있다. 사실, 복음적 그리스도인들이 라디오의 개발 시대에 복음 전파를 위해서 방송망을 장악하고 있었다. 시카고의 무디성경학교와 로스앤젤레스 성경학교가 대중매체 전도 분야를 개척했다. 1925년 미국에 600개의 라디오 방송국이 방송 중이었는데 그중 63개를 교회와 종교기관들이 소유하고 있었다.327)

---

326) Jeffrey K. Hadden and Charles E. Swann, "Prime Yime Preachers"(Reading, Mass.: Addison-Wesley Publishing Co., 1981), 73-75.

1927년 미국 의회가 연방무선위원회 (FRC: Federal Radio Commission)에 라디오 방송국의 허가와 주파수 배정을 담당하도록 승인했다. FRC는 상업 방송이 더 공공 이익에 기여한다고 믿었기 때문에 종교 방송이 의욕을 잃게 만들었다. FRC는 종교방송에 달갑지 않은 주파수를 배정했고, 방송 시간을 제한했기 때문에 1942년에는 단지 약 12개의 방송국만 남게 되었다. 그러나 1960년대에 단파 방송이 일반화되었을 때, 종교 방송국들은 다시 증가하기 시작했다.

FRC의 정책 때문에 복음 방송국들은 종교 방송국에서 상업 방송국으로 변경해야 했다. 보통, 종교 방송을 위해서는 이들 상업 방송국에서 방송 시간을 구매해야 했다. 방송국들은 종교 방송을 위해서 자유방송시간을 주었으나, 단지 FCC(Federal Council of Churches; 이것은 후에 NCC: National Council of Churches로 변경되었다)와 RCC(Roman Catholic Church)에게만 허락했다. NBC(National Broadcasting Company)는 종교 프로그램에 대해 다음과 같은 정책을 세웠다. (1) 종교적 그룹들은 자유 방송 시간을 얻을 수 있으나 제작비용을 지불해야 한다. (2) 종교 프로그램들은 초교파적인 것이어야 한다. (3) 네트워크 프로그램은 지속성을 살리기 위해서 오직 한 사람의 연설자만 사용해야 한다. (4) 프로그램은 설교 형식(A preaching format)을 사용해야 하며, 논쟁의 소지가 있는 주제는 피해야 한다. 네트워크는 방송시간을 종교적인 그룹에게는 팔지 않았으며, 특히 복음주의자들에게는 판매하지 않았다.328)

네트워크 정책은 복음주의자들에게 혁신적인 방식들을 실험하고 자금 모금 기술을 개발하도록 압력을 가했다. FCC의 프로그램은 필연적으로 재미가 없었고 방송 시간대는 아주 바람직하지 못한 시간대였다. 상업 방

---

327) Ibid.
328) Ibid., 77.

송국들은 이익을 내야 했기 때문에 자연적으로 돈을 지불하는 프로그램을 좋은 시간대에 배정했다.

Charles E. Fuller

오직 미국의 공동방송회사(MBS: Mutual Broadcasting System)만이 종교적 방송출연자들에게 방송 시간을 팔고자 하는 네트워크였다. MBS의 가장 유명한 고객은 Charles E. Fuller였다. 그는 몇 년간 사업과 농업을 경영한 후에, 그리스도를 영접했고 로스앤젤레스 성경학교에 입학했다. 1925년에 갈보리 침례교회를 개척했고, 교회의 주일 저녁예배를 1929년부터 1933년까지 방송했다. 이 기간 동안에 또 다른 프로그램인 "행복의 시간"(The Happy Hour)을 방송했다. 1933년 복음방송협회(GBA: Gospel Broadcasting Association)에 소속된 그의 라디오 사역에 전념하기 위해서 목회 사역을 내려놓았다. 풀러가 제작한 "고전적 부흥의 시간"(The Old-Fashioned Revival Hour)이라는 프로그램은 공동방송회사를 통해 최초로 국내적으로는 1934년에, 국제적으로는 1941년부터 방송했다.[329]

각 방송은 테마 송 "천상의 햇빛"(Heavenly Sunshine)으로 시작했는데, 다음에 풀러는 간단한 강해설교를 하고, 성가대가 잘 아는 복음송을 부르고, 풀러 부인이 청취자로부터 온 편지들을 낭독했다. 이와 같은 단순한 접근은 확실히 성공적이었다. 1939년까지 "The Old-Fashioned Revival Hour" 프로그램은 어떤 타입의 어떤 프로그램보다도 더 많은 방송국의 황금 시간대를 더 많이 차지하게 되었다. 1940년에는 풀러의 프로그램을 전국적으로 456개 방송국에서 방송했는데 이것은 전 미국 방송국의 60%에 해당하는 것이었다. 1944년 대중매체는 주간 청취자 수가 2천만 명에 달했다고 추정했다. 이 청취율은 그 당시 미국의 인구가 지금보다

---

[329] Earle E. Cairns, "An Endless Line of Splendor"(Wheaton, Ill.: Tyndale House Publishers, 1986), 218-19.

훨씬 적었었다는 것을 감안하면, 그리고 오늘날의 텔레비전 시청률이 200만 명이면 만족하는 것에 비하면, 매우 이례적으로 놀라운 숫자였다.330)

미국의 국가적 종교방송 출연자들

1942년 미국 복음주의 협회(NAE: The National Association of Evangelicals)가 결성되었다. NAE의 가장 큰 관심 중의 하나는 FCC에 대항하여 좋은 라디오 사역을 개발하는 것이었다. 이 목적을 성취하기 위해서 "무선위원회"(Radio Committee)를 만들었다. 이 위원회는 약간의 성공을 하기는 했지만, 1944년에 NAE는 "종교인 방송출연자들 모임"(NRB: The National Religious Broadcasters)을 구성하도록 격려했다. 이 모임이 복음주의적 라디오 방송국을 세우고 프로그램들을 제작하도록 촉진했다. NRB 회원들이 세운 많은 방송국들은 종교적 형식을 갖춘 상업 방송국들이었다. 그들의 의도는 유료 프로그램을 받아들임으로 이익을 창출하고, 종교음악 프로그램들을 위하여 후원자들의 협력을 얻는 것이었다.

NRB의 성장은 1970년대에 근본주의자의 급증을 반영했다. NRB의 회원은 1968년에 단지 104명이었던 것이 1980년에는 900명에 달했다. NRB 회원들이 미국의 종교 프로그램의 70%를 제작했다. 오늘날 종교적 형식을 갖춘 1000개 이상의 라디오 방송국과 200개 이상의 텔레비전 방송국들은 기독교 방송의 인기를 증명해주고 있다.331)

텔레비전 출연자들

1958년 미국에서는 가정수보다 텔레비전의 숫자가 더 많았다. 텔레비전의 등장과 함께 제일먼저 텔레비전을 설교에 이용한 사람은 로마 카톨릭

---

330) Quentin Schultze, The Wireless Gospel, "Christianity Today, 15 January 1988, 18-22.
331) Ibid., 20.

의 주교인 Fulton J. Sheen이었다. 그의 텔레비전 방송에서의 성공은 전 미국에 있는 설교자들의 상상력에 불을 지폈다.

Fulton J. Sheen

카톨릭 주교인 쉰은 방송계의 낯선 자가 아니었다. 그는 1930년 이래로 NBC 라디오에서 "The Catholic Hour"의 중요한 연사(演士)였으며, 1952년 텔레비전 프로그램에 데뷔할 때까지 이 프로그램에서 설교를 계속해 왔다. 그의 텔레비전 프로그램인 "인생은 살아낼 가치가 있는 삶"(Life is worth Living)은 뉴욕에 있는 Adelphi 극장에서 생중계한 것이었다. 쉰은 방송 중에 자기가 카톨릭 교인이 된 것을 변명하지 않았고, 사제가 입는 가운을 그대로 입었고, 붉은 장식 띠를 두르고, 테두리 없는 붉은 실내 모자를 쓰고, 붉은 색 망토를 드리우고 있었다. 그러나 그는 모든 종류의 믿음을 가진 사람들에게 말했고, 인간의 공통적인 문제들을 다루었다.

DuMont 텔레비전 방송 통신망(Network)이 쉰의 프로그램을 처음으로 방영했을 때에는 단지 17개의 방송국이 방영했으나, 뉴욕시로 일주일에 10,000여 통의 시청자 편지들이 날아들자, 쉰의 후원회사인 Admiral Corporation 사는 그 프로그램을 ABC 방송국으로 옮겼다. 쉰은 곧바로 주간 수백만의 시청자를 끌어들였다. 그의 위엄 있는 용모, 울려 퍼지는 목소리, 그리고 자극적인 메시지가 합쳐져서 그를 대중매체의 스타로 만들었다. 그는 방송 부문의 에미상(Emmy Awards)을 받았는데, 그는 수상식에서 농담하기를, "나는 나의 방송작가들; 마태, 마가, 누가, 요한 등에게 감사한다."고 말하는 대범함을 보여주었다.332)

쉰은 카톨릭 지도층의 압력으로 1957년에 프로그램 방송을 중단해야 했다. 그는 나중에 프로그램을 다시 시작했으나 그의 인기는 전과 같지 않았다. 그래도, 쉰의 괄목할 만한 성공은 복음주의자들에게 능력과 카리

---

332) Hadden, "Prime Time Preachers", 82-83.

스마가 있는 설교자들은 텔레비전을 통해서 사람들에게 다가갈 수 있다는 좋은 본보기를 보여주었다.

오랄 로버츠(Oral Roberts)

오랄 로버츠는 미국 개신교의 오순절파 목사가 텔레비전 방송에서 무엇을 할 수 있는지 아주 잘 보여주었다. 로버츠는 오클라호마에서 출생해서 거기서 자랐다. 오순절성결교회(Pentecostal Holiness)에서 18세에 목사 안수를 받고 작은 교회에서 여러 해 동안 목회를 했다. 1947년에 그는 순회 전도 사역을 시작했다. 그 당시의 대부분의 전도자들처럼, 로버츠는 천막 하나를 가지고 7년 동안 대중적인 천막 전도운동을 실시했다. 그의 전도운동은 미국 남서부에서 큰 관심을 끌었던 치유 사역을 특색으로 했다.

로버츠는 그의 전도사역을 방송하기 시작했을 때, 최고의 히트를 쳤다. 1955년 그가 처음으로 텔레비전 방영을 한 후, 30일 만에 시청자들로부터의 편지가 66%나 증가했다. 그래서 로버츠는 1969년에 "Oral Roberts and You"라는 프로그램을 개발했는데, 이것은 오클라호마 Tulsa에 있는 Oral Roberts University의 캠퍼스에서의 주간 프로그램을 녹화한 것이었다. 이 프로그램은 매력적인 젊은 가수들, 현대 음악, brisk pacing, 그리고 뛰어난 기술적 특성 등을 특징으로 했다. 로버츠의 간단한 메시지는 TV 방영의 핵심이었다. 1980년까지 그의 프로그램은 모든 종교적 프로그램에서 가장 인기가 높아서 주간 시청자로 2백 70만 가정을 끌어들였다. 일 년에 4번 로버츠는 텔레비전 네트워크에서 한 시간짜리 특별 순서를 선물했다. 이 특별 순서는 시청자를 5천만 명까지 끌어올렸으며 시청자 편지가 하루에 10만 통에 달했다.333)

---

333) David E. Harrell, Jr., "Oral Roberts"(Bloomington: Indiana University Press, 1985), 129; Hadden, "Prime Time Preachers, 51; and Ben Armstrong, "The Electric Church"(Nashville: Thomas Nelson Publishers, 1979), 87.

텔레반젤리즘의 황금시대
(Televangelism's Golden Years)

1970년대와 1980년대는 텔레반젤리즘의 황금시대라는 것이 입증되었다. 많은 복음주의 목사들이 오랄 로버츠의 성공을 보고 앞 다퉈 자신의 텔레비전 프로그램들을 제작하기 시작했다. 이들 중에서 가장 성공적인 사람은 Pat Robertson이었다. 로버트슨은 버지니아에서 텔레비전 방송국을 샀고 1961년에 방송을 시작했다. 이 방송국이 로버트슨의 CBN(Christian Broadcasting Network)의 첫 번째 초석이 되었다. 로버트슨의 토크 쇼 "The 700 Club"은 큰 인기를 끌었다. 시청자들의 기금을 모아서 로버트슨은 여러 개의 텔레비전과 라디오 방송국들과 중계용 인공위성까지 구입했다. 그는 케이블 텔레비전의 효과를 알아본 첫 번째 사람이었으며, 또한 많은 주요 케이블 공급자들을 섭외하여 그들의 시스템들 안에 그의 네트워크를 포함시켰다. 사람을 끄는 로버트슨의 사교적인 성품과 사업적 재능은 그의 CBN을 미국에서 4번째로 큰 네트워크로 발전시켰다.[334]

로버트슨의 가장 성공적인 제자는 Jim Bakker였다. 바커는 그가 "The 700 Club"을 위한 기본적 형식을 개발하는 것을 도운 사람이었으나, 로버트슨 네트워크의 배경에 머물러 있는데 만족하지 않았다. 바커는 1974년 노스캐롤라이나 샬럿의 지역 방송국에서 그의 "PTL Club"을 선보였다. 1978년에는 이 프로그램이 200개가 넘는 방송국에서 방영되었다. 마침내 "PTL"은 24시간 프로그램을 제공했으며 시청률은 1,300만 가정에 달했다. 바커는 또한 2,300에이커(약 280만 평)에 "미국의 문화유산"(Heritage U.S.A)이라는 테마 파크를 지었는데, 1986년에는 650만 명

---

[334] Armstrong, "Electric Church", 101-2.

의 방문자를 끌어들였다. 오직 디즈니랜드와 디즈니월드만이 더 많은 방문객을 불러들였을 뿐이다. PTL 회사는 1986년도에 1억 2,900만 달러를 벌어들였다.335)

종교 프로그램들의 인기가 높아지면서 설교자들은 세상의 이목을 끄는 길을 찾았다. 그들의 프로그램은 형식이나 교리 등 강조점에서 매우 다양했다. 그들은 개신교의 주류에 속하는 Robert Schuller로부터 근본주의자인 Jerry Falwell이나 카리스마파(Charismatics) 소속의 Jimmy Swaggert까지 다양했다. 바커와 로버트슨이 토크쇼 형식을 사용했는데, Rex Humbard와 Jerry Falwell은 더 전통적인 예배 형식을 고집했다. 그들 모두는 돈 버는 프로그램들을 만드는데 그들의 시간을 소비했다. 방송시간의 비용과 인공위성 중계료 등은 텔레반젤리즘을 매우 값비싼 사역으로 만들어 버렸다. 그렇지만 아직도 텔레반젤리스트들은 많은 시청자들을 끌어들이고 있다. 아래의 1980년 2월의 시청률 조사(Arbitron; Consumer research company) 표는 텔레반젤리스트들의 시청자들의 추정치와 톱 텐 종교적 프로그램들에서 그들이 어떤 순위에 있는지를 보여준다.336)

순위	Program	설교자	시청자
1	"Oral Roberts and You"	Oral Roberts	2,719,250
2	"Rex Humbard"	Rex Humbard	2,409,960
3	"Hour of Power"	Robert Schuller	2,069,210
4	"Jimmy Swaggert"	Jimmy Swaggert	1,986,000
6	"Old-Time Gospel"	Jerry Falwell	1,455,720
9	"The PTL Club"	Jim Bakker	668,170

---

335) William Packard, "Evangelism in America"(New York: paragon House, 1988), 171-74; Armstrong, "Electric Church", 109.
336) Hadden, "Prime Time Preachers", 51.

텔레반젤리스트들은 전 미국에 그들의 프로그램을 방송하지만, 그들의 프로그램들은 주로 남부 바이블벨트와 중서부 시청자들을 끌어들였다. 1980년 2월의 시청자를 지역별로 보면 프로그램과 설교자들의 지역적 선호도를 보여준다.337)

지역에 따른 시청자들의 퍼센트

Televangelists	East	Mid-west	South	West
Oral Roberts	10.3%	24.6%	53.9%	11.2%
Rex Humbard	14.7%	23.8%	46.5%	15.0%
Robert Schuller	24.0%	33.2%	30.1%	12.7%
Jimmy Swaggert	11.5%	23.0%	51.3%	14.2%
Jerry Falwell	12.9%	26.9%	44.9%	15.2%
% US population	22.5%	26.7%	32.4%	18.4%

비록 피상적인 연구이지만, 이들 숫자들은 모든 전도자들이 그들의 시청자들의 대다수를 남부와 중서부로부터 끌어들이고 있다는 것을 보여준다. 로버츠와 슈왜거트는 대부분의 시청자들을 남부에서만 유치하고 있다. 더 나아간 연구에서는 시청자들의 70%가 나이 많은 사람들이었고, 그 중에서도 60-73%가 여성들이었으며, 대부분의 사람들이 이미 교회에 출석하는 교회의 회원들이었다. 텔레반젤리스트들이 주로 불신자들이 아니라 그리스도인들에게 설교했다는 것이다.338)

---

337) Ibid., 60.
338) Ibid., 61-62.

시청률 추락 그 이후 (After the Fall)

텔레반젤리스트들은 약 20년간 황금기를 누렸다. 그러나 1929년의 주식시장의 붕괴가 대공황의 시작을 알리는 신호였던 것처럼, 짐 바커의 추락은 텔레반젤리즘의 공황을 가져왔다. 텔레반젤리스트의 선두주자들이 1988년의 바커와 슈왜거트의 섹스 스캔들 이후에 수입금의 감소로 어려움을 겪었다. 추가적으로, 언론들은 선교 사역을 위해 모금한 자금을 다른 목적으로 사용했다는 사실을 밝혀냈다. 전도자들과 그들의 가족들의 사치스런 생활모습은 일반적으로 텔레반젤리스트들의 많은 기증자들에게 환멸을 느끼게 했다. 거의 대부분의 텔레비전 사역자들이 그들의 신실성에 관계없이 시청자들과 기부자들을 잃어버리는 고통을 겪었다.

슈왜거트는 그의 시청자들의 숫자가 220만 가구에서 40만 가구로 추락했고, 오랄 로버츠도 1986년에 126만 9천 가구였던 것이 1988년에는 56만 1천 가구로 떨어졌다. Falwell의 사역은 자유낙하하여 시청가구 수가 1986년에 70만 8천 가구였던 것이 1988년에는 28만 4천 가구로 추락했다. 이 극적인 추락은 텔레반젤리스트들에게 그들의 직원 수를 줄이고 수입이 적은 지역에서는 방송을 멈춰야 하는 사태가 벌어졌다.339)

해석과 적용

대중매체 전도는 미국 기독교에 가장 큰 영향을 주었다. 미국에는 1988년에 종교적 형식을 가지고 있는 1,000개의 라디오 방송국과 200개의 텔레비전 방송국이 있었다. 텔레반젤리즘이 잃어버린 영혼들을 그리스도께 인도하는 데 얼마나 큰 영향을 미쳤을까? 로버트슨의 CBN (Christian

---

339) Surviving the Slump, "Christianity Today, 3 February 1989, 32-33; William A. Henry III, God and Money, "Time, 22 July 1991, 28.

Broadcasting Network)은 1977년 그의 방송 네트워크를 통해서 41,500명이 구원받았다고 보고했다. 이와 같은 통계 숫자를 보고 사역이 입증되었다고 보는가? 사람들은 "결신"(decision for Christ)이 무엇을 의미하며 얼마나 많은 사람들이 전에도 똑같은 결신을 했었는지 단지 의아해할 뿐이다.340)

텔레반젤리즘의 인기

무엇이 전자교회(Electronic Church)를 미국인들에게 그렇게 매혹적으로 만들었는가?

1. 전자교회는 쉽기 때문에 인기가 있다. 전자교회는 참여하거나 관계를 유지하는데 노력이 적게 든다.
2. 전자교회는 개인주의적이기 때문에 인기가 있다. 전자교회에서는 목사나 그리스도인 그룹에 대한 책임이 없다. 아무도 출석을 확인 하지 않기 때문이다.
3. 전자교회는 재미있기 때문에 인기가 있다. 전자교회는 빠르게 진행되며, 흥분을 자아내고, 그리고 확실히 매력 있는 프로그램들이 모퉁이 근처의 교회에서 드려지는 예배보다 더 매혹적이다. 그렇지만 사람들은 텔레비전으로 드려지는 예배가 얼마나 오락적이며, 얼마나 영감을 주는지 사람들은 궁금해 한다.
4. 전자교회는 성공적이기 때문에 인기가 있다. 어떤 지역목사와 교회가 수백만 명의 시청자들과 수백만 달러가 모금되는 텔레반젤리즘과 경쟁할 수 있겠는가?341)

---

340) Wayne McDill, "Making Friends for Christ"(Nashville: Broadman Press, 1979), 10.
341) W. Robert Godfrey, The TV Church, in "The Agony of Deceit"(Chicago: Moody Press, 1990), 167.

텔레반젤리즘의 문제점들

생각이 깊은 관찰자들이 전자교회의 몇 가지 문제점들을 지적했다.

1. 텔레반젤리즘은 단지 적은 수의 불신자들에게 다가갈 뿐이다. 대부분의 시청자들은 나이 많은 부인네들이다. 텔레반젤리스트들은 적은 숫자의 불신자들이 시청하는 시간대인 보통 일요일 아침 시간에 방영한다. 값비싼 방송시간은 기부금이 적은 지역에서는 방송을 할 수 없도록 만든다. 정확하게 말하면 시청자가 적은 지역들이 복음이 가장 필요한 지역이라고 생각되지만 재정문제가 이와 같은 시장을 버리도록 강요한다.

2. 텔레반젤리즘은 기독교의 교리보다 경험을 높게 본다. 텔레비전은 이미지나 그림들을 나타내는데 좋은 도구이나, 추상적인 진리들을 전달하는 데는 좀 떨어진다. 그러한 결과로 텔레비전의 신학은 신학적 진리보다는 믿는 자들의 경험을 전달하는 쪽으로 기운다. 경험을 건전한 교리와 성경적 가르침보다 높이게 될 때, 복음은 힘을 잃고 또 균형을 잃어버리게 된다. 텔레반젤리스트들은 그들의 삶을 성경의 방법으로 해석하기보다는 성경을 그들의 삶의 방법으로 해석하려는 경향이 있다. 그들은 하나님의 성품이나 성경의 가르침에 대해서는 시간을 조금밖에 할애하지 않으면서, 하나님께서 이 목회사역을 통해서 무슨 일을 하시는지에 대해서는 너무 말을 많이 한다. 텔레반젤리스트들이 애용하는 애청자 편지들과 전화 걸기의 방법은 경험에 의한 경향을 강화시켜준다.[342]

3. 텔레반젤리즘은 개인적인 만남이나 후속양육을 할 기회가 거의 없다. 텔레반젤리즘은 새로운 회심자가 필요로 하는 인간적인 만남을 제공하지 못한다. 비록 그 프로그램이 불신자를 그리스도께 인도하는 일에 성공한다고 할지라도, 텔레비전 목회가 할 수 있는 최선의 방법은 인쇄

---

342) Quentin Schultze, TV and Evangelism, in "The Agony of Deceit", 193.

한 자료를 제공하거나 회심자를 위한 전화 상담을 하는 것 외에는 다른 방법이 없다.

4. 텔레반젤리즘은 지역교회를 "전자교회"로 대치할 위험성이 있다. 텔레비전 목회가 지역교회를 보완해 주는 한, 그것은 그것으로 좋다. 그러나 텔레비전 프로그램이 교회를 대치하게 된다면 이것이야말로 진짜 큰 문제가 아닐 수 없다.

5. 텔레반젤리즘은 때때로 크리스천을 벗어난(Sub-Christian) 메시지를 전한다. 대부분의 텔레반젤리스트들은 가르침과 성경적 해설에 적은 시간을 쓴다. 그들의 복음은 필연적으로 불완전하거나 왜곡되기까지 한다. 그들은 재미있게 하기 위해서 영적으로 영양이 되는 것들을 희생한다.

6. 텔레반젤리즘은 예배와 참여보다는 재미와 관망하는 것을 강조 한다. 진정한 예배에서는 참여하는 것이 필수적이다. 예배는 참여가 포함되나, 전자교회는 이것을 해줄 수 없다.

7. 텔레반젤리즘은 시청자들이 불합리한 기준에 의해서 그들의 교회를 평가하게 한다. 어떤 교회의 성가대가 오랄 로버츠의 가수와 견줄 수 있겠는가? 얼마나 많은 교회들이 수정으로 만든 대성전을 지을 수 있는가? 전자교회는 사람들에게 즐거움을 추구하게 하고 최고의 품질 이외에는 만족할 수 없게 만든다.343)

결론적으로 우리는 다음과 같은 Quentin Schultze의 말에 동의하지 않을 수 없을 것이다.

> 우리는 텔레비전과 전도가 불안한 결혼을 한 것을 보았다. 성공한다는 것은 높은 점수, 많은 청중, 수많은 기부자들, 최고 기술 수준의 스튜디오가 결코 아니다. 오히려, 성공은 지역교회를 지원하고, 성경적 복음을 선포하고, 그리고 부정직한 기준들을 타파하는 것이다.344)

---

343) Godfrey, The TV Church, in "The Agony of Deceit", 167.
344) Schultze, TV and Evangelism, in "The Agony of Deceit", 202.

연구를 위한 질문들

1. 첫 번째의 위대한 복음주의적 라디오 방송 출연자는 누구였는가?
2. 첫 번째의 두 유명한 텔레비전 설교자들은 누구였는가?
3. 무엇이 오랄 로버츠의 나중 프로그램을 그렇게 인기 있게 만들었는가?
4. 무엇이 텔레반젤리스트들의 인기를 추락시켰는가?
5. 텔레비전 전도의 강점들은 무엇인가?
6. 텔레비전 전도의 문제점들은 무엇인가?

역자 후기

이 책의 번역을 마치면서 느끼는 감정은 예(例)가 좋지는 않지만, 마치 "로마 신화"에 대한 영화를 한편 감상한 느낌입니다. 로마 신화를 예로 든 것은 신화일망정 그 신화가 로마 사람들의 정신세계를 지배하고 있었다는 것입니다. 여기서 자문(自問)하고 싶은 것은 오늘날 기독교가 또는 하나님의 말씀이 기독교인들의 정신세계를 얼마만큼 지배하고 있느냐 하는 것입니다. 다른 말로 표현하면 기독교 세계관을 얼마나 가지고 있느냐하는 것입니다. 이 세계관은 우주 역사와 인류 구원의 세계관이라고 할 수 있는데 가장 중심이 되는 예수 그리스도의 지상명령이 얼마만큼 목회자를 포함한 평신도들의 정신세계에 뿌리내리고 있느냐 하는 것이지요.

복음을 후대에 전하기 위해 우리의 선진(先進)들은 모든 것을 버리고 목숨까지 바쳐가면서 복음을 전해주었기 때문에 오늘날 우리가 구원의 축복을 누릴 수 있게 된 것입니다. 그런데 오늘날의 상황을 돌아보면 세계를 향한 복음전파의 길이 우리 세대에서 끊어질까 염려스럽기까지 합니다. 2040년대에 가면 선교국이었던 영국이 선교대상국으로 변할 것이라는 연구 결과도 있습니다. 특히 COVID-19의 팬데믹 상황은 전도(선교)의 앞길을 더욱 암울하게 만들고 있습니다. "우리 세대는 우리가 복음화한다." 는 각오가 있어야 하지 않을까요? 전도는 해도 되고 하지 않아도 된다는 생각은 하지 말아야 할 것입니다.

64개국에 대한 선교 및 교육의 상담역을 맡았었고 세계적인 선교지도자 양성을 하며 선교신학을 이끌었던 트리니티 복음주의 신학대학원의 국제학과장을 역임했던 테드 워드 박사(Ted W. Ward)는 지난 1996년 한국 해외선교회(GMF)에서 주최한 한 세미나에서 한국교회를 향해서 권고하기를, "서방선교 200년은 많은 시행착오를 겪었으므로(세미나 개최 당시 20년의 짧은 역사를 가진) 한국 선교는, 서방선교의 시행착오를 그대로 답습하지 말고 독자적인 길을 개척하되, 첫째 어떻게 하면 성경에 근거한 보다 효과적인 선교를 할 수 있을 것인가 하는 것과, 둘째 선교사역에서 어떻게 하면 문화적인 요소를 제거할 수 있을 것인가 하는 것을 계속 연구해 나아가라"고 충고하였습니다.345) 테드 워드 박사의 충고 중에서 둘째인 "선교사역에서 어떻게 하면 문화적인 요소를 제거할 수 있을 것인가?"를 계속 연구해 나가라고 한 대목입니다. 이것은 다른 말로 하면 선교가 문화에 너무 치중하다보면 문화 위에 존재하는 복음의 절대성을 훼손할 수 있다는 말이 아니겠습니까? 절대성이 훼손된 복음은 하나님의 능력, 즉 성령의 능력으로 증거해야 하는 복음의 근본이 흔들리게 되는 결과를 가져올 수 있는 것입니다. 저자인 마크 테리는 "복음을 전하기 위해 성육신 하신 예수 그리스도는 인간적인 문화 요소가 혼합될 수 없는 복음 자체"이시라고 강조하고 있습니다.

저는 이 책을 끝마치면서 둘째로 느끼는 감정은 제 자신에 대한 자책이었습니다. 내가 이대로 살아도 되는 것인가 하는 것입니다. 많은 박해의 현장에서 복음의 생명을 이어오면서 혁혁한 공을 세운 기라성 같은 많은 주의 신실한 제자들의 삶을 보면서 이대로 살면 안 되겠다고 강하게 자책하게 되었습니다. 무엇을 해야 할 것인가는 앞으로 과제이지만 어쨌든 무엇인가 변하지 않으면 안 되겠다는 것입니다. 이 책이 독자들에게 요구하는 것이 바로 이런 부분이 아닌가 생각됩니다. 예수님께서 노심초사하셨던, 그리고 지금도 성령님과 함께 애쓰고 계신 세계복음화 운동에 어떻게 효과적으로 참여할 수 있을 것인가 하는 것이 우리 삶의 가장 중요한 과제

---

345) Ted W. Ward, "선교와 교육", 사단법인 한국해외선교회 주최 세미나 자료, 1996.

이며 이것이 유언과 같은 예수님의 지상명령을 이루는 길일 것입니다. 그런 의미에서 본서는 어떻게 사는 것이 올바른 그리스도의 제자의 삶이라는 것을 여실히 보여주어 전도에 대한 열정을 가지고 사명을 다하는 삶을 살도록 동기부여를 확실히 해 주고 있는 것입니다.

셋째로 복음 전도는 개인전도가 가장 효과적이라는 것입니다. 사람의 상황이나 생각은 천차만별인데 여러 사람을 같은 방법으로 전도하는 것은 개인적으로 맞지 않는 부분이 있을 수 있는 것입니다. 예수님께서도 모든 사람에게 같은 전도방법을 사용하신 것이 아니라 각 사람의 상황에 맞는 방법으로 전도하셨으며, 많은 사람들을 동시에 전도하는 대중매체 전도에서는 많은 사람에게 효과적으로 복음을 전함으로써 많은 사람들을 동시에 결신하도록 하는 것 같으나, 각기 다른 사람들을 한 가지 방법으로 동시에 전하는 말씀은 각기 다른 반응을 보일 수 있으므로 효과적이지 못하며 금방 잊어버린다는 것입니다. 개인전도 방법인 전도폭발(본서 228 페이지)에서 기본원리 중의 하나는 "전도는 가르침 또는 배우는(taught) 것이라기 보다 붙잡는(caught) 것이다."라고 하는 것은 전도가 듣는 것으로 끝나는 것이 아니라 자기에게 맞는 말씀을 능동적으로 붙잡아서 자기 것을 만들 때 효과적으로 변화를 가져올 수 있다는 말씀이 아니겠습니까?

넷째로 앞으로의 과제는 오는 세계에서 우리가 어떻게 해야 주님의 지상명령인 세계복음화를 이룩할 수 있을까 하는 것입니다. 전도의 궁극적인 목적은 우리와 주님 되신 예수 그리스도와의 공동 책임인 세계복음화인데 세계복음화는 현재 실로 큰 암초에 걸려 있습니다. 학생자원운동(SVM)을 위시해서 많은 복음화 사역들이 20세기에 실시되었는데도 기독교 인구는 1900년도의 34%에서 2000년도에는 33%로 오히려 감소하였고, 앞으로 100년 후를 내다봐도 기독교인의 비율이 기하급수적으로 증가하리라고 보기 어려운 것이 오늘날 이 지구상의 현실입니다. 그러나 확실한 것은 이 책을 열심히 연구하면 그 앞길을 볼 수 있도록 충분한 자료와 많은 인과관계들을 수록하고 있다는 것입니다. 과거를 모르면 우리는 많은 경우에 과거에 잘못했던 것들을 다시 반복하게 되는 것입니다. 이 책이 앞으로의 세계복음화를 달성하는 데 밑거름이 되기를 바라는 마음 간절합니다. 오늘날 한국 교회의 화두는 교회가 개혁되어야 한다는 것입니다. 교회가 다시금 세계복음화를 화두로 하여 나아갈 때 한국 교회는 본질을 회복하고 교회개혁도 이룰 수 있을 것입니다.

마지막으로 저자는 이 책을 쓰게 된 동기로 전도역사는 목회를 하는 데 가장 필요하고 기초가 되기 때문에 이 목적에 부합하도록 집필하였다고 말하고 있습니다. 한국의 신학교에서도 전도역사를 필수 과목으로 이수하도록 하는 것이 중요하다는 생각이 또한 이 역서를 내놓게 된 동기이기도 합니다. 되도록 많은 신학교에서 본서가 교과서로 채택되어 한국교회가 주님의 지상명령으로 굳건하게 바로서는 날이 오기를 간절히 바라는 바입니다.